교사 수준 교육과정

교사 수준 교육과정

발행일	2018년 12월 19일		
지은이	에듀쿠스		
펴낸이	손 형 국		
펴낸곳	(주)북랩		
편집인	선일영	편집	오경진, 권혁신, 최승헌, 최예은, 김경무
디자인	이현수, 김민하, 한수희, 김윤주, 허지혜	제작	박기성, 황동현, 구성우, 정성배
마케팅	김회란, 박진관, 조하라		
출판등록	2004. 12. 1(제2012-000051호)		
주소	서울시 금천구 가산디지털 1로 168, 우림라이온스밸리 B동 B113, 114호		
홈페이지	www.book.co.kr		
전화번호	(02)2026-5777	팩스	(02)2026-5747

ISBN 979-11-6299-443-6 03370 (종이책) 979-11-6299-444-3 05370 (전자책)

이 도서의 국립중앙도서관 출판예정도서목록(CIP)은 서지정보유통지원시스템 홈페이지(http://seoji.nl.go.kr)와 국가자료공동목록시스템(http://www.nl.go.kr/kolisnet)에서 이용하실 수 있습니다.
(CIP제어번호: CIP2018039715)

교사의 가르침과 학생의 배움을 구분하는 이분법적 사고에서 벗어나는 것이 참교육의 시작이다!

앎과 삶을 담은

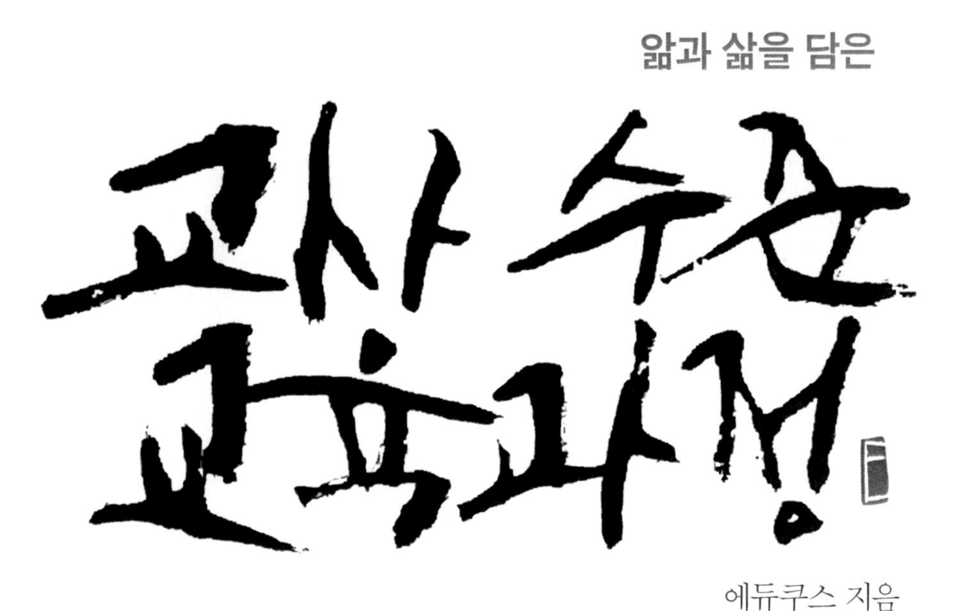

에듀쿠스 지음

선생님의 교육과정을 가지고 계십니까?

교육과정 구성주간, 교사 수준 교육과정 설계를 위한 필수 지침서

북랩book Lab

두 교사 이야기

누구도 쉽게 판단할 수 없는 두 교사 이야기입니다.

첫 번째 교사의 이야기입니다. 교과는 인류가 오랜 기간 동안 쌓아 온 지식의 결정체라 여기는 선생님은 교과서의 지식을 학생들이 제대로 이해하는 것이 중요하다고 생각합니다. 그래서 지식 전달을 위한 선생님의 설명을 중요하게 생각합니다. 가끔은 질문과 발표, 토론 등으로 아이들의 반응을 곧잘 유도하기도 합니다. 수업 시간 학생들의 활동적인 모습은 부족하지만, 학생들은 학교 시험에서 대부분 우수한 점수를 받습니다. 힘들지만 참는 것이 공부라고 생각하기에 지루한 수업 시간도 크게 문제가 되지 않습니다.

반면에 두 번째 교사에게는 교과 지식도 중요하지만, 무엇보다 중요한 것은 아이들의 생동감 있는 경험입니다. 수업 시간에 선생님의 설명은 많이 보이지 않습니다. 지식보다는 다양한 체험을 중요하게 생각하기 때문입니다. 그래서 수업 시간은 활동적인 학습을 하는 아이들의 모습으로 생기가 넘쳐 납니다. 첫 번째 교사의 경우와 달리, 수업을 지루해하는 아이들도 거의 없습니다. 시험 점수도 크게 중요하지 않습니다. 즐겁게 공부하였으니까요. 즐겁게 공부하고 나면 지식은 자연스럽게 습득되는 것으로 믿고 있습니다.

두 교사는 우리들의 자화상입니다. 우리들 스스로가 만들어 낸 선생님의 전형(典型)입니다. 첫 번째 교사인가 하면 어느 순간 두 번째 교사가 되기도 합니다. 한 가지 전형으로 교사를 규정하는 것 자체가 불가능하기 때문입니다. 결단코 어떤 교사도 교과나 경험과 같은 한 가지 특정 사조만을 중요하게 생각하여 교육을 하지는 않습니다. 특히 강조하는 내용은 있겠지만, 그것만이 전부인 교사는 아무도 없습니다.

그렇습니다. 우리가 경계해야 할 자세는 학생에게 경험 되는가 아닌가와 상관없이 교과를 맹목적으로 주입하고자 하는 교과주의와, 경험의 내용에 관해 엄밀히 따져 보지도 않은 채 일상생활의 경험을 주면 교육이 된다고 생각하는 경험주의에 대한 지나친 맹신이 아닐까요?

우리 교육 현장에서 늘 논란이 되고 있는 이분법적인 사고, 이론과 실제, 지식과 체험을 구분하고서 기어이 하나를 더 중요하게 생각하여 그 입장에서 교육을 보고야 말겠다는 편견과 고집에서 벗어나야 하겠습니다. 정말 교육이라는 것이 교과 중심, 경험 중심처럼 나눌 수 있는 것일까요? 우리가 추구해야 할 교육은 지식을 강조하되 아이들의 체험도 소홀히 하지 않는, 아니 체험을 강조하되 교과 지식도 끝내 버리지 못해서 안타까워하며 고민하는 그러한 열정과 전문성에 기반을 두어야 하지 않을까요?

하나의 프레임에 갇히지 않고 교과와 경험이라는 프레임을 자유롭게 오가며 자신만의 교육 철학과 내용을 갖추어 나가는 것이 필요합니다. 그 중심에 교사가 있고 그 교사의 교육 철학과 내용을 담아낸 것이 바로 '교사 수준 교육과정'입니다. 교과나 경험이라는 어느 한 사조에 얽매이지 않고 단점은 보완하고 장점을 더 확대하기 위한 교사의 고민을 담아내고 더 나아가 우리 아이들의 삶을 담아내는 것입니다.

물론, 많은 교사들이 자신만의 교육과정 구성에 부담을 가지고 있다는 사실을 잘 알고 있습니다. 국가 수준의 공통성과 개인 수준의 다양성을 조화롭게 엮어서 교사의 철학과 아이들의 삶을 어떻게 담아낼지 고민이 될 수밖에 없습니다. 하지만 어떻습니까? 각자의 철학이 다르고 아이들 삶의 모습이 다르듯, 교사 개개인의 교육과정은 각양각색으로 구성되는 것이 당연하지 않겠습니까? 국가 수준의 공통성이라는 바탕 위에 개인 수준의 다양성이 덧입혀지기에 어느 하나라도 같은 모습의 교사 수준 교육과정이 만들어질 수 없음을 오히려 다행으로 생각합시다.

그런 각양각색의 교사 수준 교육과정을 만들어 가는 이야기들이 이 책에 담겨 있습니다. 앎과 삶, 삶과 문제 상황의 연결, 삶을 담아내는 교사 수준 교육과정, 내용 중심 교육과정 개발, 흥미, 교사 전문성, 학생 수준 교육과정, 교사 수준 교육과정의 설계, 실행, 생성 등에 대한 우리들의 이야기를 풀어 나갈 것입니다. 프레임에 갇혀 정형화된 이야기가 아니라, 교사로서 우리들의 삶 그 자체입니다.

다시 두 교사 이야기로 돌아갑니다. 더 이상 두 교사는 우리들의 자화상이 아닙니다. 우리들 스스로 그린 모습이 아니라, 누군가가 인위적으로 만들어 놓은 페르소나[1]일 뿐입니다. 누군가로부터 만들어져서 내게 주어진 다른 사람의 교육과정이 아니라, 스스로 만든 교육과정을 가지고 각자의 색깔대로 자신의 모습을 그려 나가는 한 교사가 있을 뿐입니다.

그 교사들의 이야기를 이제 시작해 보겠습니다.

---

1 그리스 어원의 '가면'을 나타내는 말로 '가면을 쓴 인격'을 뜻한다. 칼 구스타프 융은 무의식의 열등한 인격이며 자아의 어두운 면이라고 말했다(출처: 이부영, 『그림자』, 한길사, 2003년, p.36.).

차례

2장

나만의 교사 수준 교육과정

01 교사 수준 교육과정, 무엇일까요?

| Episode | 선생님의 교육과정을 가지고 계신가요?

02 실천하는 교육과정 설계자로서의 준비

| Episode | 교사 수준 교육과정을 위한 교사의 전문성

3장

실천하는 교사 수준 교육과정

· 1장 ·

삶을 담은 교육과정

많은 아이들이 추상적인 지식을 다루는 교과를 싫어하는 이유는 교과에서 다루고 있는 지식들이 삶의 맥락으로부터 단절되어 있기 때문이다.

- 존 듀이

01

아이들의 앎과 삶, 문제 상황과 연결하다

Episode 삶에 흥미를 가지고 있는 아이들

청년교사: 학교 교육을 힘들어하는 아이들을 볼 때마다 마음이 아픕니다. 아이들이 공부를 힘들어하는 이유가 무엇일까요?

에듀쿠스: 학교에서 배우는 **내용들이 아이들 삶의 맥락들과 단절되어** 추상적으로 제시되고 있기 때문이라네.

청년교사: 아이들이 학교에서 배우는 내용들은 삶에 필요한 내용들입니다. 아이들 삶의 맥락들과 단절되었다는 것은 믿을 수 없습니다.

에듀쿠스: 배우는 내용이 삶과 관련이 없다는 의미가 아니고, 추상적인 지식의 형태로만 제시되어 아이들에게 주입되는 것에 문제가 있다는 것이지. 교과 지식은 아이들의 삶 속에서 실제로 수행되는 역할의 형태로 제시되어야 한다네.

청년교사: 수업 상황에서 교과 지식을 실제 수행되는 역할의 형태로 제시한다니 무슨 뜻인지 이해하기 어렵습니다.

에듀쿠스: 사람은 자신의 삶을 위협하거나 호기심을 유발하는 낯선 문제 상황들 앞에서 배움의 필요성을 느끼게 된다네.

청년교사: 지식이 필요한 문제 상황을 제시하라는 말씀인가요?

에듀쿠스: 그렇지. 모든 지식은 그 **지식이 적용되는 구체적인 경험 및 사태와의 관련성을 가지고 학습**할 때, 배움이 훨씬 잘 일어날 수 있는 것이라네.

청년교사: 학교에서 운영되는 교육과정의 내용에 삶의 맥락에 따른 문제 상황을 담고 그 해결의 자료나 해답으로써 지식을 연결할 수 있도록 해야 한다는 말씀이군요.

에듀쿠스: 물론! 그러한 문제 상황에서 아이들은 문제 해결을 위해 분명하다고 생각하는 하나의 가설을 설정하고 이 가설을 논리적으로 검증해 보며, 그 결과에 따라 다시 그 가설을 비판하고 수정하는 반성적 사고를 하게 되는 것이지.

청년교사: 그렇다면 결국, 문제 상황을 중심으로 이루어지는 문제 해결 학습이 필요하겠군요.

에듀쿠스: 당연하네. 문제 해결 학습에서 지식은 문제 해결을 위한 수단이 될 수 있어. 지식 습득 자체가 학습의 목적이 되는 것이 아니라, 지식을 수단으로 활용하는 사고 활동이 더욱 중요하게 되는 것이라네.

청년교사: 문제 해결을 위한 사고 활동이 목적이고 지식은 수단일 뿐이라는 말씀이 퍽 인상 깊게 다가옵니다.

에듀쿠스: '아이들의 앎과 삶을 문제 상황과 연결한다는 것'은 결국 문제 상황이 아이들 삶의 재현이라는 것이지. 또한 앎도 삶에서 얻은 것이기에 삶에 기반을 둔 문제 상황 해결에 앎이 반드시 연결될 수밖에 없지 않을까?

청년교사: 결국, 아이들의 삶에 기반을 둔 교육과정이 학습에 대한 아이들의 흥미를 높이는 유일한 방법이 되겠군요.

많은 아이들이 학교 교육을 힘들어하는 이유가 무엇일까? PISA(학업성취도 국제 비교 연구)에서 우수한 성적을 거두지만, 학습에 대한 행복도가 낮은 이유는 무엇일까? '인간은 선천적으로 호기심이 많다'던 아리스토텔레스의 말이나 '아이들은 원래 모든 것에 흥미를 보이기 때문에 강요하지 않아도 지식을 흡수하려고 한다'는 루소의 말대로라면 아이들에게 적절한 환경을 제공하고 충분한 애정과 자유를 주면 자연스럽게 무럭무럭 자랄 수 있을 텐데, 왜 우리 아이들은 그러지 못하고 급기야는 학교 교육에 흥미를 잃고 힘들어하는 것일까?

아이들이 학교 교육에 흥미를 느끼지 못하는 이유는 학교에서 다루어지는 교육 내용이 아이들 삶의 맥락들과 단절되어 추상적으로 제시되기 때문이다. 이는 사물을 의인화하거나 현실성 없는 공상적인 이야기들을 의도적으로 만들어서 아이들의 흥미를 유도해야 한다는 것이 아니다. 가능하면 교과 지식이 아이들의 삶 속에서 실제로 수행되는 역할의 형태로 제시되어야 한다는 것을 의미한다.

예를 들어 지리 영역에 큰 흥미를 느끼고 있어서, '먼 나라 낯선 사람들은 어떤 환경에서 무엇을 하며 살아갈까'에 대한 호기심으로 한껏 상상의 날개를 펼치고 있는 아이들에게 추상적인 지식 — **땅과 물의 형태, 대륙의 구조 등에 관한 내용** — 을 외우도록 강요하면, 아이들은 당연히 공부에 흥미를 보이지 않을 것이다. 이는 아이들이 흥미있어 하는 측면이 무엇인지, 이를 수업에 활용하기 위해서 어떤 전략들이 필요한지에 대한 제대로 된 고민이 부족한 탓이다. 학교에서 이루어지는 모든 교육 활동은 이러한 삶의 맥락에 근거하여 계획되어야 하고 구체적인 경험 상황과 관련성을 맺으면서 이루어져야 한다.

앎과 삶은 분리해서 다루어질 수 없다. 인간의 앎은 현상들을 탐구하여 지식을 얻는 데 있어서, 반드시 삶에 기반을 두어야 한다. 왜냐하면, 인간의 지식은 어떤 경우에도 무전제의 백지상태에서 시작하는 것이 아니라, 언제나 이미 이해된 삶의 세계에서 시작하기 때문이다. 실제로 인간의 앎은 삶의 세계에서 비롯되는 많은 전제(前提)로부터 시작해서 순환적으로 전개된다.

물론 인간의 앎이 시작되는 확고부동한 기점(起點)이 있을 것으로 생각하는 사람들도 있다. 하지만 우리는 백지 위에 설정된 하나의 기점에서 우리의 앎을 건설해 가는 것이 아니라, 처음부터 미리 존재한 삶의 세계에 대한 이해로부터 시작하는 것이다. 앎의 시작에는 절대적인 출발점이 없으며 우리의 지식 또한 절대적인 백지에서 시작하는 것이 아니라, 이미 알고 있는 것으로부터 시작해서 그것을 확인하고 보충하며 수정하는 순환적인 흐름을 반복하게 된다. 인간의 수많은 지식이 삶의 영역을 떠나서 존재할 수 없는 이유도 여기에 있다.

세종대왕이 훈민정음을 제정하던 당시에 있었던 자음 'ㅿ'이 그 후 없어지면서 'ㅇ' 또는 'ㅅ' 으로 바뀌었다는 것이 국어학계의 일반적인 의견이다. 'ㅿ'이 'ㅇ'으로 되면 그것은 '앎'이라는 단어가 되고 'ㅅ' 으로 되면 그것은 '삶'이라는 단어가 된다. 그렇다면 '삶'은 앎과 삶이 하나의 실체로서 혼연일체가 되어 있는 상태를 가리킨다고 볼 수 있다. 이 단어를 사용하던 우리 조상들은 앎과 삶을 분리하지 않았고 '앎과 분리된 삶', '삶과 분리된 앎'이라는 것이 어떤 것인지 이해하기 어려웠을 것이다. 이처럼 교육은 앎과 삶의 교착점에 있으며, 그 위치를 계속 지켜나가려는 노력의 소산인 것이다.[2]

---

2 이홍우, 『교육의 목적과 난점』, 교육과학사, 1998년, 표지에서 발췌.

:: 문제 상황에서 느끼는 앎의 필요성

그렇다면 인간은 삶의 어떤 과정에서 앎에 대한 필요성을 느끼게 되는 것일까? 자신의 삶을 위협하거나, 호기심을 유발하는 새롭고 낯선 문제 상황을 극복하기 위해 인간은 행동할 수밖에 없고 이러한 실천적 행동을 위해서 앎을 증대시키게 되는 것이다. 인간은 자신의 행동을 하는 데 아무런 어려움에 부딪히지 않으면 생각하지 않을뿐더러, 이론을 전개할 필요성도 느끼지 못하기 때문이다. 인간은 어려움에 부딪혔을 때, 그때까지의 삶의 과정에서 형성된 전제들로부터 새로운 가설을 설정하며 논리를 전개하여 결론을 얻고, 그 결론의 정당성 여부에 따라 다시 그 전제를 증명 또는 수정하여 받아들인다. 만약 전제가 터무니없는 것으로 증명되면 그 전제는 폐기되고 거기에서 다시 새로운 앎을 전개해 나가게 된다.[3]

:: 삶의 과정에서 앎을 깨달아 가는 배움

삶에 집착하고 삶을 깨달으며 알아가는 활동이 배움이다. 배움은 무엇인가를 알아가기 위해 정보를 단순히 쌓아가는 활동이 아니다. 배움은 도서관, 여행길, 침실 등 그 어디에서든지 일어날 수 있다. 모두가 배움의 수단이며 장소가 될 수 있다. 왜냐하면, 배움은 삶 그 자체이기 때문이다. 그래서 인간이 배움 활동을 정지하게 되는 날, 인간의 삶도 끝나게 되는 것이다. 자신을 둘러싸고 있는 수많은 환경과의 상호작용을 포기하는 그 자체로 인간으로서의 의미 있는 삶을 더 유지하기가 어려워지는 것이다.

---

3 이규호, 『앎과 삶』, 좋은날, 1972년, p.57.

그렇다면 인류는 가르침과 배움 중에서 무엇을 먼저 시작했을까? 동물들보다 약한 자연환경 적응력을 가지고 태어난 인류에게 약육강식의 자연환경에서 살아남기 위한 '배움'은 필연적인 선택이었을 것이다. 단순히 지식을 쌓아가는 정도의 문제가 아니라 삶의 문제 그 자체이기 때문이다.

이러한 배움의 결과물들이 축적되고 축적된 결과물들을 더욱 많은 사람들에게 전수하기 위해 자연스럽게 가르침의 방법들이 생겨났을 것이다. 배움은 이론적으로 정의할 수 있는 개념의 문제라기보다는, 삶의 유지를 위한 필연성에서 말미암은 행위 그 자체였다. 매일같이 무엇인가를 만들어내고, 밝혀내는 배움을 멈추지 못하는 것, 그것이 삶이고 곧 앎인 것이다.

인류가 배움으로 만들어낸 수많은 지식은 생존을 위한 필요의 결과물에 불과하다. 지식은 삶의 그림자일 뿐, 삶을 놓치면 지식도 잡을 수 없게 되기 때문이다. 즉, 삶을 유지하는 데 필요한 것이 지식이므로 삶을 떠나게 되면 지식은 당연히 존재의 필요를 가질 수 없게 되는 것이다. 그래서 지식을 바탕으로 이루어지는 학교 교육이 삶과의 관련성을 확보하지 못하게 된다면 학교 교육의 존립 근거 자체가 흔들리게 되는 것이다.

많은 사람들이 학교는 지식을 가르치고 배우기 위해 존재한다는 믿음을 가지고 있지만, 사실 학교의 역할은 지식을 가르치고 배우는 것이 아니다. 듀이에 의하면 학교는 아이들에게 '배울 것이 아니라 할 일'을 주어야 한다고 하였다. 왜냐하면, 지식 습득이 아닌 자기 삶을 살아가는 삶의 교육이 학교 교육 본래의 역할일 뿐 아니라, 지식 또한 삶을 떠나서는 가르치고 배울 방법이 없기 때문이다.

삶과 단절된 채 지식을 배울 방법이 없으므로 학교에서 운영되는 교육과정은 삶과 동일하거나 비슷한 문제 상황을 설정하고, 그 해결의 자료나 해답으로 지식을 연결할 수 있도록 해야 한다. 이때는 삶(문제 상황)이 목적이 되고 지식은 삶(문제 상황)을 위한 수단이 된다. 이와는 반대로 지식이 목적이 되고 삶이 지식을 위한 수단이 되는 상황은 지식의 본질적인 성격상 있어서는 안 되는 것이다. 다시 한 번 강조하지만, 인간에게는 지식이 아닌 삶이 중요한 것이며 지식은 단지 삶을 위한 필요의 소산일 뿐이다. 삶으로서의 교육은 지식 전달 교육이 아닌 지적 교육이 되어야 한다. 지적 교육은 반성적 사고가 중심이 되는 교육으로 가설 설정과 검증을 위해 지식이 수단으로 사용되는 교육이다.

학교 교육의 주안점은 지식을 가르치는 '가르침의 맥락'으로 출발점을 삼을 것이 아니라, 지식이 적용되는 아동의 삶에서의 실천적 사고를 중시하는 '배움의 맥락'으로 접근해야 한다. 왜냐하면, '받지 않았는데 주었다 할 수 없는 것'처럼 배우지 않은 이상 가르쳤다고 말할 수 없기 때문이다. 교사가 가르치려 하였지만 학생이 배우지 못했다면, 교사는 강의를 하고 토의를 주재하며 설명을 하였는지 모르지만, 가르치지는 못한 것이다. 학생의 배움이 없었기 때문이다. 가르치는 것은 그 효과에 의해 판단되어야 하는데, 그 효과란 바로 배움이기 때문이다.[4]

들뢰즈[5]에게 배움이란 어떤 대상에 대한 '추상적인' 지식을 얻는 활동이 아니라, 대상과의 감각적인 만남[6]에 의해서 발생하는 '문제 제기 상황'을 통해 배워야 할 어떤 것이다. 문제 제기 상황이 없는 경우, 학

4 엘리어트 아이즈너 저, 이해명 역, 『교육적 상상력』, 단국대학교출판부, 2012년, pp. 220~221.

5 질 들뢰즈(Gilles Deleuze, 1925년 1월 18일~1995년 11월 4일)는 20세기 후반 프랑스의 철학자, 사회학자, 작가이다.

6 김재춘·배지현, 『들뢰즈와 교육』, 학이시습, 2016년, p. 209.
배움에 있어서 신체적인 활동을 통한 감각적 만남을 강조.

습자에게는 대상에 대한 기존 지식을 동일하게 반복하는 학습만 있을 뿐이다. 이럴 경우, 배움은 학습자로 하여금 대상 자체를 다시금 동일하게 의식하도록 만드는 '재인식'의 수준에 머물게 된다. 그래서 들뢰즈는 배움의 대상이 단순한 재인식의 대상이 아닌 마주침의 대상이 될 때, 학습자에게는 기존에 존재하지 않았던 새로운 삶의 지평을 열 수 있는 문제 제기 장이 창조될 수 있다고 본 것이다.[7]

들뢰즈가 생각하는 배움의 관점에서, 교사는 학습자로 하여금 지식을 습득하게 하는 대신, 지식 습득의 필요성을 느낄 수 있는 문제 상황을 제시하는 것이 중요하다. 문제 상황에서 학습자로 하여금 문제 해결을 위해 분명하다고 생각되는 하나의 가설을 설정하게 한 후, 이 가설에 따라서 논리적으로 검증해 보고, 그 결과에 따라서 다시 그 가설을 비판하고 수정하는 순환적 경험을 가지게 하는 것이 필요하다. 즉, 삶과 연관된 구체적인 경험 사태와 마주쳐서, 자신의 현재 경험, 능력 및 필요와 관련된 문제의 장을 형성하고 이를 해결하기 위해 문제 인식, 가설 설정, 가설 검증, 가설 수정의 반성적 사고 과정이 반복적으로 이루어져야 한다.

학생의 삶과 연계된 문제 상황 중심의 배움을 위해서는 차시 중심의 수업으로는 어려움이 있다. 40분마다 새로운 문제를 제기하고 학생들 사이에서 활발한 사고 활동을 전개한다는 것은 불가능한 일이기 때문이다. 대신, 한 단원을 중심으로 그 대부분의 차시를 연결할 수 있는 문제를 선정하고 그 문제(상황)를 중심으로 단원을 이끌어 나가는 접근이 필요하다.

---

7 각주 6번의 책. p.136.
기호와 마주치는 활동으로서의 배움이라는 들뢰즈의 아이디어는 배움이란 결코 미리 존재하는 어떤 것을 동일하게 재인식하는 것이 아니며, '감성적인 작용 없이 의식과 지성만으로 추상적 지식을 이해하는 것' 역시 배움이 아님을 알려준다. 우리에게 분명하게 의식되지도, 명료하게 파악되지도 않으면서 우리의 신체를 두드리는 감성적 힘에 우연히 마주치는 사태에서 일어나는 배움을 강조하고 있다.

물론 교과서의 단원을 중심으로 하기에 교과서 중심 학습이라고 단언할 수 있지만, 학년별 국정교과서가 정해져 있는 우리나라 현실에서는 불가피한 선택이다. 대신 교과서 중심의 수업에서 탈피하기 위해 성취기준과 교육과정 구성 관점[8] 중심으로 단원을 재구성하여 아이들 삶과의 관련성을 확보할 수만 있다면, 교사들이 시도해볼 수 있는 충분한 대안이 될 수 있다고 본다.

무엇보다 우리가 주목해야 할 사실은 문제를 중심으로 재구성하여 하는 수업이 새로운 유형의 학습 방법이 아니라는 것이다. 이미 교사들에게 주어져 있는 수많은 수업 모델과 형식적인 절차들에 더해진 또 하나의 방법론이 아닌, 흥미, 사고, 협력이라는 가치의 측면에서 수업을 새롭게 바라보자는 목적론적인 접근이다. 즉, 지식 습득이라는 기존의 목적을 보다 효율적으로 달성하기 위한 또 하나의 방법론이 아니라, 자기 삶과 유리된 추상적 지식 습득 대신 '자기 삶' 그 자체라는 새로운 목적을 지향하는 대안적 목적론이다.[9]

---

8 학생(발달 단계, 능력과 특성, 흥미), 지역(지역적 특성, 학교 환경), 교사(철학과 가치, 역량).
9 조용기·김현지, 『포괄적 문제해결학습』, 교우사, 2015년, pp.13~14.

:: 교육과정 = 아이들의 삶

학교는 미래의 준비를 위해 현재의 행복을 포기하는 곳이 아니다. 현재 행복하지 않은 아이들에게 미래의 행복을 기대할 수는 없기 때문이다. 이젠 더 이상 미래의 공허한 행복을 약속하면서 과거의 지식을 채우기만 하는 교육을 계속해서는 안 된다. 어른들이 현재 자기의 삶을 살 듯, 아이들도 자기의 삶을 사는 곳이 될 수 있도록 해야 한다. 이렇게 되기 위해서는 내재적 흥미 추구가 가장 중요한 곳, 사고 훈련이 모든 학습의 바탕이 되는 곳, 협력적 문제 해결이 늘 자연스럽게 이루어지는 곳, 학교는 정말 이런 곳이 되어야 한다. 요컨대 문제(상황) 해결 학습은 흥미를 통한 학습이 아닌 흥미로서의 학습이고, 사고밖에는 할 일이 없는 학습이며, 협력이 별식이 아닌 주식인, 지식 습득이 아닌 자기 삶으로서의 학습이다.[10]

아이들은 학교에서 지식만을 전수받을 것이 아니라, 자기의 삶을 살 수 있어야 한다. 자신의 삶을 살기 위해서 무엇인가를 끊임없이 배워야 하며 배움을 통해 삶을 깨닫게 된다. 이렇게 배움을 통해서 삶을 깨닫는 활동이 바로 앎이다.

앎의 과정은 아이들 삶의 전반에서 이루어지며 학교도 예외일 수는 없다. 학교의 교육과정이 아이들의 실제적 삶과 분리되고 단절되어 단지 교과 지식을 전수하는 역할에만 그치게 된다면, 교육과정은 아이들의 삶과 분리될 수밖에 없다. 하지만 교육과정은 아이들의 삶과 연계되어 반드시 아이들의 삶을 담아내야 한다. 앎과 삶은 분리될 수 없는 불가분의 관계에 있기 때문이다. 우리의 지식은 아무것도 전제되지 않는 절대적인 출발점을 가질 수가 없으며, 언제나 이미 존재하고

---

10 조용기·김현지, 『포괄적 문제해결학습』, 교우사, 2015년, p.31.

있는 삶의 상황 속에 근거하고 있다. 아무 인식도 존재하지 않는 절대적인 백지에서 지식이 시작하는 것 자체가 불가능하기 때문이다.

또한, 아이들의 삶을 담아내지 못한 교육과정은 흥미로울 수도 없다. 교육과정이 흥미롭기 위해서는 아이들의 현재 삶의 경험, 능력 및 필요와 관련성을 가져야 한다. 왜냐하면, 아이들은 자기의 삶에 대한 선천적인 흥미를 느끼고 있으므로 이 선천적인 흥미 사이에 교육과정을 위치시키는 것이 참으로 중요하다. 그래서 교육과정은 흥미 있는 삶의 구체적인 맥락들과 관련성을 가져야 한다. 학교에서 획득되는 모든 지식은 구체적인 문제 상황을 해결하기 위한 자료나 해답으로 연결될 수 있을 때 의미를 가지기 때문이다.

학교는 아이들이 자신의 삶을 사는 곳이다. 거듭 말하지만 그래서 학교의 교육과정은 아이들의 삶을 담아내야 한다. 아이들의 삶과 단절된 교과 지식 전달 중심의 교육과정은 아이들로 하여금 자신의 삶을 놓치게 하여 존재 자체의 필요를 찾을 수 없다. 교육과정, '지식 전달'에서 '아이들의 삶'으로 방향 전환이 반드시 필요한 때이다.

:: 학생과 교사의 본래적 역할

학교의 근본적 임무는 시험 성적을 높이는 것이 아니라 배움을 통한 성장을 위해 학생들의 학습을 돕는 것이다. 40분 수업 시간 내내 교사는 강의만 하고 학생들은 설명을 듣기 위해 거의 정면만 바라보고 있다면, 학생은 물론이고 교사도 학교 교육의 근본적인 임무를 망각하는 실수를 저지르게 된다.

학생은 학습의 주체가 되어야 하고 교사는 학생들의 학습을 돕는 지원자의 역할을 제대로 할 때, 각자가 교육의 중심이 될 수 있다. 서로의 본래적 역할을 충실히 하지 못하고 교실 수업이 교사의 직접적인 지도와 수동적으로 따라가는 학생이라는 이분법적인 프레임에 갇히게 되면, 누구도 교육의 중심에 위치하지 못하게 된다. 인간은 함께 어울리며 서로 상호작용하면서 능동적으로 문제를 풀거나 뭔가를 만들어야 직성이 풀리는 존재로 결코 수동적인 존재가 아니기 때문이다. 학교 교육에 있어서 교사와 학생의 역할에 대해서 듀이는 천체의 운동을 비유로 들어 설명하고 있다.

> 과거의 교육은 중력의 중심이 아동 바깥에 있었다고 말할 수 있을 것이다. 그 중심이 교사나 교과서, 또 다른 어딘가에 있었고 아동 자신의 직접적인 본능과 활동에서는 벗어나 있었다는 것이다. 그런 것에 기반을 두면 아동의 삶에 관해서는 거론할 것이 별로 없게 된다. 이제 우리 시대의 교육에 도래하고 있는 변화로 인해, 중력의 중심이 이동하게 된다. 이것은 코페르니쿠스가 천체의 중심을 지구에서 태양으로 이동시킨 것에 비할 만한 커다란 변화이며 혁명이다. 이렇게 되면 아동이 태양이 되고, 교육상의 여러 장치들이 그 주위를 회전하게 된다. 말하자면 아동이 중심이 되고 교육상의 장치들은 그 주위에 배치되는 것이다.
>
> - 존 듀이 저, 송도선 역, 『학교와 사회』, p.42

위의 내용처럼 아동의 학습 촉진을 위해 교사가 주변에서 돕는 역할을 하는 것이 서로의 본래적 역할이다. 특히, 제4차 산업혁명 시대의 학교 교육에서는 정해진 커리큘럼의 내용을 교사가 일방적으로 전달하는 것이 아니라 학생들과 공유한 기존 지식을 출발점으로 새로운 지식을 창출해 나갈 수 있도록 학생들이 수업의 중심이 되고 교육상의 모든 장치들은 지원하는 방식으로 수업이 이루어져야 한다. 교사는 학생 활동이 진행되는 동안 진행상황을 점검하고 진행 중에 생기는 궁금증에 답변을 해 주면서 학습 과정을 촉진하는 역할을 수행해야 한다.

학습 촉진자로서 교사의 역할에 충실하기 위해서 교사의 전문성과 자율성을 존중하는 제도의 구축이 필요하다. 최근 강조되고 있는 교사별 평가도 교육 활동에 있어서 교사의 교육과정 운영 권한을 강화하고자 하는 취지라고 볼 수 있다. 교사별 평가는 자신이 가르치는 학급에 대해 평가계획에서부터 문항 개발, 평가 시행, 피드백 및 결과 산출, 기록까지를 개별적으로 수행하는 방식으로 대부분 학교에서 학년별 교사들이 함께 평가하는 형태로 이루어지고 있는 학년별 평가와 대비될 수 있다. 이 교사별 평가는 2015 개정 교육과정이 추구하는 학생의 능력, 적성, 진로를 고려한 교육 내용과 방법 다양화, 학생의 특성에 따른 학생 맞춤형 수업 운영을 위해 요구되는 평가이며, 교사의 창의적인 수업을 유도하고 수업과 평가의 연계성을 강화하기 위한 평가 방안이다.

교사별 평가의 성공적인 운영을 위해서는 평가만 따로 분리하여 생각할 수 없고 평가가 포함된 수업 계획 및 수업내용의 재구성까지를 함께 고려해야 한다. 이처럼 교육과정과 수업 및 평가를 일관성 있게 구성하여 실천하고자 하는 귀결점에 교사 수준 교육과정이 위치하고 있는 것이다.

표준적인 내용을 담은 교과서로 표준적인 수준의 아동을 대상으로 표준적인 방법으로 수업하며 표준화된 평가를 실시하는 표준교육과는 다른 원칙에 기초한 교육이 필요하다. 교육에 '표준'이라는 단어가 중심이 되어 버리고서는 아이들 한 명 한 명의 삶을 거론한다는 것은 불가능한 일이다. 표준화된 학교의 교육 방식을 과감히 변화시켜야 한다. 구식의 산업적 모델에서 벗어나 완전히 다른 원칙과 실천에 따르는 모델로 변화시켜야 한다. 왜냐하면 사람은 신체나 외모가 표준화돼 있지 않기 때문이다.

능력과 개성도 마찬가지다. 각자의 삶이 다르듯이 다른 삶을 담아내는 교육과정이 필요하다. 지금으로부터 100여 년 전 '교육과정'이라는 용어의 개념을 처음 제시한 프랭클린 보비트는 "어떤 학생의 교육과정은 길 수 있고, 어떤 학생의 교육과정은 짧을 수 있다"라면서 학생 개개인의 모습이 다르듯 그들에게 맞는 교육과정이 운영되어야 한다고 주장하였다.

전통적인 교실 수업에서는 선생님이 칠판에 수업 내용을 판서하고 학생들이 교과서를 펼쳐 수업 주제와 관련된 내용을 읽고 문제를 푸는 것이 일반적이었다. 학생들은 모두 같은 내용을 배우고 암기한 다음 단원평가나 중간고사, 기말고사 등의 시험을 치르고 일등부터 꼴등까지 순위가 매겨진 성적표를 받았다. 교실에 빔 프로젝터나 전자칠판 등이 보급되어 멀티미디어를 활용한 교육이 진행되고 있지만 수업 진행 방식과 평가 방식 자체는 과거에 비해 큰 차이가 없다.

하지만, 미래학교는 우리가 지금 상상하는 것보다 훨씬 더 많은 변화가 교실에 일어날 것이다. 교육과정과 수업 및 평가 운영에 있어서 국가 수준의 획일성보다는 지역, 학교 수준의 다양성이 더욱 강조될 것이다. 더 나아가 단위 학급별 학생들의 발달 단계, 능력과 수준, 흥미와 태도는 물론, 담임 교사의 철학과 가치 및 역량에 따른 각양각색의 교육과정 운영이 불가피할 것이다. 중앙 단위 문서상으로 존재하는 획일적인 교육과정이 아닌, 단위 학급에서 실제로 운영되는 각양각색의 실천 교육과정이 가능하기 위해서는 학생들을 가장 잘 알고 있는 교사가 직접 교육과정을 구성하고 운영하는 교사 수준 교육과정이 반드시 필요하다.

아이들의 삶의 맥락과 관련된
흥미 있는 문제 상황이 주어질 때,
학습자는 해결을 위하여 사고하며,
경쟁보다는 협력하는 모습으로 임하고,
단순 암기에 의한 지식 축적이 아닌
구성원들 간 의사소통과 같은
집단지성에 의한 학습으로의
전환이 이루어질 것이다.

02

삶을 담은 교육과정, '내용'으로 시작하다

Episode '내용' 중심 교육과정

에듀쿠스: 교육이 처음 시작될 당시의 교육과정은 어떤 모습이었을까?

청년교사: 지금과 비슷하지 않았을까요? 중요하게 생각하는 교육 내용을 중심으로 조직되었을 것 같습니다.

에듀쿠스: 그렇겠지. 사람들은 자신들의 생존을 위해서 필요한 지식을 교육 내용으로 선정하여 체계적인 교육과정으로 발전시켜 왔다네.

청년교사: 자신들의 삶을 위협하거나 호기심을 유발하는 새롭고 낯선 문제 상황들을 해결할 수 있는 지식들을 교육 내용으로 선정하고 이를 학교 교육에서는 체계적인 교육과정으로 발전시킨 것이군요.

에듀쿠스: 그렇다네. 중요하다고 생각하는 교육 내용을 체계적으로 조직한 것이 교육과정이고, 무엇을 중요하게 생각하는가에 따라 교과, 경험, 학문 중심 등으로 구분이 가능하지.

청년교사: 교육 내용을 중심으로 체계적으로 조직한다는 것의 의미를 자세하게 알고 싶습니다.

에듀쿠스: 교육 내용에 대한 학습이 효율적으로 이루어지기 위해서는 내용을 중심으로 목표, 평가, 방법을 일관성 있게 조직하는 것이 필요하지. 이때, 교육과정을 구성하는 내용, 목표, 평가, 방법을 우리는 교육과정 구성 요소라고 부른다네.

청년교사: 내용을 중심으로 조직한다는 말씀이 이해하기 어렵습니다. 일반적인 상식으로는 '목표→내용→방법→평가'의 순으로 이루어지지 않나요? 교육 목표를 먼저 설정하고 이 목표에 따른 학습 경험의 선정 및 조직, 그리고 평가계획 수립으로…….

에듀쿠스: 목표를 중심으로 교육과정을 개발하는 방식은 목표 중심 교육과정 개발이라네. 타일러에 의해 제안된 것으로 조립식 공장의 효율성에서 파생되어 교육 내용이 목표 성취를 위한 수단이라는 측면이 강조된 것이지.

청년교사: 교육 내용이 목표 성취를 위한 수단으로 사용되는 것이 크게 문제가 되나요?

에듀쿠스: 그 목표가 외부에서 주어진 목표일 때가 문제가 된다는 거네. 외부로부터 주어진 목표로 학습자의 자발적인 학습을 기대할 수 있을까? 자기 삶의 필요를 위해 이루어지는 학교 교육에서 목표가 자신의 것이 아니라, 외부에서 주어지는 것이라면 어떻게 교육과정을 개인 삶의 유지를 위한 방편으로 생각할 수 있겠나?

청년교사: 그렇다면, 내용 중심 교육과정에서는 학습자가 자신의 목표를 스스로 설정할 수 있단 말인가요?

에듀쿠스: 당연히! **학습자는 교사로부터 제시받는 문제 상황을 보고 자신의 수준 및 흥미에 따라 개인별, 집단별 목표를 다양하게 설정**할 수 있지.

청년교사: 문제 상황을 중심으로 한 내용 중심 교육과정으로의 전환을 강조하는 선생님의 말씀이 참 의미심장하게 다가오는군요.

빈손으로 시작하여 모든 것을 만들어 내기 시작했던 원시 시대를 가정해 보자. 복잡하지 않고 단순하게 문제만을 선명하게 바라볼 수 있었던 이 시대는 자연환경과 사나운 짐승들이라는 문제 상황에 맞서 자신들의 삶을 안전하게 유지할 수 있는 교육 내용이 가장 중요하였을 것이다.

『검치호랑이 교육과정』[11]이라는 교육에 관한 우화집에 보면, '새주먹'이라는 사색가가 자기 자신, 자기 가족, 그리고 자기가 속한 집단의 안전을 보장하고 생활을 향상시킬 수 있는 교육 내용에 대해서 늘 고민하는데, 어느 날 의식적이고 체계적인 교육의 개념이 떠오르게 된다. 아이들의 놀고 있는 모습을 지켜보다가, 그는 즉각적인 자극을 받아 교육에 대한 영감을 얻고 바로 실행하게 된 것이다.

"이 아이들에게 의식주와 안전에 보탬이 되는 일을 하도록 가르친다면, 우리 부족이 더 나은 생활을 영위하는 데 도움이 될 텐데. 아이들이 성인이 되었을 때, 그들은 더 많은 고기를 먹게 되고 몸을 따뜻이 할 가죽을 더 많이 확보하게 되고, 잠자기가 더 좋은 동굴을 갖추고, 날카로운 이빨을 가진 호랑이로부터 위협을 덜 받을 텐데." '새주먹'은 교육 목표를 설정한 후, 그 목표에 도달하기 위해 교육과정 개발을 계속해 나갔네.

11 J. Abner Peddiwell 저, 김복영·김유미 역, 『검치호랑이 교육과정』, 양서원, 2017년.

아이들의 안위를 걱정하던 '새주먹'의 바람으로 개발된 교육과정은 부족이 처한 문제 상황을 해결하고 보다 더 나은 생활을 영위하는 데 도움이 되는 교육 내용으로 구성되었을 것이다. 예를 들면, '더 많은 고기를 잡는 방법', '추위를 견디는 방법', '호랑이의 위협으로부터 자신을 보호하는 방법' 등이다. 자신들이 처한 문제 상황을 해결하고 보다 나은 생활을 확보하기 위한 다양한 교육 내용들이 선택된 것이다. 인류에 의해서 처음 시작된 '교육'이라는 것이 자신들 삶의 유지를 위한 방편이었기에 교육과정에 포함되는 내용 또한 삶 그 자체였다.

개인, 가정, 마을 단위로 생활의 개선을 위해서 필요한 몇몇 교육 내용 중심으로 이루어지던 초기의 교육은 문화의 발전 및 사회적 전통의 복잡성으로 인한 지식의 확대로 말미암아 새로운 면모를 갖추게 된다. 확대된 지식을 보다 효율적으로 보존하고 전달하기 위해 문자의 필요성을 느끼게 되면서 이러한 기능을 전적으로 담당할 학교라는 특별한 기관을 선택하게 된다.[12]

일상생활에서 자연적으로 이루어지던 기존의 교육과 달리, 학교에서는 좀 더 의도적인 교육이 이루어지게 된다. 왜냐하면 복잡한 문명을 한꺼번에 학교 교육을 통해 전달하기에는 너무 복잡하여 단순화된 환경의 제공이 필요하였으며, 기존 환경의 무가치한 특성들은 될 수 있는 대로 제거하여 정화된 환경을 확립하고 사회 환경의 여러 요소들 사이에 균형을 유지하는 것이 필요하였기 때문이다.[13]

단순화 (Simplify)	기본적인 내용에서 시작하여 점점 복잡한 내용에 대한 통찰을 얻을 수 있도록 배열된 환경 선정
순수화 (Purify)	기존 환경의 무가치한 특성들을 제거하여 아동의 정신적 습관에 영향을 미치지 못하는 환경 선정
균형화 (Balancing)	사회 환경의 여러 요소들 사이의 균형을 유지하고 개인으로 하여금 보다 넓은 환경과 상호작용할 수 있는 환경 선정

학교의 기능

12 존 듀이 저, 이홍우 역, 『민주주의와 교육』, 교육과학사, 2007년, p.62.

13 각주 12번의 책, pp.63~64.

이와 같이 학교를 통해 사람들은 자신들이 교육을 통해서 이루고자 하는 것이 무엇인지, 이를 위하여 어떤 내용을 어떤 방법으로 조직해야 되는지에 대해서 체계적으로 접근하게 된다. 그 체계적인 접근의 중심에 '교육과정'이 존재하게 된 것이다.

:: 내용 or 목표

원시시대에는 자연환경과 사나운 짐승들이라는 문제 상황에 맞는 교육 내용이 중요하였다면, 시대와 사회의 변화에 따라, 교육 내용도 자신들의 삶을 안전하게 유지할 수 있는 방향으로의 수정이 필요하였을 것이다. 이처럼 교육은 생존의 문제였고 교육과정은 생존을 위한 지식[14]을 담은 교육 내용이 핵심이 된다.

그렇다면 우리는 **'삶을 살아가면서 부딪치게 되는 수많은 문제 상황들을 해결하는 데 도움이 되는 교육 내용을 체계적으로 조직해 놓은 것'**으로 교육과정을 정의할 수 있다. 체계적으로 조직되었다는 것은 교육 내용을 중심으로 목표, 평가, 방법이 유기적인 연계를 가지면서 운영된다는 것을 의미한다.

유기적 연계의 모습을 정리하면 다음과 같다.

문제 상황에 직면해서 이의 해결을 위한 교육 내용이 먼저 선정된다. 선정된 교육 내용에 대한 학습을 돕기 위해 다양한 수준에 맞추어 적절한 도달점을 표현한 것이 교육 목표가 된다. 목표가 명확하게 표현되면, 학습의 방향과 학습해야 할 내용이 보다 구체화될 수 있는

14 지식은 일반적으로 이론적 지식과 실제적 지식으로 구분한다. 이론적 지식은 문제 상황을 인식하는 데, 실제적 지식은 문제 상황을 해결하는 데 사용된다. 기능이나 태도는 실제적 지식의 범주에 포함된다고 볼 수 있다.

이점이 있고[15] 평가를 통해 교육 내용에 대한 학습을 지원[16]할 수 있는 준거의 역할이 가능해진다.

교육 방법과 교육 내용은 분리될 수 없는 것으로 방법은 내용으로부터 자연스럽게 도출될 수 있다.[17] 그래서 별도의 획일적이고 고정된 절차를 찾을 것이 아니라 교육 내용을 보다 면밀히 살펴보는 자세가 더 필요하다. 이러한 교육과정 개발 체제를 '내용 중심 교육과정 개발'이라고 부를 수 있다.

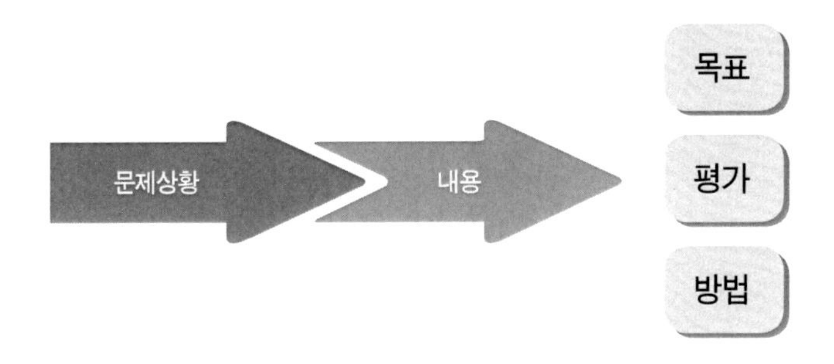

내용 중심 교육과정 개발 체제

15 R. S. Peters 저, 이홍우·조영태 역, 『윤리학과 교육』, 교육과학사, 2003년, p.30.

16 교육부 고시 제2015-80호[별책 2호], 초등학교 교육과정, p.81.

17 존 듀이 저, 이홍우 역, 『민주주의와 교육』, 교육과학사, 2007년, pp.268~270.
듀이는 방법이 내용으로부터 분리되는 데서 따라오는 교육의 폐단으로 ① 경험의 구체적 사태 경시 ② 흥미와 도야에 관한 그릇된 개념 형성 ③ 학습하는 행위 그 자체를 직접적, 의식적 목적으로 오인 ④ 방법이라는 것이 획일적이고 고정된 절차, 다시 말하면 기계적으로 처방된 단계를 따르는 것으로 전락하기 쉽다고 경고하고 있다.

:: 내용 중심 교육과정과 교사 수준 교육과정

오늘날 학교에서 계획하고 실천하는 교육과정은 '의도된 교육 목적을 달성하기 위해 교육 목표, 내용, 방법, 평가를 일련의 교육 활동으로 계획한 설계도'로 정의된다. 이러한 개념 정의는 1918년 교육과정 분야의 창시자라고 일컫는 프랭클린 보비트의 『교육과정』, 1949년대 교육과정 분야의 한 패러다임을 구축하는 데 결정적인 역할을 한 랄프 타일러의 『교육과정과 수업의 기초원리』, 1962년 방대한 교육과정 이론을 구축한 힐다 타바의 『교육과정 개발: 이론과 실제』에서 공통적으로 볼 수 있는 경향이다.

이런 교육과정 개발 체제를 '목적 혹은 목표 중심적 교육과정 개발'이라 부르는데, 지극히 상식적인 교육과정 개발 방법으로 받아들여진다. 하지만 이런 과학주의 교육과정 개발 운동은 조립식 공장의 효율성에 의해 파생되었음을 잊지 말아야 한다. 의도한 목적이 제일 먼저 설정이 되고 이를 성취하기 위한 수단이 결정되는 방식은 공장에서 물품을 생산하는 일이나 학교에서 교육과정과 수업을 운영하는 일을 효율성의 측면에서 같은 활동으로 보는 관점이 반영된 것이다. 교육과정이 국가나 지역, 학교 및 교사가 미리 일방적으로 정한 목적을 이루기 위한 수단으로서 전락한다면, 어떻게 교육과정을 개인의 삶 유지를 위한 방편으로 생각할 수 있겠는가?

문서상으로 존재하는 국가·지역·학교 수준의 교육과정은 교육과정 개발 주체가 자신들의 목적을 이루기 위한 체계적인 계획의 과정이기에, 목적을 중심으로 내용, 방법, 평가가 조직된 일련의 과정으로 이해하는 것이 가능하지만, 단위 학급에서의 실천이 강조되는 교사 수준의 교육과정은 삶의 다양한 문제 상황을 해결하기 위한 교육 내용이 중심이 되어 이를 어떻게 체계적으로 조직할 것인가에 대한 고민이 우선되어야 한다.[18]

타일러 이후, 교육과정 구성에 있어서 상식으로 되어 있는 목표로부터 시작하여 내용, 방법, 평가로 이어지는 일련의 구성이 아니라, 지식이 적용되는 구체적인 경험 사태에서의 문제 상황에 바탕을 둔 교육 내용을 먼저 선정하고 그 내용을 다양한 수준으로 표현한 것이 목적과 평가가 되고 교육 방법은 이미 내용에 포함되어 있음을 인지하여 내용을 중심으로 교육과정을 구성하는 발상의 전환이 필요하다.[19]

학급에서 계획하고 실천하는 교사 수준 교육과정은 삶의 문제 상황을 해결하기 위한 교육 내용을 선정하고 교육 목표와 평가 및 교육 방법을 조직하는 제 행위를 가리키는 것이라고 할 수 있다. 일반적인 교육과정 구성 요소의 나열 순서인 '목표→내용→방법→평가' 대신에 내용 중심의 구성을 선택하는 이유는 외부에서 주어진 목적 달성을 위한 수단적 교육과정 운영이 아니라, 학생 개개인 삶의 문제 상황 해결을 위한 수단으로서의 교육과정[20] 운영을 위함이다.

---

18 교사 수준 교육과정의 양태를 설계, 실행, 생성의 단계로 구분하여 생각할 때, 문서상으로 존재하는 설계 단계의 '계획된 교육과정'은 목적 혹은 목표 중심 교육과정 개발 패러다임을 따르고, 실천이 강조되는 실행 단계의 '만들어 가는 교육과정'은 내용 중심 교육과정 개발의 패러다임을 따르는 것이 적절하다.

19 이홍우, 『지식의 구조와 교과』, 교육과학사, 2006년, 서문에서 가져옴.
교육의 핵심은 내용이며 지식의 구조는 교육 내용에 대한 아이디어인 것이다. 교육 내용에는 그것을 가르치는 방법이 이미 포함되어 있으며, 교육의 목적은 교육 내용을 가르치는 것의 의미를 다양한 수준에서 표현한 것에 지나지 않는다.

20 자기 삶의 문제 상황을 해결하기 위해 선정된 교육 내용을 보다 잘 배우기 위해 학생 스스로가 설정하는 교육 목적은 다른 사람의 목적이 아닌 자신의 목적이 될 수 있다.

:: 교육과정을 구성하는 요소들

교육과정은 교육 내용을 중심으로 교육 목적, 교육 평가, 교육 방법을 체계적으로 조직하여 구성된다. 각각의 구체적인 의미를 살펴보면 다음과 같다.

□ 교육 내용

교육과정의 일반적인 의미는 '교육 내용을 체계적으로 조직한 것'으로 기술할 수 있다. 교육과정의 구성요소로 '목표', '내용', '방법', '평가'가 있어 각각의 구성 요소가 어느 것 하나 중요하지 않은 것이 없지만, 내용에 대한 온전한 배움을 가장 중요시한다고 보면, 네 가지 구성 요소 중에서도 무엇이 가장 중요한지 쉽게 짐작할 수 있다.[21]

교육 내용은 학교 교육에서 '교과'라는 이름으로 주어지게 된다. 교과는 지식, 기능, 태도로 구성되는데 아이들의 삶에서 겪게 되는 다양한 경험 사태와 관련을 가질 수밖에 없다. 교과 자체가 인류의 삶을 통해서 쌓아온 문화유산을 문서화한 것이기에 삶을 살아가면서 알아야 할 것은 지식으로, 할 수 있어야 할 것은 기능으로, 가져야 할 정의적인 능력은 태도로 제시되는 것이다.

하지만 학교 수업에서 다루어지는 교과는 한정될 수밖에 없기에 수많은 지식, 기능, 태도 중에서 어떤 기준에 따라 선별될 수밖에 없었을 것이고, 그 선별의 기준은 학자들마다 조금씩 차이가 있지만, 대부분 삶을 유지하는 데 도움이 되는 내용들 중심이었을 것이다.[22] 그렇다면 우리나라의 교과는 어떤 기준에 따라서 교육 내용을 선정했을까? 바로

21 우리는 '교육과정=교육 내용'이라는 공식은 쉽게 받아들이지만, '교육과정=교육 목표', '교육과정=교육 방법', '교육과정=교육 평가'라는 공식은 거부감이 드는 것이 사실이다.

22 듀이는 '생활사태'를 브루너는 '문제 사태'를 강조하였다.

성취기준이다. '학생들이 교과를 통해 배워야 할 내용과 이를 통해 수업 후, 할 수 있거나 할 수 있기를 기대하는 능력을 결합하여 나타낸 수업 활동의 기준'[23]으로 정의되는 성취기준은 교과를 통해 배워야 할 지식, 기능, 태도에 대해 기술한 것이다. 우리나라는 국가 수준에서 교육의 보편성 및 질적 수준을 보장하기 위해 성취기준에 따른 '국정교과서'를 개발·보급하여 교사들의 교육 내용 선정을 지원하고 있다.

성취기준에 따라 개발·보급된 '국정교과서'는 학교 교육과정 운영에서 중요한 역할을 하지만, '국정교과서'를 해석과 번역의 작업 없이 교육 내용으로 바로 선정하여 교육과정을 구성할 경우에는 예상치 못한 여러 가지 문제점이 발생할 수 있다. 학교 교육에서 교과서의 지식을 단순히 전달하는 주입식 교육의 폐해가 발생하는 이유가 바로 '국정교과서'를 교육과정으로 오인하는 잘못된 생각 때문이다. 그래서 성취기준과 교육과정 구성 관점[24]을 통한 해석·번역으로 교과서를 재구성하여 자신만의 교육 내용을 만들어 내는 것이 반드시 필요하다.

이를 위해서는 '교육과정 문해력'이 필요한데, 교육과정 문해력은 '교사가 교육과정 문서를 읽고 해석하여 교사 수준 교육과정 구성과 수업, 평가에 일관되게 적용할 수 있는 교육과정 상용 능력'으로 정의된다. 예를 들어, '여름 생활을 건강하고 안전하게 할 수 있도록 계획을 세워 실천한다'라는 성취기준을 문해하면 다음과 같다.

[2바04-02] 여름 생활을 건강하고 안전하게 할 수 있도록 계획을 세워 실천한다.
지식 / 기능 / 태도

23 2015 개정 교과 교육과정 고시문서 '일러두기'에서 가져옴.

24 성취기준 및 교육과정 구성 관점에 대한 자세한 설명은 이 책 2장에서 이루어진다.

성취기준에 대한 철저한 이해와 숙지를 통해 교육 내용을 분석하고 학생들의 학습을 위해 교과서 및 단원 재구성이 반드시 필요한지를 판단하여 타당한 근거와 충분한 필요성을 가질 때, 성취기준을 표준 삼아 교과서 단원 재구성을 실시하는 것이 바람직하다.

실제 교육과정 수립 단계에서 교과목별 성취기준을 바탕으로 교과 내용을 해석·번역하여 학년(학급)별로 색깔 있는 학기 단위(학기별 진도표) 교육 내용 재구성을 기본으로 하고 주제 및 단원, 차시 단위로 교육 내용을 다양하게 재구성하려는 노력이 필요하다. 최근 강조되는 '교과과정 재구성'은 국가 수준에서 제시한 교육과정을 재구성한다는 것이 아니라 교실에서 실천될 교육 내용을 재구성한다는 의미이다. 이는 교과서 중심 교육에 서 교육과정 중심 교육으로 패러다임의 전환을 강조하는 것이다.

□ 교육 목적(목표)[25]

목적은 교육을 통해 이루고자 하는 방향이나 구체적인 대상을 의미한다. 교육과정 운영 주체는 교육과정으로 이루고자 하는 의도를 목적을 통해 명확하게 기술한다. 예를 들면, '기르고자 하는 인간상', '비전' 등의 포괄적인 목적과 교과 및 단원, 차시 목표 등 구체적인 목표로 나눌 수 있다. 피터스는 교육 목적(목표)은 내용이나 방법을 더욱 일사분란하게 구조화하고 정확하게 구체화하는 역할을 한다고 다음과 같이 기술한다.

25 목적과 목표는 미래에 이루고자 하는 방향이나 구체적인 대상이라는 의미로 구분하지 않고 사용한다.

목적이 무엇이건간에 목적을 분명히 표현해 보는 것은 교사가 자기 행위의 한 특정한 측면을 부각시킴으로써 자신의 활동을 더욱 일사분란하게 구조화시키는 데에 도움이 된다. 교사가 목적을 표현해 보는 것은 자기가 하는 일을 설명하기 위한 것이 아니라 오히려 자기가 하는 일을 보다 정확히 구체화하는 것이다.

- R. S. Peters 저, 이홍우·조영태 역, 『윤리학과 교육』, p.30

피터스의 주장처럼 교육 목적이 교사의 교육 활동을 보다 정확하게 구체화하기 위해서는 목적 설정에 교사와 학생이 직접 참여해야 한다. 그렇지 않고 외부에서 주어진 목적으로는 교사와 학생의 교육 활동이 피동적으로 이루어질 수밖에 없고 이러한 경우에 진정한 목적을 논하는 것은 거의 불가능하다.

듀이는 교육 내용과 방법이 자동으로 돌아가는 기계처럼 의미 없이 이루어지는 이유는 내용과 방법이 목적과의 관련성을 확보하지 못한 때문이라며, 올바른 교육은 목적을 통해 활동의 방향을 안내받으며 목적과의 관련성을 생각하면서 예견된 방향으로 의미 있게 이루어지는 것이라고 주장한다. 그렇지 않을 경우에는 학생의 행동 하나하나가 전적으로 교사의 지시에 의해 이루어지고 학생의 행동이 일어나는 순서도 오직 교과 내용의 배열이나 교사의 지시에 의해 결정되는 무의미한 활동이 이루어질 수밖에 없다. 이처럼 목적은 교육 내용과 방법의 의도적인 측면을 표시하기 위해 만들어진 것[26]으로 달성 가능한 명확한 목적이 제시될 때 학생들은 학습에 몰입할 수 있다.[27]

---

26 그렌 랭포드 저, 성기산 역, 『철학과 교육』, 교육출판사, 1984년. p.68.

27 미하이 칙센트미하이 저, 이희재 역, 『몰입의 즐거움』, 해냄, 2007년, p.47.

실제 교육과정 수립 단계에서 국가·지역·학교 수준의 교육과정을 바탕으로 교사 개인의 철학과 학생들의 의견을 반영하여 목적(목표)을 설정하는 것이 필요하다. 최근에 주목받고 있는 '교육과정-수업-평가 일체화'도 교육 활동이 목적과의 관련성을 확보하고 목적을 통해 활동의 방향을 안내받으며 예견된 방향으로 의미 있게 이루어질 수 있도록 평가를 통해 학습활동을 촉진하는 등, 내용, 목적, 평가, 방법의 유기적 관련성을 확보하게 될 때 효과적으로 이루어질 수 있다.

□ 교육 평가

교육 목표 달성을 위해 관련 있는 교육 내용을 선정하고 적절한 교육 방법을 실행하였더라도 교육 목표 도달이 잘 이루어지지 못했다면 교사의 노력은 물거품이 되고 만다. 우리는 교육 평가를 통해 목표 달성이 되었는지, 교육 내용과 방법의 선정 및 운영은 적절하였는지를 판단한다. 최근 평가 패러다임이 결과 중심에서 과정 중심으로 전환되면서 학생이 무엇을 얼마나 성취했는가를 중요시하는 선발적 평가관에서 학생의 잠재력과 가능성을 최대한 성장시키는 것을 강조하는 발달적 평가관이 더 관심을 받고 있다.

발달적 평가관에서는 학습의 과정을 중시하여, 평가는 교수·학습과 통합적으로 연계되어 학생의 학습을 지원하는 것을 강조한다.[28] 기존 결과 중심 평가에서는 교수·학습과 평가 상황이 분리되어, 평가하는 내용도 지적인 영역의 평가가 주를 이루는 지필 평가가 대부분이었다. 하지만, 국가 수준 교육과정에서 제시하는 성취기준은 지적인 영역은 물론 기능적, 정의적 영역의 학습도 반드시 이루어져야 함을 제시하고 있기에, 기능적, 정의적 영역의 평가는 수업의 과정 중에 반드시 수행평가[29]의 형태로 이루어질 수밖에 없다.

---

28 교육부, 2015 개정 교육과정 총론 해설서, 2016년, p.101.

29 교육부, 2018 학교생활기록부 기재요령, p.95.
수행평가(遂行評價; Performance Assessment)는 교과 담당교사가 학습자들의 학습 과제 수행 과정 및 결과를 직접 관찰하고, 그 결과를 전문적으로 판단하는 평가 방법.

수행평가는 학습의 과정과 결과를 동시에 평가하는 방법으로 목표에 대한 성취도뿐만 아니라, 학습의 과정에서 지적·정의적·기능적인 영역에 대한 즉각적인 피드백으로 학습을 지원하는 긍정적인 효과를 높일 수 있다. 2015 개정 교육과정에서도 수업 중에 이루어지는 수행평가의 상황을 다음과 같이 설명하고 있다.

> 실제 교수·학습 상황에서 '즐거운 생활'과의 기능인 놀이하기, 표현하기, 감상하기를 평가할 수 있는 상황을 설정하여 수업과 평가를 동시에 하며, 평가를 학습 촉진의 계기로 활용한다.
>
> - 교육부 고시 제2015-8호[별책 2호], 초등학교 교육과정, p.81

수행평가는 '실제 교수·학습 상황'에서 '평가할 수 있는 상황을 설정'하기 때문에, 수업 후에 별도의 평가 장면을 만들 필요가 없다. 단, 수업 중 평가 상황에서 학습자의 반응을 면밀하게 관찰하면서 피드백 정보를 수집하는 것이 중요하다. 평가 대상도 지적인 영역에 한정하는 것이 아니라, 기능인 '놀이하기, 표현하기, 감상하기'도 함께 평가한다. 무엇보다도 수업과 동시에 이루어지는 평가를 통해 즉각적인 피드백을 유도하여 평가의 역할을 학습을 돕는 촉진자로 규정하였다.

실제 교육과정 수립 단계에서는 교사 자신의 교육 목표와 관련하여 선정된 교육 내용을 평가하기 위하여 연간 평가계획 및 평가기준안을 작성하고 학습자에게 사전 안내하여 평가를 통한 학습 촉진의 효과를 거둘 수 있어야 한다. 최근 교육 현장에서 강조되고 있는 과정 중심 평가는 평가에 대한 이러한 변화들을 반영한 것이다. 올바른 평가를 통하지 않고서는 학습자의 목표 도달도 및 학습 촉진의 역할과 교수·학습 방법의 개선을 기대하기는 어렵다.

□ **교육 방법**

교육 내용이 선정되고 목표가 분명해졌다면 어떤 방법으로 교육 활동이 이루어져야 하는가에 대한 문제가 남게 된다. 교육 방법에 있어서는 재료를 주형에 담는 것을 강조하는 '주형 모형'인지, 아니면 아동에 대한 최대한의 불간섭 그리고 아동의 흥미, 필요, 발달 단계 등을 강조하는 '아동 중심 모형'인지에 따라 전혀 다른 양태로 나타날 수 있다.[30] 주형 모형에서는 강의식과 같이 아동에 대한 체벌, 보상제도 등의 여러 강제 수단이 동원되는 교사 전달 중심의 방법이 선호된 반면, 아동 중심에서는 교육의 과정적 원리를 강조하여 전달해야 할 교육 내용보다는 아동이 경험에 의해 학습하고 스스로 선택할 수 있는 환경을 만들어 주는 데 주력하였다.

교육 내용이 학습자에게 제대로 전수되는 것을 강조하는 주형 모형이 중요하지만, 내용의 전수에만 너무 집착하여 교육의 과정에서 학습자의 자발성이나 흥미 등이 무시되어서도 안 되겠다. 학습자의 흥미와 자발성에 기초를 두되, 교육 내용의 성격에 따라 적절한 교육 방법[31]을 선택할 수 있는 전문성이 뒷받침되어야 하겠다. 듀이는 교육 내용과 방법을 분리하는 것을 경계하면서, "방법이 내용으로부터 분리되어 획일적이고 고정된 절차, 다시 말하면 기계적으로 처방된 방법을 따르게 될 때, 학습은 흥미 없는 것이 된다"라고 하였다.

가장 효율적인 수업 목표 도달을 위해 어떤 교수 자료와 학습 자료가 효과적인지를 판단하고, 학생들의 모둠을 어떻게 조직할 것인지, 학습 활동을 어떻게 구성할 것인지를 면밀히 검토해야 한다. 교과서의 내용을 무조건적으로 학습자에게 전달하는 수업보다는 교과 내용을

---

30 R. S. Peters 저, 이홍우·조영태 역, 『윤리학과 교육』, 교육과학사, 2003년, p.41.

31 브루너의 대담한 가설에 따르면 '어떤 교과든지 지적으로 올바른 형식으로 표현하면 어떤 발달 단계에 있는 어떤 아동에게도 효과적으로 가르칠 수 있다'라고 한다.

아이들 삶의 구체적인 경험 상황에 맥락을 둔 문제 해결 학습으로 재구성하여 운영하는 노력도 필요하다.

아이들의 삶의 맥락과 관련된 흥미 있는 문제 상황이 주어질 때, 학습자는 해결을 위하여 사고하며, 경쟁보다는 협력하는 모습으로 임하고, 단순 암기에 의한 지식 축적이 아닌 구성원들 간 의사소통과 같은 집단지성에 의한 학습으로의 전환이 이루어질 것이다. 실제 교육과정 수립 단계에서 교육 내용의 성격에 따라 학습자 변인, 학습자의 학습을 도와야 할 여러 교육 환경적 변인들을 잘 고려하여 적절한 학습 방법에 대한 고려가 반드시 이루어져야 한다.

최근 수업 상황에서 교사의 가르침보다는 학습자의 실질적인 배움을 더 중요시하는 배움중심수업은 이러한 변화를 반영한 것으로, 학습자를 중심에 두고 다른 모든 환경들은 동심원 상에 위치하여 학습자의 배움을 지원하는 모양을 이루고 있다.

에듀쿠스의 생각

목표 중심 교육과정 개발	내용 중심 교육과정 개발
▪ 1918년 교육과정 분야의 창시자라고 일컫는 프랭클린 보비트의 『교육과정』, 1949년대 교육과정 분야의 한 패러다임을 구축하는 데 결정적인 역할을 한 랄프 타일러의 『교육과정과 수업의 기초원리』에서 유래	▪ 1960년 교육 내용으로서의 '지식의 구조'를 소개한 브루너의 『교육의 과정』에서 유래
▪ '목표 설정→학습 경험 선정→학습 경험 조직→평가'의 순으로 교육과정 구성	▪ '문제 상황→내용→목표, 평가, 방법'의 순으로 교육과정 구성
▪ 과학주의 교육과정 개발 방법으로 조립식 공장의 효율성에 의해 파생	▪ 생존을 위한 삶의 필요에 따라 선정된 교육 내용으로 실제적인 삶의 문제를 해결하고 개인 삶의 유지를 위한 방편으로 생성
▪ 목적이 외부로부터 주어짐	▪ 내용으로부터 목적이 자연스럽게 도출
▪ 국가·지역·학교 수준 교육과정 및 교사 수준 교육과정의 설계 단계에 문서상으로 존재하는 교육과정 개발 방식	▪ 교사 수준 교육과정의 실행 단계에서 수업에서 실천되는 교육과정 개발 방식
▪ 다음과 같은 4가지 질문으로 교육과정 구성 1. 학교는 어떤 교육 목적을 달성하여야 할 것인가? 2. 이런 교육 목적을 달성하기 위하여 어떤 교육 경험들이 선정되어야 하는가? 3. 이러한 경험들을 어떻게 효과적으로 조직해야 하는가? 4. 교육 목적이 달성되었는지 어떻게 알 수 있는가?[32]	▪ 교육의 핵심은 '내용'이며, 교육 내용에는 그것을 가르치는 방법이 이미 포함되어 있으며, 교육의 목적은 교육 내용을 가르치는 것의 의미를 다양한 수준에서 표현한 것에 지나지 않는다.[33]

32 김영천 편저, 『After Tyler: 교육과정 이론화 1970년-2000년』, 문음사, 2006년, p.76.
33 이홍우, 『지식의 구조와 교과』, 교육과학사, 2006년, 서문에서 가져옴.

아이들의 삶의 맥락과 관련된
흥미 있는 문제 상황이 주어질 때,
학습자는 해결을 위하여 사고하며,
경쟁보다는 협력하는 모습으로 임하고,
단순 암기에 의한 지식 축적이 아닌
구성원들 간 의사소통과 같은
집단지성에 의한 학습으로의
전환이 이루어질 것이다.

03

흥미, 교사 수준 교육과정에 담아내다

Episode 흥미의, 흥미에 의한, 흥미를 위한

에듀쿠스: 자네는 흥미에 대해 교육적으로 깊이 생각해 본 적이 있는가?

청년교사: 선생님께서 말씀하시는 '교육적으로 깊이 생각한다'는 것이 어떤 의미인지는 모르겠지만, 흥미는 아이들의 학습을 촉진시키는 힘이라고 생각합니다. 왜냐하면 아이들은 흥미 없는 학습 내용에 대해서는 쉽게 지루함을 느끼기 때문입니다.

에듀쿠스: 사람들이 흥미에 대해 가지는 대표적인 오해들이 있는데, 그중에 하나가 흥미를 개인의 쾌락이나 일시적인 감정의 상태로 생각하는 것이라네.

청년교사: 학습에 대해 느끼는 개인의 감정이 아이들을 새로운 학습으로 이끌어가는 원동력이 될 수 있다고 생각합니다.

에듀쿠스: 물론, 그렇게 생각할 수도 있지. 하지만 우리가 흥미를 감정이나 기분의 상태로 오해하여 발생하는 문제점은 한두 가지가 아니라네.

청년교사: 어떤 문제점들인지…….

에듀쿠스: 무엇보다 문제되는 것은 교육 활동과 관련해 흥미를 높이기 위해서 아이들의 관심을 끌지 못하는 교육과정에 유혹적인 면을 가미하여 외재적 흥미를 끌려고 하는 의미 없는 노력들을 유발할 수 있다는 것이지.

청년교사: 교육과정에 대한 아이들의 흥미를 유발하기 위해서 하는 노력들이 왜 의미 없다는 말씀입니까?

에듀쿠스: 외재적 흥미를 강조하게 되면 교육 내용 자체에서 발견되는 내재적 흥미를 경시하게 되지. 생각해 보게. 교육 내용 자체가 재미있다면 흥미 유발을 위한 별도의 교육 방법이 동원될 필요가 없지 않을까?

청년교사: 그 말씀은 맞지만, 교육 내용 자체가 흥미 있을 수 있을까요?

에듀쿠스: 교육 내용 자체가 흥미 있기 어렵다는 생각의 이면에는 내용과 방법을 이분법적으로 구분하고 교육 내용 자체는 아이들에게 흥미가 없다는 것을 전제하는 잘못된 발상이 존재하고 있다네. 내용 자체가 흥미 없다는 것이 전제되는 상황에서는 흥미 있는 별도의 교육 방법을 동원하는 것이 당연하지 않겠나?

청년교사: 그렇다면 별도의 흥미 있는 교육 방법 없이, 내용 자체에 아이들의 흥미가 담기기 위해서는 어떤 노력이 필요한가요?

에듀쿠스: 학교에서 배우는 교육 내용 자체가 아이들 자신들이 관심 있어 하는 활동의 결실을 얻는 데에 중요한 역할을 할 수 있다는 것을 인식하게 하는 것이 중요해.

청년교사: **교육 내용 자체에 흥미를 담아내기만 한다면, 별도의 흥미 있는 교육 방법을 찾기 위한 의미 없는 노력이 필요 없다**는 말씀이 아주 새롭게 다가옵니다.

:: 흥미에 대한 오해

교육과정에는 교육 내용이 담겨 있다. 교육 내용은 삶을 살아가면서 만나게 되는 많은 문제 상황들을 해결하는 데 필요한 지식이나 기능을 말한다. 지식이나 기능은 교과의 형태로, 때론 경험 및 지식의 구조라는 형태로 모양을 달리해서 우리에게 제시되지만, 교육과정을 통해서 배우게 되는 지식이나 기능은 우리가 삶을 영위해 나가는 데 반드시 필요한 것들이다. 그럼에도 불구하고 학생들이 교육과정에 흥미를 나타내지 않는다면 어떻게 될까? 삶의 영위를 위해서 반드시 필요한 내용인데, 흥미를 나타내지 않는다면 그것만큼 난감한 일도 없을 것이다. 그래서 교육과정에는 교육 내용과 함께 흥미를 반드시 담아내어야 한다. 그렇다면 그 흥미는 무엇일까?

어떤 것에 흥미를 가지고 있다는 것은 그 대상에 몰두한다든가 푹 빠져 있다는 뜻이다.[34] 한마디로 대상에 몰입해 있는 상태다. 교육과정에 담아야 할 철학이나 가치로 흥미를 주저함 없이 꼽는 이유는 흥미를 통해 학습에 대한 아이들의 몰입을 유도할 수 있기 때문이다. 무엇인가에 깊이 빠져드는 몰입 경험은 아이들을 배움으로 이끄는 힘이고 새로운 수준의 과제와 실력으로 올라가게 만드는 힘이 될 수 있다.[35]

사람들이 흥미에 대해 가지는 대표적인 오해가 있다. 흥미를 개인의 쾌락이나 일시적인 감정의 상태를 나타내는 것으로 생각하는 것이다. 물론, 흥미 있는 교육과정에 몰입하고 몰입의 결과로 다가오는 행복한 감정을 느끼게 되면, 그 행복한 마음이 아이들을 새로운 학습으로 이끌어가는 원동력이 될 수는 있지만, 흥미 자체를 행복한 마음과 같은 일시적인 감정이나 기분의 상태로 단정하기는 어렵다.

---

34 존 듀이 저, 이홍우 역, 『민주주의와 교육』, 교육과학사, 2007년, p.208.
35 미하이 칙센트미하이 저, 이희재 역, 『몰입의 즐거움』, 해냄, 2007년, p.49.

우리가 홍미를 감정이나 기분의 상태로 오해하여 교육에서 저지르게 되는 잘못은 여러 가지가 있다. 무엇보다 문제가 되는 것은 아이들의 교육 활동과 관련해 홍미를 높이기 위해서 아이들의 관심을 끌지 못하는 교육 내용에 유혹적인 면을 가미하여 외재적 홍미를 끌려고 하는 의미 없는 노력들을 하게 된다는 것이다.

교사들은 교육 내용과 교육 방법을 이분법적으로 구분하고 교육 내용 자체에서 발견되는 내재적 홍미 대신, 재미없는 교육 내용에 홍미를 가질 수 있는 여러 가지 별도의 교육 방법들을 동원한다. 왜냐하면 교육 내용이 아이들에게 홍미가 없다는 것이 전제가 되는 이런 상황에서는 홍미 없는 교육 내용을 아이들이 홍미 있어 할 수 있도록 만들기 위해 홍미 있는 교육 방법을 동원하는 것이 필수적이기 때문이다. 아이들의 시선을 끌 수 있는 재미있는 영상 자료, 교육(Education)과 문화 활동(Entertainment)을 결합한 에듀테인먼트(Edutainment) 자료, 각종 보상제도 등을 통해서 학습에 아이들의 홍미를 끌어들이려고 한다. 이는 홍미를 일시적인 기분이나 감정의 상태로 잘못 오인하는 데서 비롯된 것이다. 하지만 듀이는 홍미를 학습내용과 구분하지 않는다.

> 학습 자료가 학생의 활동을 일으키고 그것을 일관성 있게 또 지속적으로 수행하도록 하는 기능이 있다면 그 기능이 바로 흥미인 것이다.
>
> \- 존 듀이 저, 이홍우 역.『민주주의와 교육』, p.209

듀이는 교육 내용을 홍미 있게 만들어 줄 별도의 교육 방법이 있는 것이 아니라, 교육 내용이 바로 홍미가 될 수 있다고 하였다. 교육 내용이 바로 홍미가 되기 위해서 필요한 것은 무엇일까?

:: 교육 내용이 흥미가 되기 위해서

교육 내용이 학습을 지속시키는 힘을 가지고 있다면, 굳이 그것을 흥미 있게 만들기 위한 방법을 생각할 필요가 있을까? 더욱이 임의적, 반강제적인 노력을 학생들에게 요구할 필요는 더더욱 없을 것이다. 그렇다면 학생들이 교육 내용에 흥미를 가지지 못하는 이유가 무엇일까?

아이들이 학교 교육에 흥미를 느끼지 못하는 이유는 학교에서 다루어지는 교육 내용이 아이들 삶의 맥락들과 단절되어 추상적으로 제시되고 있기 때문이다. 학습에 흥미를 가지거나 학습이 효과적이기 위해서는 학생 자신이 다루는 지식이 그에게 관심이 있는 활동의 결실을 얻는 데에 중요한 역할을 한다는 것을 인식하는 경우이다. 이는 교과 지식이 아이들의 삶 속에서 실제로 수행되는 역할의 형태로 제시되어야 한다는 것을 의미한다. 학교에서 이루어지는 모든 교육 활동은 이러한 삶의 맥락에 근거하여 계획되어야 하고 구체적인 경험 상황과 관련을 맺으면서 이루어져야 한다.

학교에서 배워야 하는 '무엇(학습 내용)'이 아이들의 실제적인 삶의 상황에서 '어떻게(방법)' 응용되고 실현되는지를 정확하게 살펴서 그 방법대로 수업이 이루어지면 내용과 방법의 분리에서 오는 학생들의 흥미 저하를 막을 수 있을 것인데, 대부분의 학교 교육에서의 교육 방법은 학습 내용을 단순히 지식으로 규정하여, 그 지식을 외움으로써 알게 하지, 이해함으로써 앎에 이르게 하지 않는다. 어떤 것을 알지 못한다는 것은 그 지식을 실제 자신들의 삶의 상황에서 어떻게 응용해야 할지를 모른다는 것이다. 지적 성격에 충실한 형태로 가르친다면 어떤 발달 단계에 있는 어떤 아동에게도 효과적으로 가르칠 수 있는데,[36] 내용과 방법의 분리로 말미암아 지적 성격에 충실한 형태를 무시하고 내용과는 무관한 별도의 학습 방법에 강조를 두기 때문이다.

---

36 브루너가 『브루너 교육의 과정』에서 제시한 가설이다. 모든 지식에는 그 지식에 충실한 가르침의 형태(방법)가 있다는 것을 브루너는 주장한다.

:: 교육 내용과 교육 방법의 분리로 인한 오해

홍미에 대해서 우리가 가진 가장 큰 오해 중의 하나가 '일단 내용을 먼저 선정하고 그 후 선정된 내용을 교사가 홍미롭게 만들어야 한다'라는 것이다. 무엇을 홍미롭게 만든다는 것은 아이의 현재 경험, 능력 및 필요와 관련하여 학습 내용이 선정된다는 것으로, 현재 아이가 홍미 있어 하는 분야와 관련하여 학습을 하게 되면 홍미 있는 학습이 가능하다는 의미이다.

그 자체가 목적으로 제시되어서는 홍미를 느끼지 못했던 악보나 운지법이 자신의 노래에 대한 사랑을 더 잘 실현하는 데 도움이 된다는 걸 깨달았을 때, 아이는 그것에 매료된다. 사람의 마음을 움직이느냐 그렇지 않느냐 하는 것은 관계의 문제이다.[37] 교육 내용이 홍미 있는 자신들 경험의 일부가 되면, 그것에 포함되어 있는 지식이나 기능도 역시 홍미의 대상이 된다.

순전히 밖으로부터 부가된 홍미, 사탕발림식으로 무엇인가를 홍미롭게 만드는 것으로서의 홍미는 학습 내용과 학습 방법이 완전히 별개로 존재한다는 것을 전제로 한다.[38] 내용을 효과적으로 다루는 방법이 그 내용과는 동떨어져서 별도로 주어져 있다고 생각할 때는 내용과 방법 사이의 관련은 결여될 수밖에 없다. 방법이 교육 내용으로부터 분리됨으로 인해 나타나는 몇 가지 폐단을 살펴보면 다음과 같다.

첫째, 경험의 구체적 사태가 경시된다. 방법은 교육의 내용이 되는 실제적 경험 사태와 관련성을 가지고 모색되어야 한다. 이를 위해서는 학생 스스로 융통성 있는 학습 활동을 할 수 있는 구체적 경험 사태를 만들어 주는 것이 필요한데, '방법'이 지적 성격에 충실한 형태로 제

37 존 듀이 저, 조용기 역, 『홍미와 노력 그 교육적 의의』, 교우사. 2015년, p.32.
38 듀이는 일단 내용을 먼저 선정하고 그 후, 선정된 내용을 교사가 홍미롭게 만들어야 한다는 주장보다 더 실망스러운 주장은 없다고 하였다.

시되지 못하고 외부로부터 교사에게 제시되며, 다시 어떤 아동에게나 천편일률적으로 적용된다면, 방법은 경험의 구체적 사태를 도외시하고 기계적인 획일성을 가질 수밖에 없다.

둘째, 흥미와 도야에 대한 그릇된 개념을 형성시킨다. 내용을 효과적으로 다루는 방법이 그 내용과는 동떨어져서 별도로 주어져 있다고 생각할 때, 양자 사이의 관련은 결여될 수밖에 없다. 이로 인해 교사는 내용에서 도출된 자연적인 방법보다는 흥분, 충격적 쾌락, 고통스러운 결과가 일어날 것이라는 위협, 학생의 무조건적인 노력에 대한 호소를 통해 학생들의 맹목적인 '의지'의 발동에 의존하게 될 수밖에 없다.

셋째, 학습하는 행위, 그 자체를 직접적·의식적 목적으로 삼게 된다. 아이가 활동을 할 수 있는 환경을 만들어 주고 그 활동을 하는 과정에서 스스로 배우도록 하는 것이 중요하다. 그렇지 못하고 아이로 하여금 무엇인가를 배워야 한다는 사실에 주의를 고정시키거나 학습 태도를 의식하도록 함으로 인해 학습 과정에서 주눅이 들도록 하는 것은 좋은 방법이 아니다. 오직 학습을 통해서 다른 사람과 의사소통을 하여 좀 더 풍부한 상호작용을 할 수 있도록 도울 수 있어야 한다. 이를 위해서는 무엇보다도 교과를 배워야 한다는 생각에서 학습하도록 할 것이 아니라, 학습을 하는 이유 또는 목적을 생각하면서 교과에 열중하도록 해야 한다.

넷째, 방법은 획일적이고 고정된 절차, 기계적으로 처방된 결과를 따르는 것으로 전락될 수 있다. 교육 내용과 직접 부딪쳐서 그럴듯해 보이는 여러 가지 방법을 시험해 보고 그 결과에 따라 좋은 방법과 나쁜 방법을 가려내도록 하는 것이 필요한데, 획일적이고 고정된 방법을 따르게 될 때는, '방법'이 신성불가침의 영역으로 보호를 받게 되어 암송 및 정해진 언어적 공식에 의한 학습으로 전락할 가능성이 높다.

우리는 교육 내용에 포함되어 있는 방법을 찾아내지 못하고 별도의 방법을 고민하기 위해 교육적 에너지를 낭비하지 말아야겠다. 대신 교육 내용이 아이들의 삶에서 어떠한 활동으로 구현될지에 대해서 고민하고 교육 내용으로 펼쳐질 아이들의 삶의 모습을 상상해 보면 교육 내용에 가장 충실한 형태의 교육 방법을 자연스럽게 찾아낼 수 있지 않을까? 내용과 방법을 분리해서 생각하는 것에 익숙해진 우리들의 의식 전환이 무엇보다 필요하다. 단지 지식으로만 취급된 교육 내용을 일방적으로 주입하고자 하는 전달자로서의 입장보다는 아이들의 입장에서 생각하는 자세가 필요하다.

교육과정(내용)과 수업을, 수업과 평가를 분리하는 익숙한 습관도, 교육에 있어서 내용과 방법을 분리하는 폐단에서 비롯된 것이라고 볼 수 있다. 듀이의 주장처럼 내용과 방법 사이에는 아무런 구분도 없고 다만 삶의 구체적인 상황에서 개인의 활동만 있을 뿐이다. 아이들의 경험 안에서 내용과 방법을 동일시하는 생각의 전환이 필요하다.

:: 흥미의 개념

홍미의 개념을 어원과 관련하여 좀 더 구체적으로 살펴보면 다음과 같다. 홍미(Interesting)의 어원은 inter-esse로 '사이에 있는 것'이다. '사이'라는 단어는 둘 사이의 '거리'와 '공간'이라는 의미로 다시 해석할 수 있다. 먼저, '거리'라는 측면에서 홍미의 개념을 살펴보면, '거리가 있는 두 사물을 관련짓는다'는 것은 둘 사이의 '거리를 없앤다'는 의미로 볼 수 있다. 여기서 '둘'은 학습자를 중심으로 생각해 보면, 학습자와 학습 내용, 학습자와 학습 방법, 학습자와 학습 난이도 등으로 나눌 수 있다.

학습자를 중심으로 다른 교육적 구성 요소[39]들과 거리를 줄여 준다는 것의 의미는 학습자의 실제적 삶의 모습과 구성 요소들이 단절되지 않고 관련성을 가질 수 있도록 한다는 것이다. 예를 들어, 교육 내용은 학습자의 구체적인 삶의 경험 사태와 관련성을 가져야 하며, 교육 방법은 파편화된 지식을 단순히 기억하여 암기하는 수준을 넘어서 내용에 가장 충실한 방법으로 실제적인 삶에 응용할 수 있는 다양함을 구비하여야 한다. 학습 난이도 측면에서는 학습자의 능력과 수준에 적절함을 유지하여, 시도해 보기도 전에 어려움으로 인해 학습을 포기하는 일이 발생해서는 안 되겠다.[40]

'사이에 있는 것'으로서 홍미의 의미를 학습에 적용하는 두 번째 관점은 아이들 삶의 사이에 학습 내용을 적절하게 위치시키는 것을 말한다. 학교에서 가르치고자 하는 주제에 홍미를 보이지 않는 아이들은 있을 수 있지만, 거의 모든 것에 홍미 없는 아이는 없다. 왜냐하면 아이들은 선천적으로 홍미를 타고나며, 그런 홍미 있는 자기 삶의 사이사이에 학습 내용을 위치시키게 되면 홍미 없던 주제도 아이가 이미 가지고 있던 홍미의 수단이나 목적이 되어 새로운 홍미가 될 수 있는

---

39 여기서 교육적 구성 요소들은 교육 내용, 방법, 난이도 외에도 학습자를 둘러싼 다양한 교육적 환경들을 의미한다.

40 미하이 칙센트 미하이 교수도 학습에 대한 몰입 유도를 위해 학습 과제와 실력의 균형을 강조하였다.

것이다. 예를 들어 당구에 흥미가 있는 사람에게는 이전에 관심 없었던 '힘의 작용과 반작용'이 당구에 도움이 된다(수단)는 것을 깨닫는 순간, 그 역시 흥미가 된다. 자전거 타기가 흥미인 아이가 잦은 시외 자전거 여행을 통해 도로 양편의 잘린 땅에서 지층을 만나게 되면, 조만간 이전에는 관심이 없었던 '지층' 탐구가 새로운 흥미(목적)가 될 수 있다.

듀이는 이러한 흥미의 전이를 '직접적 흥미'와 '간접적 흥미'라는 것으로 설명한다. 그 자체 목적으로 제시되어서는 흥미를 느끼지 못했던 악보나 운지법이 자신의 노래에 대한 사랑을 더 잘 실현하는 데 도움이 된다는 것을 깨달았을 때 아이는 그것에 매료된다. 이때, 노래에 대한 사랑이 직접적 흥미라면 악보나 운지법은 간접적 흥미가 되는 것이다.

:: 교육과정에 흥미를 담다

교육 내용을 흥미를 통해 가르칠 것이 아니라, 교육 내용 자체가 흥미가 될 수 있도록 하는 노력이 필요하다. 교육과정에 교육 내용만 담을 것이 아니라, 흥미도 함께 담아야 한다. 이를 위해서는 교육 내용이 목적이고 흥미를 수단으로서만 생각할 것이 아니라, 흥미가 목적이 되고 교육 내용을 수단으로 인식할 수 있는 발상의 전환이 필요하다. 헤르바르트는 다음과 같이 교육에 있어서 흥미의 중요성을 강조하고 있다.

> 교사들이 효과적으로 강의하기 위해서는 학생들의 흥미를 끌도록 해야 한다는 것은 일반적으로 널리 알려진 수업 원칙이다. 이 원칙에서는 수업이 목적이고, 흥미가 수단인 것처럼 여겨지고 있다. 이러한 관계는 이제 바뀌어야 한다. 수업은 학생들의 흥미를 불러일으키는 데 기여해야 한다. 수업은 일정 기간 동안만 진행되지만 흥미는 학생의 일평생 동안 유지될 수 있는 것이기 때문이다.[41]

---

41 김영래, '헤르바르트의 교육적 수업이론에 대한 고찰: 지적 교수와 정의적-도덕적 교육의 통합 가능성을 중심으로', 《한국교육학연구》 제8권 제2호, 2002년 10월, pp.61~83.

홍미는 아이들의 일평생 동안 유지되는 삶 그 자체이다. 듀이도 '흥미는 자아와 세계가 서로 맞물려 있다는 것을 나타내는 것'[42]으로 보아 흥미와 삶을 구분하지 않는다. 아이들이 재미없어 하는 학습에 유혹적인 면을 가미하고 쾌락의 뇌물로 주의를 끄는 노력들을 짜내어 소위 '어르는 교육', '허기 채우는 교육'을 위해 흥미의 가치를 격하시켜서는 안 된다.

교육과정에 흥미를 담아내자. 교육과정의 대부분을 구성하는 교과 지식이 아이들 삶과 관련된다면, 삶의 흥미 있는 문제 상황들을 인식하고 해결할 수 있도록 구성된다면, 교육과정에 흥미를 담아낼 수 있을 것이다. 대부분의 건강한 아이들은 태생적으로 자기 삶에 대한 흥미를 가지고 있다. 자기 삶에 흥미가 없는 아이들에게 어떻게 교육이 가능할 것인가? 흥미로 삶을 살아가는 아이들에 대한 믿음을 가지고 교육과정에 삶을 담아내는 순간, 흥미도 함께 담을 수 있게 된다.

학생에게 경험되는가 아닌가와는 상관없이 교과를 맹목적으로 주입하고자 한 것이 교과 교육과정의 재앙이었다면, 경험의 내용에 관하여 엄밀히 따져보지 않은 채 일상생활의 경험을 주면 교육이 된다고 생각한 것은 경험 교육과정의 재앙이었다. 이 두 가지 종류의 재앙을 모두 극복하기 위해서는 교과 지식과 아이들 경험의 관련성을 확보하는 노력이 필요하다.

교육과정에 담아야 할 철학과 가치로서 흥미의 중요성을 인식하게 되는 순간, 파편적인 지식의 주입으로 전락한 교과 교육과정의 재앙과 의미 없는 활동으로만 흐를 수 있는 경험 교육과정의 재앙을 동시에 극복할 수 있지 않을까?

지금, 흥미의, 흥미에 의한, 흥미를 위한 교육과정이 반드시 필요하다.

---

42 존 듀이 저, 이홍우 역, 『민주주의와 교육』, 교육과학사, 2007년, p.207.

• 2장 •

나만의 교사 수준 교육과정

어떤 교과든지 지적으로 올바른 형식으로 표현하면 어떤 발달 단계에 있는 어떤 아동에게도 효과적으로 가르칠 수 있다.

- 브루너

01

교사 수준 교육과정, 무엇일까요?

Episode 선생님의 교육과정을 가지고 계신가요?

에듀쿠스: 교사 수준 교육과정에 대해서 들어 본 적이 있는가?

청년교사: 들어 본 것 같기는 한데, 정확하게 '이런 것이다'라고 말씀 드리기는 어렵네요.

에듀쿠스: 교사 수준 교육과정을 정확하게 이해하기 위해서는 교육과정 수준에 따른 구분을 먼저 알아야 한다네.

청년교사: 교육과정 수준에 따른 구분이라 하시면?

에듀쿠스: 교육과정 결정 주체와 역할 분담에 따라 국가 수준 교육과정, 지역 수준 교육과정, 학교 수준 교육과정, 교사 수준 교육과정으로 나누어 생각할 수 있지.

청년교사: 국가 수준 교육과정은 교육부에서 결정·고시하는 총론, 지역 수준 교육과정은 시·도 교육청에서 고시하는 교육과정 편성운영지침, 학교 수준 교육과정은 학교 교육과정 운영계획이라면, 교사 수준 교육과정은 학급 교육과정이라 생각됩니다.

에듀쿠스: 정확하게 말했네. 교사 수준 교육과정은 국가·지역 수준 교육과정의 기준 및 지침에 바탕을 두고, 학교 수준 교육과정에서 제시하는 요구 및 환경 등을 반영하여 단위 학급(학년)별로 편성·운영되는 실천 중심 교육과정이라네.

청년교사: 국가·지역·학교 수준의 교육과정은 교사 수준 교육과정의 구성과 실천을 돕는 역할을 한다는 말씀이시군요.

에듀쿠스: 그렇지. 교사 수준 교육과정은 교실에서 교사에 의한 수업 행위를 통해서 실천되며, 교사의 철학이 반영된 해석과 번역을 통해 교사 개개인에 따라 다양한 모습으로 나타날 수 있다네.

청년교사: 하지만, 지금까지의 경험으로는 교사 수준 교육과정은 학기 초에 문서상으로 계획될 뿐, 수업으로 실천된다고 말하기는 조금 부족한…….

에듀쿠스: 왜 그렇겠는가? 대부분의 선생님들이 교사 수준의 교육과정도 매년 되풀이되는 문서상의 형식적인 계획으로만 작성하고, 실제 수업은 교과서 중심으로 실시하고 있기 때문은 아닐까?

청년교사: 결국, 교사 수준 교육과정도 계획된 교육과정일 뿐, 실천을 위한 어떤 도움도 주지는 않는다고 생각합니다.

에듀쿠스: 그렇지 않네. 교사 수준 교육과정은 설계, 실행, 생성의 3단계로 존재하지. 설계 단계는 문서화된 계획으로 존재하지만, 이 계획은 실행 단계에서 수업으로의 실천을 위한 설계도의 역할이라 보면 된다네.

청년교사: 문서화된 계획인 교육 설계도로 실제 교실 현장에서 실천하며 학생들과 함께 만들어 가는 것이 중요하겠군요. 수업과 평가를 통한 실천으로, 계획된 문서와의 연계성이 지속적으로 피드백되면서 실제적인 교사 수준 교육과정이 만들어질 수 있도록 노력해야겠습니다.

:: 교육과정에 대한 다양한 정의들

학교 교육에서 교육과정의 중요성을 의심하는 사람은 없을 것이다. 교육과정은 중요하게 생각하는 교육 내용이 무엇인지에 따라 다양하게 정의되어 왔다. 학문 분야의 교과 지식이 강조되는 교과 중심, 학생이 가지는 교육적 경험을 강조하는 경험 중심, 교과를 구성하고 있는 핵심적인 사실·개념·이론·법칙 및 교과의 탐구 방법을 중심으로 구성하는 학문 중심 교육과정 등이다. 최근에는 어떠한 단일 교육 사조나 이론의 지배에서 탈피하여 개인적, 사회적, 학문적인 조화와 통합적인 접근을 통한 교육과정 개념 정의도 활발하게 이루어지고 있다.

한편, 교육과정 개정 시기에 따른 이해를 살펴보더라도, 그 시대의 요구 및 강조되는 사조나 이념에 따라 교육과정은 조금씩 다르게 해석되어 왔음을 알 수 있다. 교과 중심의 제1차 교육과정 개정, 경험 중심의 제2차 교육과정 개정, 학문 중심의 제3차 교육과정 시기로 변화해 왔으며 제4차 교육과정의 시기(1981년)부터는 시대의 요구는 반영하되, 어떠한 단일 교육 사조나 이론의 지배에서 탈피하여 교육과정의 개념을 '기르고자 하는 인간상을 위한 교육 목표, 내용, 방법, 평가를 담고 있는 문서화된 계획'으로 인식하게 된다. 한 사조나 이념만을 고수하고서는 개인의 행복과 미래지향적 가치 추구라는 종합적이고 복합적인 교육과정의 기능을 제대로 수행하기 힘들다는 판단에 의해서였다. 이러한 관점은 2015 개정 교육과정에까지 유지되어 의도적이고 계획적인 학교 교육에 적용하기 위한 교육의 기본 설계도로서, '교육 목표와 경험 혹은 내용, 방법, 평가를 체계적으로 조직한 교육계획'으로 정의하고 있다.[43]

43 교육부, 2015 개정 교육과정 총론 해설, 2016년, p.3.

교육과정기	교육과정의 의미	강조 사항	특이 사항
교수요목기 (1945~)	교수 내용의 주제	교육 내용	특정 사조나 이념의 영향
1차 교육과정기 (1954~)	각 학교의 교과목 및 기타 교육 동의 **편제**		
2차 교육과정기 (1963~)	학생들이 학교의 지도하에 **경험하는 모든 학습 활동의 총화**		
3차 교육과정기 (1973~)	교과와 학문의 본질에 내재된 구조화된 **지식 체계**		
4차 교육과정기 (1981~)	무엇을 어떻게 가르칠 것인가를 **규정하는 계획**	교육과정 구성 요소 (목표-내용-방법-평가)	특정 사조나 이념의 영향을 배제하고 개인의 행복과 미래지향적 가치 추구를 위한 '목표-내용-방법-평가'의 일관성 강화
5차 교육과정기 (1987~)	학생의 교육적 성취를 의도하여 **마련된 계획**		
6차 교육과정기 (1992~)	학습자의 교육 경험을 관리하는 구체적인 **교육프로그램에 대한 계획**		
7차 교육과정기 (1997~)	학습자에게 학습 경험을 선정하고 조직하여 교육 경험의 질을 구체적으로 관리하는 **교육의 기본 설계도**		
2007 개정 (2007~)	7차의 의미와 동일		
2009 개정 (2009~)	전국의 초·중등학교에서 어떤 내용과 방법으로 교육을 해야 할 것인지를 제시한 **설계도이며 기본적인 틀**		
2015 개정	모든 학생에게 교육적 결과를 의도하여 교육 목표, 교육 내용, 교수·학습 방법, 평가를 일련의 교육 활동으로 **계획한 설계도**		

시대의 변화에 따른 교육과정 개념 변천사

:: 수준에 따른 교육과정 구분

교육과정 운영에 있어서 교실은 '교육부→시·도 교육청→학교→교실'의 획일적, 지시적, 일방적 통로의 종착점이 아니고, 오히려 근원지이며 시발점이다. 이러한 학교(교실)의 교육을 조성하고 지원하기 위해 가까운 곳에 시·도 교육청이 있고 더 먼 거리에 전체적인 종합과 지원을 맡은 교육부가 존립한다고 볼 수 있어, '학교(교실)⇔시·도 교육청⇔교육부'의 흐름이 각자의 수준에서 올바른 교육과정 운영을 위한 바른 상호 관계 구조라고 할 수 있다.

물론, 우리나라의 경우도 제5차 교육과정까지 주로 교육부 주도의 중앙집권적 교육과정 결정 방식을 채택하여 학교 교육과정의 모든 것이 중앙에서 결정되고 학교는 이를 시행하는 역할만을 담당하였다. 그러나 교육의 분권화 및 자율화 분위기가 고조되면서 제6차 교육과정 이후 우리나라도 교육과정 결정 및 운영의 분권화 및 자율화를 시도하게 되고, 이러한 과정에서 국가, 지역, 학교(교실) 수준에서의 교육과정 운영에 있어서 상호 역할의 중요성이 확대되게 된 것이다.

국가, 지역, 학교(교실) 수준의 교육과정 운영에 있어서 교육이 이루어지는 전 과정과 관련하여 유기적으로 연계되어 총체적이고 효율적인 역할 분담이 가능하기 위해서는 새로운 안목과 틀에서 교육과정을 이해하고 계획하는 패러다임의 전환이 필요하다. 그렇게 될 때, 국가와 지역 수준 교육과정이 실제 교육과 무관한 형식적, 선언적 문서로 전락되어 교육 현장으로부터 외면당하거나, 교육 현장의 실제 교육과 구조적인 연결성을 가지지 못하여 학교(교실) 수준의 교육과정 운영의 기본 방향과 기준 및 지침을 제시하는 기능이 제한받는 것을 예방할 수 있다. 이를 위해서는 교육과정 결정 주체에 따른 수준에 대한 정확한 이해가 필요하다.

교육과정 결정 주체와 역할 분담에 따라 국가 수준 교육과정, 지역 수준 교육과정, 학교 수준 교육과정, 교사 수준 교육과정으로 나누어 생각할 수 있다. 국가 수준 교육과정이란 초·중등학교의 교육 목적과 목표 달성을 위해 「초·중등교육법」 제23조 2항에 입각하여 교육부 장관이 결정, 고시하는 교육 내용에 관한 전국 공통의 일반적 기준을 의미한다. 이 기준에는 초·중등학교에서 편성·운영하여야 할 학교 교육과정의 교육 목표와 내용, 방법과 운영, 평가 등에 관한 국가 수준의 기준 및 지침이 제시되어 있다. 국가 수준 교육과정은 전국의 모든 학교에서 편성·운영하여야 할 교육 내용의 공통적, 일반적인 기준이므로 각 지역의 특수성과 각 학교의 다양한 요구와 필요를 국가 수준의 교육과정에 모두 반영한다는 것은 매우 어려운 일이다.

따라서 지역 수준의 교육과정에서는 국가 수준 교육과정에서 획일적으로 제시하기 어렵거나 세밀하게 규제하는 것이 바람직하지 않은 사항을 그 지역의 특수성과 학교의 실정, 학생의 실태, 학부모 및 지역사회의 요구, 그리고 해당 지역과 학교의 교육 여건 등에 알맞게 정하여야 한다. 또한, 그 지역의 교육 중점 등을 설정하여 관내의 각 급 학교에서 학교 교육과정을 편성·운영할 때의 준거로 활용할 수 있도록, 각 시·도 교육청에서는 각 급 학교의 교육과정 편성·운영을 위한 지침을 작성하여 학교에 제시할 필요가 있다. 지역 수준의 교육과정 편성·운영 지침은 국가 기준과 학교 교육과정을 자연스럽게 이어 주는 교량적 역할을 하게 되며, 장학자료, 교수·학습 자료 및 지역 교재 개발의 기본 지침이 될 수 있다.

학교 수준의 교육과정은 국가 교육과정 기준과 시·도 교육청 지침을 자세히 분석하는 동시에 학교의 학생·교원 실태, 교육 실태, 교육 시설·설비, 교육 자료 등의 교육 여건 등을 잘 파악하여, 학교의 여건과 실태에 대한 구체적인 인식에 기초하여 학생들에게 실천 가능한 교육 설계도를 마련하고, 그러한 설계도에 담긴 특색을 구현할 수 있는 운영 계획 및 세부 실천 계획이다.

교사 수준의 교육과정은 국가·지역 수준 교육과정의 기준 및 지침에 바탕을 두고, 학교 수준 교육과정에서 제시하는 요구 및 환경 등을 반영하여 단위 학급(교실)별로 편성·운영되는 실천 중심 교육과정이다. 이 교사 수준 교육과정은 교실에서 교사에 의해 수업과 평가 행위를 통해서 실천되며, 교사의 철학이 반영된 해석과 번역을 통해 교사 개개인에 따라 다양한 모습으로 나타날 수 있다.

교육과정 결정 주체에 따른 각 수준은 다음과 같이 제시할 수 있다. 국가에서 고시한 교육과정의 공통적, 일반적인 '기준'인 국가 수준 교육과정과 이 기준에 따라 지역별로 그 지역의 특성과 역사, 전통, 자연, 산업, 사회, 문화 및 주민·학부모의 요구, 의견 등을 충분히 고려하여 만든 교육청의 '지역 수준 교육과정'이 있다. 또한, 각 학교의 실정 및 학생의 실태, 학교 환경, 교원 실태 등을 고려하여 창출한 '학교 수준 교육과정'이 있다. 마지막으로 단위 학급 학생들의 수준과 능력, 발달 단계 및 교사의 교육 철학 등을 고려하여 창출한 '교사 수준 교육과정'이 있다. 국가와 지역 수준 교육과정은 학교 수준 교육과정 수립의 바탕이 되는 기준과 지침인 동시에 그 지원 관리 체제가 될 수 있고 학교 수준 교육과정은 교사 수준 교육과정 편성·운영의 바탕 및 지원 체제가 될 수 있다.

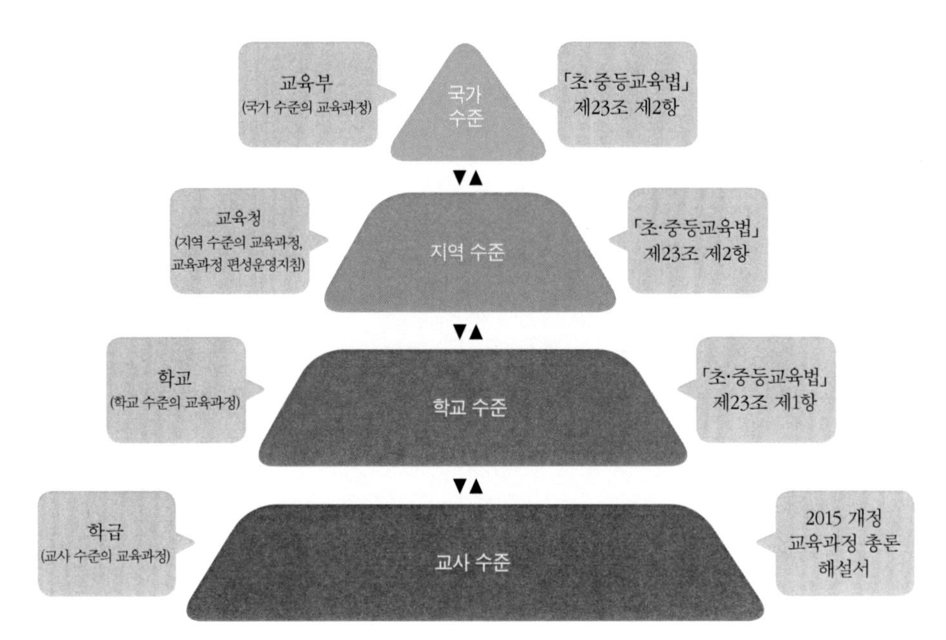
교육부
(국가 수준의 교육과정)
국가
수준
「초·중등교육법」
제23조 제2항
교육청
(지역 수준의 교육과정,
교육과정 편성운영지침)
지역 수준
「초·중등교육법」
제23조 제2항
학교
(학교 수준의 교육과정)
학교 수준
「초·중등교육법」
제23조 제1항
학급
(교사 수준의 교육과정)
교사 수준
2015 개정
교육과정 총론
해설서

교육과정의 수준

:: 교사 수준 교육과정이란?

교육과정은 학교 교육의 전부를 담고 있다 해도 과언은 아니다. 이러한 교육과정은 관점이나 맥락, 성격 등에 따라 다양하게 이해되고 정의된다. 교육 활동의 실제 맥락에서 문서상의 계획으로 존재하여 다른 교육과정 구성의 기준이나 지침으로서의 역할을 감당하거나, 교사 개개인의 해석과 번역에 의해 재구성되고 실천되어 각양각색으로 나타나기도 한다. **교육과정은 국가 수준의 일관성뿐만 아니라, 지역, 학교, 개인 수준의 다양성**을 동시에 보여준다.

그러나 우리나라 교육과정 역사에서 다양성을 가진 학교·교사 수준의 교육과정의 등장은 그리 오래되지 않았다.[44] 제5차 교육과정까지는 교육부 주도의 중앙집권적 교육과정 결정 방식을 채택하여 학교 교육과정의 모든 것이 중앙에서 결정되고 학교는 이를 시행하는 역할을 담당하였다. 제6차 교육과정 이후 교육과정 결정 및 운영의 분권화와 자율화를 시도하게 되었고, 국가, 지역, 학교(교사) 수준에서 교육과정 결정과 운영에 따른 역할과 책임의 중요성을 강조하게 되었다.

'교사 수준의 교육과정은 국가·지역 수준의 교육과정을 기준과 지침으로 학교 수준 교육과정에서 제시하는 요구 및 교육 환경 등을 반영하여 단위 학급(학년)별로 편성·운영하는 실천 중심 교육과정'이다. 교사 수준 교육과정의 편성과 운영은 교사의 철학이 반영된 해석과 번역을 통해 교사와 학생들이 함께 다양한 모습의 교육과정을 만들어 가는 과정이다. 이 교육과정은 설계, 실행, 생성 중 어느 단계에서 개념화하고 이해하느냐에 따라서 실체가 달라진다. 각 단계의 교육과정

44 제도적으로는 제6차 교육과정 개정 시기부터 학교(교사) 수준의 교육과정 결정과 운영에 대한 역할과 책임의 중요성을 강조하지만, 교사 수준 교육과정의 개념에 대한 논의는 이미 제5차 교육과정 개정기부터 이루어져 왔다.

모습을 이해한다면 단편적인 모습으로 교육과정을 이해하기보다는 총체적인 의미의 교육과정을 파악할 수 있을 것이다.

:: 교사 수준 교육과정의 여러 가지 모습

교사 수준 교육과정은 '계획된 교육과정', '실천된 교육과정', '실현된 교육과정'의 세 가지 모습으로 구별할 수 있다. **'계획된 교육과정'**은 국가·지역·학교 수준의 교육과정을 바탕으로 학습자의 수준과 능력, 발달 단계, 교사의 철학을 가미하여 교육 내용을 재구성한, 문서화된 계획을 말한다.

'실천된 교육과정'은 문서화된 계획 수준의 교육 설계도로 실제 교실 현장에서 실천하며 학생들과 함께 만들어 가는 교육과정이다. 문서 수준의 계획은 수업과 평가를 통해 실천되고 계획된 문서와의 연계성이 지속적으로 피드백되면서 실제적인 교사 수준 교육과정이 만들어져 가게 된다.

교육과정 단계	교육과정 모습	교육과정 실체와 내용	시기
교사 수준 교육과정의 **설계**	계획된 교육과정	- 문서로서의 교육과정(한 학년·학급 운영을 위한 설계) - 연간 교수·학습계획, 연간 시수표, 평가계획 등	2월 계획 및 수시 수정
교사 수준 교육과정의 **실행**	실천된 교육과정	- 학급에서 실제로 전개한 교육과정(수업+평가) - 단원 내(간) 재구성, 교과 간 재구성, 주제 중심 재구성 등	학년 중 지속 활동
교사 수준 교육과정의 **생성**	실현된 교육과정	- 계획과 실천의 결과로 교사에게 생성된 결과물 - 실천의 결과로 학생들에게 구현된 교육과정	수시 생성 및 학년 말 마무리

교사 수준 교육과정의 단계와 실체

마지막으로 **'실현된 교육과정'**은 문서 수준의 '계획된 교육과정'을 가지고 1년 동안 교실에서 교사가 창의적으로 실천한 결과물[45]로서의 교육과정을 말한다. 이 교육과정은 다음 학년도 교사 수준 교육과정 수립에 환류된다. 교사가 열심히 실천하였지만 학생 개개인에게 실현된 교육의 성과는 모두 다를 것이다. 교사의 실천과 학생에게의 실현이 동일할 수 있도록 과정 중심 평가를 통한 지속적인 피드백이 중요하다.

45 결과물의 형태는 깔끔하게 작성된 문서, 자유로운 메모, 이미지, 멀티미디어 파일 등 다양하게 나타날 수 있다. 교사가 계획에 따라 1년 동안 실천한 내용을 담고 있는 것이라면 모두가 대상이 될 수 있다.

에듀쿠스의 생각

교실의 교사에게 있어서 계획된 교육과정은 연극 대본과 같은 것이 될 수 있습니다. 흔히 연극 무대에서는 잘 짜인 대본이 존재한다 하더라도, 그 대본에 대한 어떤 해석을 필요로 합니다. 왜냐하면 어떠한 연극 대본도 실제 연극이 실행되는 데 필요한 모든 것을 설명할 수 없기 때문입니다. 따라서 연극 감독은 그 대본을 해석하게 되며, 더 나아가 배우들도 감독의 해석을 재해석할 수 있습니다. 감독이나 배우의 해석은 원래의 대본에서 의도한 것일 수도 있고 그렇지 않을 수도 있습니다. 교실이라는 무대에서 교사들은 연극 감독이나 배우들과 매우 같은 입장에 있습니다. 그들 앞에 대본(계획된 교육과정)이 주어져 있으나 그들은 이를 흔히 해석하여 실행합니다. 교사들은 자신들이 처해 있는 맥락이나 학생들의 반응을 고려하여 대본을 해석하고 실행하는 것입니다. 교사들에게 있어서 실행의 초점은 계획된 교육과정을 철저히 준수하는 데 있다기보다는, 필요 시 수정해서라도 학생들을 위해 그것을 의미 있게 사용하는 데 있기 마련입니다. 더구나 연극 무대에서 청중들이 공연물에 서로 다르게 반응하는 것처럼, 학생들 또한 실행된 교육과정을 서로 다르게 경험하게 됩니다. 이 경우, 감독과 배우들이 청중의 반응에 비추어 자신들의 행위에 변화를 가하듯이 교사 또한 학생들의 서로 다른 경험을 반영한 실천을 하게 됩니다. 이렇게 볼 때, 교육과정 실행은 학교와 교실에서 실제로 실천된 교육과정으로도 개념화할 수 있습니다.[46]

46 소경희, 『교육과정의 이해』, 교육과학사, 2017년, pp.331~348.

교사 수준 교육과정이 다른 수준의 교육과정과 관련하여 만들어지는 흐름을 나타내면 다음과 같다.

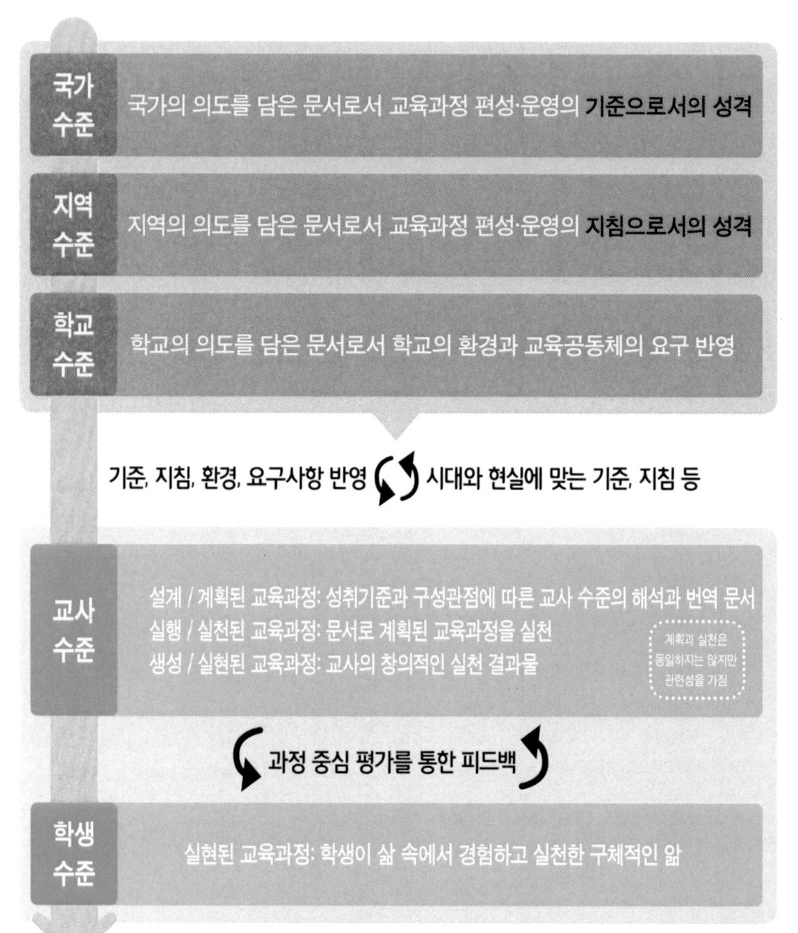

수준에 따른 교육과정 간 관련성 흐름도

:: 교사 수준 교육과정과 교사 전문성

교원에게 요구되는 본질적이고 전문적인 업무는 무엇일까? 국가 수준의 교육과정 해설서에서는 교육과정을 편성·운영하는 것을 교원의 전문적인 업무로 정의하고 교원이 교육과정을 편성·운영할 수 있기 때문에 교직을 전문직으로 여길 수 있다고 설명한다. 그렇다면 교육과정 편성·운영에 대한 전문가인 교원은 구체적으로 어떤 전문성을 나타낼 수 있을까?

국가 수준에서 학교 교육과정의 모든 것을 결정하는 교육과정 패러다임에서 교사의 역할은 위로부터 주어지는 교육과정을 실행하는 것으로 제한되었다. 그래서 교사들은 '어떻게 하면 학생들을 보다 잘 가르칠 것인가?'라는 교수(Teaching)에 자신들의 전문성을 한정시킬 수밖에 없었다. 특히, 우리 교육 현장에서는 교과서와 교육과정을 완전 동일시하는 경향이 있어 교사들은 교과서의 지식을 어떻게 하면 학생들에게 보다 정확하고 빠르게 전달하여 완전하게 이해할 수 있도록 만들 수 있는지에 대한 방법적인 면에서 교사의 교육과정 전문성을 찾으려는 경향이 너무나 만연해 있다. 하지만 이러한 교육과정 패러다임으로는 더 이상 미래 시대에 적절한 교육적 명분을 제공하기 어렵다는 의식이 점차로 증대되고 있다.

새롭게 등장한 교육과정 패러다임에서는 교사의 역할을 종래와 같이 교육과정 실행자 및 사용자, 교수자로만 한정하지 않고 교육과정 결정자로 확대하고 있다. 교육이 실제 이루어지는 교실에서 다양하게 교육과정을 편성·운영하기 위해서 '주어지는 교육과정'이라는 수동적 패러다임에서 '만들어 가는 교육과정'의 능동적 패러다임으로 전환이 이루어지고 있는 것이다.

교사 수준 교육과정은 '만들어 가는 교육과정'의 능동적 패러다임 시대에 계획과 실천이 조화와 균형을 이룬 교육과정이다. 국가, 지역 수준 교육과정이 기준과 지침으로서의 기능을 하는 문서 형태의 계획된 교육과정이라면, 학교, 교사 수준 교육과정은 학교와 교실 현장에서 실제적 교육 활동에서 운영되는 실천 계획으로서의 의미를 지닌다. 특히, 교사 수준 교육과정은 학생의 수준과 능력, 발달 단계, 학교의 환경 및 요구, 교사의 철학이 반영된 교육 설계도의 역할을 하게 되는 것이다.

이러한 맥락에서 교사 수준 교육과정은 계획 단계에서 문서 수준으로만 존재하지 않고 교실에서 실천적으로 전개되는 교육과정이라 할 수 있다. 문서 수준으로 계획된 교육과정이 교실에서 실천되지 못하고 문서로만 머물게 되어 교실 현장의 실천에서 배제되고 교과서 중심의 수업이 이루어지게 된다면, 문서상 계획과 실천의 단절을 가져오게 된다.

교사 수준 교육과정은 교사가 구성한 교육과정을 기반으로 배움 중심의 철학과 가치가 반영된 학생 중심 수업과 과정 중심 평가를 통해 학생의 전인적 성장을 돕기 위해서 반드시 필요한 것이다. 이러한 문서 수준의 교육과정은 교사에 의해 해석되고 그의 수업 행위를 통해 실천되면서 교사마다 각양각색의 교육과정 편성·운영이 가능한 것이다. 교사 수준 교육과정의 편성·운영 모습을 살펴보면 다음과 같다.

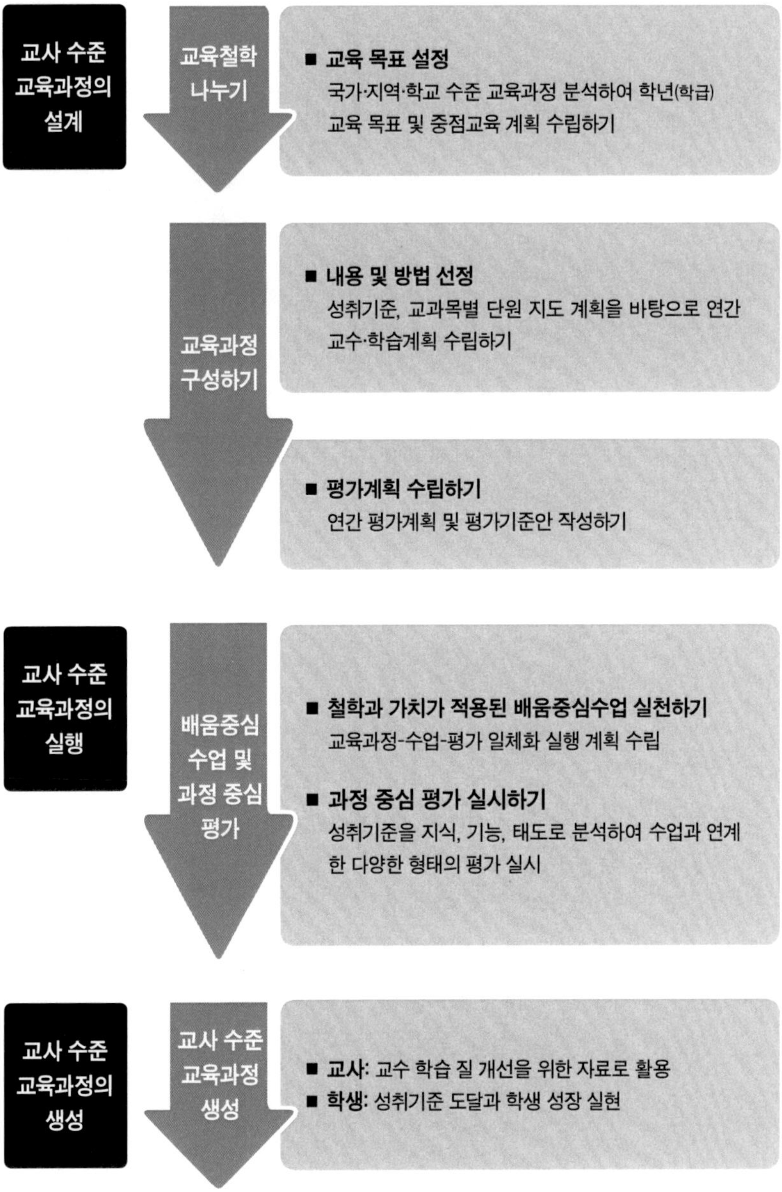

교사 수준 교육과정의 설계

교육철학 나누기

■ **교육 목표 설정**
국가·지역·학교 수준 교육과정 분석하여 학년(학급) 교육 목표 및 중점교육 계획 수립하기

교육과정 구성하기

■ **내용 및 방법 선정**
성취기준, 교과목별 단원 지도 계획을 바탕으로 연간 교수·학습계획 수립하기

■ **평가계획 수립하기**
연간 평가계획 및 평가기준안 작성하기

교사 수준 교육과정의 실행

배움중심 수업 및 과정 중심 평가

■ **철학과 가치가 적용된 배움중심수업 실천하기**
교육과정-수업-평가 일체화 실행 계획 수립

■ **과정 중심 평가 실시하기**
성취기준을 지식, 기능, 태도로 분석하여 수업과 연계한 다양한 형태의 평가 실시

교사 수준 교육과정의 생성

교사 수준 교육과정 생성

■ **교사:** 교수 학습 질 개선을 위한 자료로 활용
■ **학생:** 성취기준 도달과 학생 성장 실현

교사 수준 교육과정 편성·운영 흐름도

교사 수준 교육과정의 편성·운영 단계 중에서 '교육 철학 나누기'와 '교육과정 구성하기'가 문서적인 성격이라면, '배움중심수업 및 과정 중심 평가'의 단계는 실천적인 성격을 드러내고 있다. 교사를 교육과정 결정자와 사용자의 역할을 동시에 하는 교육 전문가로 인식하는 새로운 교육과정 패러다임에서는 교사의 교육과정 편성 능력과 운영 능력이 동시에 중요하다. 교육과정 결정자 및 사용자로서의 교사 전문성을 정리하면 다음과 같다.

<table>
<tr><th colspan="2">교육과정 결정자로서의 전문성</th><th colspan="2">교육과정 사용자로서의 전문성</th></tr>
<tr><td colspan="2">교육과정 편성</td><td colspan="2">교육과정 운영</td></tr>
<tr><td>교육 철학 나누기</td><td>교육과정 구성하기</td><td>배움중심수업 및
과정 중심 평가</td><td>평가 결과 피드백</td></tr>
<tr><td colspan="2">계획된 교육과정</td><td colspan="2">실천된 교육과정</td></tr>
<tr><td colspan="2">- 문서로서의 교육과정
- 연간 교수·학습계획, 연간 시수표, 평가 계획 등</td><td colspan="2">- 학급에서 실제로 전개한 교육과정
- 단원 내(간), 교과 간, 주제 중심 재구성 등</td></tr>
<tr><td colspan="4">만들어가는 교육과정</td></tr>
</table>

교육과정 결정자 및 사용자로서의 교사 전문성

:: 교사 수준 교육과정을 넘어 학생 수준 교육과정으로

국가·지역·학교·교사 수준 교육과정은 누가 어떤 수준에서 운영하는가에 따른 구분으로 구체적인 문서로서 파악이 가능하다. 국가(기준), 지역(지침), 학교(요구) 수준 교육과정을 근거로 만들어진 교사 수준 교육과정 또한, 교사에 의해 해석과 번역이 이루어지고 자기 학급 아이들을 대상으로 수업에 실천할 목적으로 각양각색의 모습을 띠지만, 구체적인 문서 형태로 존재할 수밖에 없다. 왜냐하면 어떤 수준의 교육과정이든 교육과정으로서 갖추어야 할 기본적인 구성요소[47]가 있기 때문이다. 하지만 학생 수준 교육과정은 기존의 교육과정들과 성격이 다르다. 지금부터 30여 년 전인 1987년도에 개정된 제5차 교육과정에서 학생 수준 교육과정에 대해 기술한 부분을 살펴보면 다음과 같다.

> 이 세 번째 수준의 교육과정은 고시된 교육과정에 의해서 현장 교사가 실제 수업 활동을 포함한 모든 교육 활동을 통해 지도하고 그 지도 성과로서 나타난 교육과정이라고 할 수 있다. 즉, 학생들에게 실현된 교육과정이다. 고시된 교육과정을 교사가 똑같은 시간에 똑같이 가르쳤다고 하더라도 학생 개개인에 정착된 교육의 성과는 다를 것이다. 고시된 교육과정이 국가 수준의 교육과정이라면, 전개되고 있는 교육과정은 교사 수준 교육과정이라 할 수 있으며, 실현된 교육과정은 학생 수준의 교육과정이라고 하겠다.
>
> \- 교육부, 제5차 교육과정 해설서, p.3

47 교육과정은 교육 내용, 교육 목적(목표), 교육 평가, 교육 방법 등의 구성 요소를 필요로 한다.

학생 수준 교육과정은 현장 교사가 실제 수업 활동을 포함한 모든 교육 활동을 통해 지도한 성과로서 나타난 교육과정이다. 즉, 실천된 교사 수준 교육과정의 결과로서 학생들에게 실현된 교육과정인 것이다. 국가·지역·학교 수준 교육과정이 문서상의 계획으로만, 교사 수준 교육과정이 문서상의 계획과 실천으로 공존하는 것이라면, 학생 수준 교육과정은 교육의 결과로 성장한 학생들의 모습으로 존재한다.

국가·지역·학교 수준	문서상의 계획으로 존재
교사 수준	문서상의 계획과 실천으로 존재
학생 수준	실천의 결과로 성장한 학생의 모습으로 존재

수준에 따른 교육과정의 존재 양태

'교사 수준 교육과정'이 아무리 잘 계획되고 실천되더라도 의도한 결과가 학생 수준에서 완벽하게 실현되기는 매우 어려운 일이다. 똑같은 병이라도 환자의 체질이나 나타나는 병의 양상에 따라서 다양한 처방이 내려지듯이, 교육과정도 학생의 능력과 수준에 따라서 다르게 운영되고 성과로서 학생에게 실현되는 정도도 다를 수밖에 없다. 보비트는 학생 수준 교육과정의 차별성에 대하여 다음과 같이 설명하였다.

> 어떤 학생의 교육과정은 길 수 있고, 어떤 학생의 교육과정은 짧을 수 있다는 의미이다. 같은 교실에서 공부하는 이 두 학생에게 의도적인 교육과정이 같을 수 없으며, 정형화된 하나의 교육과정은 생각할 수 없다는 것이다. 이는 병원에서 모든 환자에게 똑같은 처방을 하는 것과 다를 바 없다.
>
> - 프랭클린 보비트 저, 정광순 외 5인 역, 『학교에서 무엇을 가르쳐야 하는가』, p. 277

모든 교사에게 정형화된 교사 수준 교육과정이 있을 수 없듯이, 모든 학생에게 맞는 정형화된 학생 수준 교육과정 역시 존재할 수 없다. 다만, 교사가 의도하는 교육적 성과가 학생에게 최대한 실현되어 의도한 성장이 학생 수준에서 완벽히 이루어질 수 있도록 치밀한 계획과 실천이 필요할 뿐이다. 그렇다면 '교사 수준 교육과정=학생 수준 교육과정'이 되기 위해서는 어떤 노력이 필요할까?

첫째, 교육과정에 학생들의 삶을 담아내야 한다. 대부분 교사들은 학생은 미성숙한 존재이고 교육의 의무는 이러한 미성숙한 학생들을 어른들이 생각하는 수준까지 성장시키는 것이라고 생각을 한다. 그래서 교사 수준에서 만들어지는 교육과정은 어른들이 생각하는 삶의 기준들을 중심으로 구성이 되고 학생들의 삶을 제대로 담아내지 못한다. 학생은 어른의 축소판이 아니다. 학생에게는 학생의 삶이 있다. '교사 수준 교육과정'이 학생들 현재의 삶을 무시하고 성인들이 생각하는 미래 삶을 위한 표준들로만 채워진다면, 현재의 삶을 살아가야 하는 학생들에게 그 교육과정이 실현되기를 바란다는 것은 어불성설이라고 생각한다.

둘째, 교육과정 구성에 학생들을 적극 참여시켜야 한다. 목적 설정은 물론 달성하기 위한 내용과 방법의 선정과 평가에도 학생들이 주인이 되어야 한다. 듀이는 자신의 목적이 아닌 다른 사람이 정해 준 목적을 가지고 교육을 하는 사람을 '종'이나 '구경꾼'으로 지칭하면서, 이런 경우에는 원하는 교육 목적을 달성할 수 없다고 단언한다. 교사가 정해 준 목적을 받아들이도록 강제하고 그 목적 달성을 위해 교사 자신이 정해 놓은 순서에 따른 학습이 이루어지는 상황에서 학습의 실효성을 높이기에는 한계가 있다. 반면에, 학생이 교육과정 구성에 적극적으로 참여한 경우, 교육이 의미 없는 수동적 활동으로 전락하지 않고 의미 부여를 통해 보다 명확하고 구조화된 능동적 활동이 가능하다.

셋째, 삶의 자연스러운 배움의 과정과 유사한 학습 장면을 수업에 구현해야 한다. 이를 위해서는 교육과정을 학생들의 호기심을 유발하고 사고를 통한 문제 해결에 도달할 수밖에 없는 문제 상황 중심으로 구성해야 한다. 이때의 문제 상황은 학생들 삶의 경험 사태와의 관련성을 가져야 한다. 학생들의 삶과 동일하거나 비슷한 문제 상황을 설정하고, 그 문제 상황을 해결하기 위한 잠정적인 계획을 세운 뒤에 해결의 자료나 해답을 찾기 위해 끊임없는 검증과 수정의 경험을 가질 수 있는 환경을 만들어 주어야 한다. 학생들은 자신의 삶과 관련 있는 문제 상황이 학습 과제로 제시될 경우, 그 문제가 자신의 문제가 되어 해결을 위해 사고하고 협력하는 선순환적인 효과가 나타날 것이다.

넷째, 교실 수업에서 학습자가 배움의 주체가 될 수 있도록 개개인의 차이를 존중하고 개별화된 배움의 기회가 보장되어야 한다. 교사의 가르침과 학생 배움에서 발생하는 간극을 줄이기 위해 학생의 눈높이와 수준에 맞춰 끊임없이 교류하고 소통하는 상호작용이 일어나야 한다. 지금까지의 수업이 교사 입장의 교과서 중심 지식 전달 위주였다면, 이제는 학습자에게 의미 있는 배움이 일어날 수 있도록 각자의 능력에 맞는 사고와 활동의 기회가 제공되어야 한다. 수업에 있어서 가르침 중심에서 배움 중심으로의 패러다임 전환이 반드시 필요함을 듀이는 다음과 같이 주장하고 있다.

과거의 교육은 중력의 중심이 아동 바깥에 있었다고 말할 수 있을 것이다. 그 중심이 교사나 교과서, 또 다른 어딘가에 있었고 아동 자신의 직접적인 본능과 활동에서는 벗어나 있었다는 것이다. 그런 것에 기반을 두면 아동의 삶에 관해서는 거론할 것이 별로 없게 된다. 이제 우리 시대의 교육에 도래하고 있는 변화로 인해, 중력의 중심이 이동하게 된다. 이것은 코페르니쿠스가 천체의 중심을 지구에서 태양으로 이동시킨 것에 비할 만한 커다란 변화이며 혁명이다. 이렇게 되면 아동이 태양이 되고, 교육상의 여러 장치들이 그 주위를 회전하게 된다. 말하자면 아동이 중심이 되고 교육상의 장치들은 그 주위에 배치되는 것이다.

- 존 듀이 저, 송도선 역, 『학교와 사회』, p.42

다섯째, 학습자의 배움을 지원하고 돕는 과정 중심 평가가 이루어져야 한다. 평가의 본질은 점수화나 서열화가 아니다. 학습자가 무엇을 모르는지 확인하여 결과에 따라 알맞은 피드백을 적기에 시행하고 학습을 지원하는 것이다. 교사 수준 교육과정에서 의도하는 목적이 학습자에게 실현되어 성장으로 나타나기 위해서는 평가를 통해 교사 수준과 학생 수준의 간극을 줄여 나가는 노력이 반드시 이루어져야 한다.

학생 수준 교육과정은 실체가 없는 교육과정이다. 다른 수준의 교육과정들처럼 문서가 남는 것도 아니고 별도의 실천이 필요한 것도 아니다. 학생 개개인의 성장을 위해 의도한 교사의 계획과 실천에 의해서 학생에게 실현되어 그 결과가 학생의 성장으로 나타날 때에만 그 실체가 보이는 교육과정이다. 교사 수준 교육과정을 넘어 학생 수준 교육과정을 바라볼 수 있는 안목이 무엇보다 필요한 때이다.

02

실천하는 교육과정 설계자로서의 준비

Episode 교사 수준 교육과정을 위한 교사의 전문성

청년교사: 교사 수준 교육과정을 운영하기 위해 요구되는 교사 전문성에는 무엇이 있을까요?

에듀쿠스: 우리가 교사를 전문가로 칭하는 이유는 교육과정 구성과 실천의 전문성 때문이라네. **교육과정 구성에 대한 전문성은 결정자로서의 전문성, 실천에 대한 전문성**은 사용자로서의 전문성으로 구분할 수 있지.

청년교사: 교육과정 결정자로서의 전문성은 교육과정 구성, 교육과정 사용자로서의 전문성은 수업과 평가 행위로 구별될 수 있겠네요.

에듀쿠스: 잘 애기했네. 하지만, 대부분의 교사들은 교육과정 사용자로서의 전문성은 잘 알고 있지만, 결정자로서의 전문성에 대해서는 낯설어하는 경향이 많지.

청년교사: 교육과정 결정자로서의 전문성은 외부에서 누군가가 만들어 준 교육과정으로 수업과 평가 행위를 하는 것이 아니라, 자신이 사용할 교육과정을 스스로 만들어 사용하는 것을 의미하는 것 아닌가요?

에듀쿠스: 그렇기는 하지만 대부분의 교사가 자신만의 교육과정을 스스로 만들어 수업하고 있다고 장담하기 어렵다네. 대신, 국가에서 제공되는 교과서 수업이 현실이 아닐까? 교육과정 사용자로서의 전문성을 아무리 신장해도 자신의 교육과정을 스스로 결정하지 못한다면 교육과정 전문가로 칭하기는 어려운데 말이네.

청년교사: 그렇다면, 교육과정 결정자로서의 전문성을 가지기 위해서 교사는 어떤 준비를 해야 할까요?

에듀쿠스: 국가 수준 교육과정에서 제시하는 성취기준에 대한 정확한 이해가 우선이네. 이를 위해서는 교육과정 문해력이 반드시 필요하지. 그리고 교육과정 구성을 위한 여러 관점들에 대한 이해도 필요하다네.

청년교사: 교육과정 구성을 위한 관점들은 어떤 것들이 있습니까?

에듀쿠스: 학생 발달 단계에 대한 이해, 능력과 태도에 대한 정확한 파악, 지역과 학교의 교육적 환경에 대한 이해, 그리고 교사 자신의 확고한 교육적 철학이 있지.

청년교사: 실천하는 교육과정 설계자로서의 준비를 위해 필요한 것이 많아 부담스럽네요.

에듀쿠스: '어떤 교과든지 지적으로 올바른 형식으로 표현하면 어떤 발달 단계에 있는 어떤 아동에게도 효과적으로 가르칠 수 있다'는 브루너의 대담한 가설을 알고 계신가?

청년교사: 네, 잘 알고 있습니다.

에듀쿠스: 교사 수준 교육과정을 구성·운영하기 위한 교사 전문성을 한마디로 표현하면, '어떤 교과든지 지적으로 올바른 형식으로 표현할 수 있는 능력'이라고 할 수 있어. 이를 위해서는 배움을 즐거이 여기는 호학(好學)의 자세가 반드시 필요하다네.

청년교사: 교육과정 설계와 실행 및 생성의 전문가로서 자신만의 교사 수준 교육과정을 만들어 나가기 위한 준비라…….

브루너가 '교육의 과정'에서 제시한 '대담한 가설'에 따르면 '어떤 교과든지 올바른 형식으로 표현하면 어떤 발달 단계에 있는 어떤 아동에게도 효과적으로 가르칠 수 있다'고 되어 있다. 하지만 올바른 형식으로 표현할 수 있는 전문성을 교사가 가지고 있지 않다면, 가설은 다음과 같이 달라질 수밖에 없다.

"교사가 교과를 올바른 형식으로 표현할 수 없다면, 어떤 발달 단계에 있는 어떤 아동에게도 효과적으로 가르칠 수 없다."

모든 교사가 학생에게 맞는 자신만의 교육과정을 구성할 수 있고 이를 효과적으로 전달할 수 있는지는 깊이 생각해 보아야 할 문제이다. 만약에 교사의 전문성이 부족하다면, 그가 교육과정을 구성하고 효과적으로 운영하는 데에는 많은 어려움이 있을 것이다.

실천하는 교육과정 설계자로서의 준비를 위해 교사는 배움을 즐기는 '호학(好學)'의 자세를 가져야겠다. 자로가 공자에게 '호학'하는 자세에 대해 가르침을 청할 때, 공자는 호학이라는 자질은, 누구나 쉽게 갖출 수 있는 자질도 아니요, 한 인간을 특징짓는 여러 가지 특성들과 동떨어진 독립적인 자질도 아니라고 하였다. 하지만 호학이 뒷받침되지 않은 인(仁), 지(智), 신(信), 직(直), 용(勇), 강(剛) 등의 '덕목들'은 하나같이 '폐단들'로 전락할 수 있다고 경고한다.[48]

48 仁(어짐)을 좋아하면서 호학하지 않으면 그 仁은 愚(어리석음)에 빠진다. 智(지혜)를 좋아하면서 호학하지 않으면 그 智는 蕩(무원칙)에 빠진다. 信(믿음)을 좋아하면서 호학하지 않으면 그 信은 賊(해악)에 빠진다. 直(곧음)을 좋아하면서 호학하지 않으면 그 直은 絞(무관용)에 빠진다. 勇(용기)을 좋아하면서 호학하지 않으면 그 勇은 亂(난동)에 빠진다. 剛(굳셈)을 좋아하면서 호학하지 않으면 그 剛은 狂(미침)에 빠진다(『논어』, 「양화」 편 중).

교육과정에 대한 올바른 철학과 가치로 바탕을 탄탄하게 구축하였다면, 이제 뼈대를 세우고 살을 입혀 나아가야 한다. 이렇게 될 때, 교육과정 설계와 실행 및 생성의 전문가로서 자신만의 교사 수준 교육과정을 만들어 나갈 수 있을 것이다.

:: 아동의 발달 단계

아동은 자기 주변을 둘러싼 공간과 사람 등 다양한 환경 요인과 상호작용하는 가운데 많은 것들을 보고 배운다. 그리고 이러한 과정을 통해 지속적으로 성장하고 발달한다. 학교에서 이루어지는 모든 교육활동도 궁극적으로는 아동의 성장과 발달을 추구한다. 따라서 교사가 자기 반 아동들의 발달 단계에 대해 잘 이해하고 있다면 성장과 발달을 추구하는 교육은 한결 수월하게 실현될 수 있을 것이다.

아동의 삶을 담아내는 교사 수준 교육과정은 '발달 단계에 맞는 교육'일 때 비로소 가능하다. 아동은 어른의 표준에 맞도록 자라야 한다는 잘못된 인식으로 인해 어른의 환경을 아동의 표준으로 삼는 오류를 범해서는 안 된다.[49] 아동은 아동, 어른은 어른의 조건에 맞는 성장의 방식과 발달의 단계가 있는 것이다.

교육에 있어서 발달 단계에 대한 연구가 중요한 이유는 다음의 두 가지 측면으로 살펴볼 수 있다.

첫째, 발달적 기능에 대한 이해를 통해 학습자에게 적절한 성장을 유도할 수 있다는 것이다. 발달적 기능이란 아동의 특정 연령에서 보편적으로 나타나는 행동의 유형을 말한다. 특정 연령대의 신체 발달, 언어 발달 등 발달 유형에 따라 한 개인이 정상적으로 발달하고 있는

49 존 듀이 저, 이홍우 역, 『민주주의와 교육』, 교육과학사, 2007년, p.105.

지 알 수 있다. 이 발달 유형의 기준은 개인이 속한 집단 다수와 유사한 과정으로 발달해 가는 것을 바람직하게 여기는 전제 속에 존재한다. 하지만 발달의 기준은 사회, 시대, 지역, 문화, 계층에 따라 다를 수 있다는 것을 인식할 필요가 있다.

둘째, 개인차에 대한 이해를 통해 효과적으로 학습자를 지도할 수 있다. 학습자의 개인차는 매우 크다. 신체, 인지, 지식, 정서적 반응, 흥미, 성취동기의 수준 등 개인차를 나타내는 영역은 많다. 특히 개인차는 신체적 측면보다 인지 능력에 있어 차이가 많이 난다. 우리가 흔히 말하는 '공부를 잘하는 학생과 못하는 학생'도 개인차의 관점에서 보면 단지 학습 수준이 높은 경우와 학습 수준이 낮은 경우의 대비일 뿐이다. 이 개인의 차이는 학급의 차이, 학교의 차이로 확장하여 적용할 수도 있다.

유치원생과 거의 같은 수준으로 시작하여 중학교 1학년 학생과 거의 비슷한 수준으로 끝나는 시기, 그와 같은 변화를 겪는 시기가 아동기(6~12세)이다. 학동기라고도 불리는 이 시기는 과거의 발달 심리학에서는 상대적으로 다른 시기에 비해 중요하게 보지 않았다. 프로이드에 따르면 잠복기에 해당하며, 성격 형성에 중요한 성적(性的) 에너지가 억압되고 잠복되었다고 한다. 그러나 이 시기는 에릭슨의 발달 과업인 근면성이 발달되어야 하는 시기이고, 피아제의 조작 능력 습득기라는 점에서 학자들의 관심을 받기 시작하였다. 날이 가면 갈수록 중요해지는 지적 성장과 기술의 습득이 이루어져야 하는 발달의 르네상스인 것이다. 실제로 유치원 아동이 갖고 있는 인지 수준은 자신의 이름을 쓰고 30까지 수를 세는 정도이나, 초등학교 6학년이 끝나는 시기에는 자신의 느낌을 진솔하게 담은 아름다운 시를 쓰는 시인이 될 정도로 놀라운 발전을 한다. 또한 학교에서 담임 선생님과 또래 집단을 만나면서 새로운 인간관계를 만들어 나가고 그만큼 심리사회적 발달도 경험한다. 기존 이론들 중에서 초등 학령기 발달 단계의 특징을 표로 정리해 보면 다음과 같다.[50]

---

50 김동일 외, 『아동발달과 학습』, 교육출판사, 2003년, p. 34.
김훈태, 『교사를 위한 인간학』, 교육공동체벗, 2016년, pp. 126~143.
김용근, 『아이들이 살아있는 교육과정』, 물병자리, 2016년, pp. 72~73.
신명희 외 8인, 『발달심리학』, 학지사, 2017년, p. 240.

위 책에 제시된 발달 단계 내용을 초등학교 학령기 아동에 맞게 표로 간추리고 표 이하에 요약 서술하였다. 같은 나이, 동일한 학년의 친구로서 교실에 많은 아이들이 있지만 발달 단계에 따른 개인의 성장은 차이가 다양하다.

연령	지적 특징	정의적 특징	운동·기능적 특징
8세 (1학년)	■ 한글의 자음과 모음, 수학의 연산기호와 숫자를 그림을 통해 내면화 ■ 문자와 소리의 관계를 이해함, 친숙하고 자주 쓰는 간단한 단어를 읽음 ■ 상상력을 자극하는 이야기가 학습에 효과적	■ 주변 환경에 대한 관심 증가 ■ 어른에 대한 존경, 교사에 대한 신뢰의 감정 신장	■ 손발을 이용한 활동과 모방을 통한 학습 선호 ■ 교실 생활을 통해 좋은 습관 익히기
9세 (2학년)	■ 느낌과 감정을 풍부한 언어로 표현할 수 있도록 자극 ■ 그림과 이야기를 통해 자연스럽게 개념 형성 ■ 수리력과 문해력의 기본 원리에 친숙해짐	■ 교사의 지도 역량을 바탕으로 일관된 학급 경영 방식 필요 ■ 배려 교육으로 우화와 같은 이야기를 활용	■ 운동 기능이 분화되고 우세한 능력이 확립되기 시작함
10세 (3학년)	■ 실질적이고 물리적인 세계에 대한 흥미 ■ 크기와 무게 측정, 연산 문제를 능숙하게 해결 ■ 간단한 형식의 글쓰기 가능	■ 의도와 동기를 고려한 자율적 도덕 판단 능력 발달 시작 ■ 객관적인 감각과 주관적인 감정이 함께 성장	■ 균형 잡힌 걸음걸이, 분명한 발음 능력 발전 ■ 피로감, 두통 등이 성장통으로 나타날 수 있음
11세 (4학년)	■ 세상에 대해 배우고자 하는 열망이 커짐 ■ 전체와 부분에 대한 탐구가 가능 ■ 시제에 대한 관심으로 과거, 현재를 더 분명히 느낌	■ 활동에서 더 많은 독립성과 자율성 요구 ■ 여학생들 사이에 또래 집단이 생기며, 또래 간 갈등이 벌어지기도 함	■ 공간적으로 앞뒤, 좌우, 위아래 등을 관련지을 수 있음
12세 (5학년)	■ 현실적, 합리적인 방법으로 문제와 현상을 이해 ■ 시간 감각이 발달하여 과거를 되돌아보고 미래 계획 ■ 수학, 문학, 언어의 기초 영역 중 규칙·과정·구조의 측면에서 창조적 능력 발휘	■ 개인의 의지 요소 성장 ■ 기억력이 더욱 강화되어 시간 감각이 발달하고 이와 결합하여 양심과 책임감 발달	■ 균형 잡히고 조화로운 움직임 표현 가능 ■ 도전적인 체조, 근육 활동에 대한 자극 도움 ■ 악기 연주 능력 신장(오케스트라 활동)
13세 (6학년)	■ 연역적 사고, 분석적 사고, 비판적 사고 발달 ■ 그림으로 사고할 때와 달리 추상적 개념이 삶에 반영	■ 사회적 관계에 대한 관심 커짐(학급 공동체 관련 책임 의식 키울 기회 제공)	■ 신체적 변화가 심리적 발달을 다소 앞서는 경향 발생

초등학교 학령기 아동의 발달 단계 특징

앞의 표에서 나타나는 초등 학령기의 전반적인 발달 특징은 지적, 정의적, 운동·기능적 측면으로 요약해 볼 수 있다. 먼저 지적인 면에서는 구체적 사고기에 해당되는데, 사물의 측정, 사물의 인과관계 등을 직접 관찰하여 구체적으로 학습할 수 있는 시기이다. 물론 고학년으로 올라갈수록 추상적이고 개념적인 사고가 가능해진다. 또래와의 상호작용을 통한 협력학습이 가능하고, 무엇보다 이 시기에는 가정이라는 보호적 환경에서 벗어나 학교라는 새로운 환경에 적응하며 자신감과 만족감을 획득하는 것이 무엇보다 중요하다. 왜냐하면 앞으로 일생 동안 아이가 스스로 배움을 통해 새로운 지식을 쌓고 사고의 폭을 넓혀 나가는 힘이 될 수 있기 때문이다.

정의적 측면에서는 그동안 아동의 성격 형성에 바탕이 된 가정이라는 울타리를 벗어나 학교와 교실이라는 공간 속에서 단체에 적응해야 하는 과제를 안게 된다. 더불어 '상대방의 관점에서 자신을 바라보는 경험'을 한다. 또래와의 생활을 통해 앞으로 스스로 선택할 가치관의 토대를 형성하기도 하며, 또래 집단에 소속되었다는 안정감도 획득한다. 또한, 학교나 학급의 규칙을 준수함으로써 장차 사회생활을 해 나가는 데 필요한 기초를 닦는다.

운동·기능적 측면에서는 신체 활동을 많이 하며 대근육과 소근육 운동 능력을 발달시킨다. 운동량의 증가는 이 시기 내내 높은 수준을 유지하다가 사춘기에 접어들면서 서서히 감소한다. 이 시기를 거치면서 운동 기능이 기존에 비해 더욱 빠르고 유연하며 정교하게 발달하게 된다.

초등 학령기의 연령대별 발달 특징을 좀 더 구체적으로 살펴보자.

먼저 8~10세의 초등학교 1~3학년 학생들은 몸을 움직이며 활동하는 것에 흥미를 느껴, 교실에서 또래들과 함께 본격적으로 사회성을 발달시키는 시기이다. 하지만 저학년 학생에게 상대방의 의도를 고려하여 행동하는 '사려 깊음'은 기대하기 힘들다. 이런 이유로 친구들과 사이좋게 놀다가도 금방 토라지거나 싸우는 경우도 있다. 아는 것도 다시 물어보는 모습은 교실에서 쉽게 관찰할 수 있는 저학년 발달 특징이다. 신체적 발달 특징으로 이갈이를 많이 하고, 때로는 바닥이 평평한 복도나 교실에서도 잘 넘어질 수 있다. 손과 발의 협응 능력은 점진적으로 발달해 나간다.

특히, 8세 무렵의 1학년 아이들은 한글의 자음과 모음, 수학의 연산 기호와 숫자 등을 그림으로 접근하고 내면화한다. 동화처럼 아이들의 눈높이에 맞게 적절히 구성된 이야기와 그림을 통해 세상에 대한 전반적인 경험들을 획득한다. 주변 환경에 대한 관심, 어른에 대한 존경, 세상에 대한 흥미 그리고 교사에 대한 신뢰의 감정을 길러 주는 덕목 교육이 이때 필요하다.

9세 무렵의 2학년 아이들은 여전히 논리적인 사고가 아닌 그림에 따른 사고가 배움의 과정에서 자연스럽다. 또한 아이들에게 일관된 접근 방식을 취하는 담임 교사의 영향력 있는 학급 경영도 필요하다. 초등학교 저학년은 누군가로부터 인정받고 싶어 하는 마음이 강하기 때문에 충분한 관심과 칭찬의 교실 분위기를 조성하는 것이 중요하다.

10세 무렵의 3학년 아이들은 체력이 눈에 띄게 강해지고 신체도 훌쩍 자라게 된다. 2학년까지 문자와 숫자를 익혔다면, 이제 크기와 무게를 측정하고, 연산 문제를 능숙하게 해결하며, 간단한 형식의 편지를 쓰는 등 일상생활에서 광범위하게 적용할 수 있는 활동을 해야 한다. 교실의 학습 및 생활에서 명확한 지침을 통해 학급의 사회적 공동체에 대한 감각을 갖게 된다. 저학년 시기까지는 부모가 학습 및 생활에 관한 전반적인 사항들을 일일이 챙겨 주는 경우가 많았다면, 중학년 시기에는 아이 스스로 해 볼 수 있도록 계획하고 실천하는 습관을 길러 주는 것이 좋다.

11~12세 무렵의 4~5학년 시기에는 사춘기를 겪는 아이들이 늘어 가고 자아의식의 발달로 교실에서 개별 아이들의 존재감을 느낄 수 있다. 여전히 상상력을 자극하는 이야기와 활동적인 교수법에 적극적인 반응을 보인다. 4학년에서는 살고 있는 마을과 지역의 환경에 관해 토의하고, 전체와 부분의 관계에 대해 탐구하며 분수가 도입된다. 시제에 관심이 생기고, 과거와 현재를 훨씬 더 분명하게 느낀다. 공간지각능력도 발달하는데 체육 수업을 통해 이 능력을 신장시킬 수 있다. 여학생들 사이에 다양한 그룹이 생겨 나고 별다른 이유 없이 갈등이 벌어지기도 하는데, 이 과정 속에서 소외되는 아이가 없도록 담임 교사는 교우 관계에 관심을 갖고 학부모와도 지속적으로 상담을 하는 것이 좋다. 5학년 후반부터는 세상을 향한 새로운 의문들을 품고, 냉소적이고 날카로운 비평적 행동을 보이기도 한다. 반면 친구의 가치가 점점 커지며 또래 관계도 분명해진다. 담임교사는 교실에서 아이들의 무질서를 다룰 수 있는 새로운 '합법적' 권위가 필요하다. 5학년 시기에는 수학과 문학, 언어의 기초 영역 중 규칙과 과정, 구조의 측면에서 창조적인 능력을 발휘한다.

13세 무렵의 6학년 시기는 아이들의 발달 과정에서 사춘기로, 이로 인한 반감의 강화는 부정적인 태도를 두드러지게 유발할 수 있다. 유년기가 마무리되고 자아의식이 더 크게 성장하며 주체성이 커진다. 한편 경험하는 모든 것을 근원적으로 사고할 수 있기 때문에, 이 시기에 과학적인 사고와 태도를 기를 수 있도록 지도해야 한다. 또한 사회적인 관계에 대해 커지는 관심을 바탕으로 아이들이 스스로 학급에서 역할과 책임감을 느낄 수 있도록 담임 교사는 학생 주도적 활동이 가능한 기회를 제공해야 한다. 또한 이 시기의 아이들은 연역적 사고와 논리적인 사고 과정을 배우고 분석적이고 비판적인 능력을 갖추게 된다.

지식은 의미이고, 의미는 상황을 전제로 한다. 그러므로 삶이 전제되지 않은 앎은 있을 수 없다. 아이들은 학교에서 자신의 삶을 살아가는 것이고, 앎은 그 삶을 의미 있게 만드는 것이다. 현재의 삶을 의미 있게 채우는 지적 학습이야말로 현재와 미래의 간극을 채우는 효과적인 방법이다. 논리적 위계에 따른 교과서는 교사에게 도움이 될 수는 있지만, 그 자체만으로 우리 반 아이들의 삶을 반영하기는 어려움이 있다. 아이들 삶의 양식을 이해하고, 교육과정 구성을 통해 그 삶을 교실에서 펼치고, 성장을 돕는 평가를 실행하기 위해서 필수적으로 알아야만 하는 것이 발달 단계이다. 아이들의 발달 단계에 따라 무엇을, 어떻게, 왜 가르쳐야 하는지에 대한 정확한 이해가 있어야 교육을 제대로 바라보고 실천할 수 있는 것이다.[51]

> 어린이를 학교에 맞추는 것이 아니라 어린이들에게 학교를 맞추어야 한다.[51]

인간 본연의 특성을 알고 발달 단계에 따라 적절하게 교육과정을 구성하는 노력이야말로 진정한 교육의 시작이다. 교사가 교육과정을 창조적으로 구성하고 아이들이 앎의 과정을 즐기기 위해서는 발달 단계에 따른 과업과 아이들의 삶을 아는 일이 먼저일 것이다.

51 아동의 요구를 존중하는 자유주의 교육을 실천한 영국의 서머힐 학교 설립자 알렉산더 닐의 철학이다.

성취기준의 의미

성취기준이란 무엇이고 어떻게 활용해야 할까? 교사 수준 교육과정과 성취기준은 어떤 관계가 있을까? 교수·학습 및 평가의 실질적인 근거가 되는 성취기준은 학교 현장에서 특정 시기에 주목을 받고 있다.

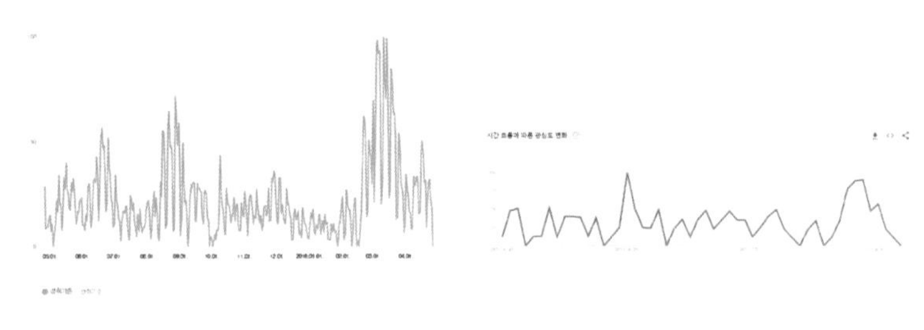

'성취기준' 검색 분석
(네이버 빅데이터랩)

시간 흐름에 따른 '성취기준' 관심도
(구글 트렌드)

2017년 4월부터 2018년 4월까지 성취기준에 대한 인터넷 검색 추이를 분석해 보았다. 꺾은선 그래프의 최댓값은 주로 3월 초·중순, 8월 하순에 나타난다. 3월 초·중순은 새 학년이 시작되는 시기이며 8월 하순은 2학기 개학 또는 개학 전 2학기 교육과정 구성을 위한 시기이다. 반대로 최솟값은 징검다리 공휴일, 여름방학과 겨울방학 초반에 나타난다. 이러한 검색을 시도한 사람들 중 대부분이 교육 현장의 선생님이라고 가정한다면, 전반적으로 학기 중에 관심도 추이의 편차가 발생하며 들쑥날쑥한 것은 교육과정 구성과 수업연구, 평가 문항 제작에 따른 성취기준 검색 때문이라고 생각한다. 중요한 것은 지난 5년 동안 성취기준 검색 유입량이 유의미하게 증가하고 있다는 것이다.

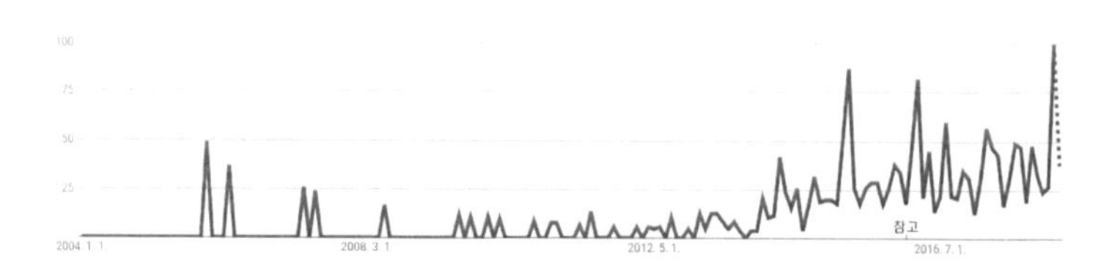

시간 흐름에 따른 '성취기준' 관심도
(구글 트렌드)

성취기준은 제7차 교육과정 시기에 처음 등장한 용어로 한국교육개발원에서 발간한 연구 자료(1997)에 따르면 '수업이나 평가에서 실질적인 기준이나 지침의 역할을 할 수 있도록 현행 교육과정상의 목표와 내용을 분석하여 상세화한 목표나 내용의 진술문'으로 정의된다. 2015 개정 교육과정에서는 성취기준의 개념을 다음과 같이 수정하여 제시하고 있다.

성취기준
▪ 교과를 통해 학생들이 배워야 할 지식과 기능, 수업 후 학생들이 할 수 있어야 할, 또는 할 수 있기를 기대하는 능력을 나타내는 결과 중심의 도달점, 교과의 내용(지식)을 적용하고 문제를 해결하는 수행 능력 ▪ 학생들이 교과를 통해 배워야 할 내용과 이를 통해 수업 후 할 수 있거나 할 수 있기를 기대하는 능력을 결합하여 나타낸 수업 활동의 기준(2015 개정 교과 교육과정 고시 문서 '일러두기')

교과 교육과정에서는 어떠한 모습으로 성취기준을 제시하고 있을까? 국어과 1~2학년 군에서는 일러두기의 형태로 다음과 같은 목차의 흐름 속에 성취기준을 제시하고 있다.

국어과 교육과정은 아래의 문서를 기준으로 작성되었습니다. 목차의 의미에 대한 해설을 참고하여 교육 활동에 활용하시기 바랍니다.

1. 성격

- 교과가 갖는 고유한 특성에 대한 개괄적인 소개
- 교과 교육의 필요성 및 역할, 교과 역량 제시

2. 목표

- 교과 교육과정이 지향해야 할 방향과 학생이 달성해야 할 학습의 도달점
- 교과의 총괄목표, 세부목표, 학교급 및 학년군별 목표 등을 진술

3. 내용 체계 및 성취기준

가. 내용 체계

내용 체계는 영역, 핵심 개념, 일반화된 지식, 내용 요소, 기능으로 구성

- 영역: 교과의 성격을 가장 잘 나타내주는 최상위의 교과 내용 범주
- 핵심 개념: 교과의 기초 개념이나 원리
- 일반화된 지식: 학생들이 해당 영역에서 알아야 할 보편적인 지식
- 내용 요소: 학년에서 배워야 할 필수 학습 내용
- 기능: 수업 후 학생들이 할 수 있거나 할 수 있기를 기대하는 능력으로 교과 고유의 탐구 과정 및 사고 기능 등을 포함

나. 성취기준

- 성취기준: 학생들이 교과를 통해 배워야 할 내용과 이를 통해 수업 후 할 수 있거나 할 수 있기를 기대하는 능력을 결합하여 나타낸 수업 활동의 기준

(1) 영역명

(가) 학습 요소

- 성취기준에서 학생들이 배워야 할 학습 내용을 핵심어로 제시한 것

(나) 성취기준 해설

- 제시한 성취기준 중 자세한 해설이 필요한 성취기준에 대한 부연 설명으로, 특별히 강조되어야 할 성취기준을 의미하는 것은 아님

(다) 교수·학습 방법 및 유의사항

- 해당 영역의 교수·학습을 위해 제안한 방법과 유의사항
- 학생 참여 중심의 수업 및 유의미한 학습 경험 제공 등을 유도하는 내용 제시

(라) 평가 방법 및 유의사항

- 해당 영역의 평가를 할 수 있도록 제안한 방법과 유의사항
- 해당 영역의 교수학습 방법에 따른 다양한 평가, 특히 과정 중심 평가가 이루어질 수 있도록 관련 내용 제시

4. 교수 학습 및 평가의 방향

가. 교수·학습 방향

- 성취기준: 학생들이 교과를 통해 배워야 할 내용과 이를 통해 수업 후 할 수 있거나 할 수 있기를 기대하는 능력을 결합하여 나타낸 수업 활동의 기준

나. 평가 방향

- 교과의 성격이나 특성에 비추어 포괄적 측면에서 교과의 평가 철학 및 방향, 평가 방법, 유의사항을 제시함

국어과 교육과정 일러두기

앞의 일러두기는 국어과 교육과정의 작성 기준을 안내하고 있다. 목차의 흐름을 따라 읽어 보면 성취기준과 교수·학습 방법 및 평가와의 관련성을 알 수 있다. 아래 내용을 통해 내용 체계와 성취기준을 함께 읽으며 교육과정에서 교사가 가르쳐야 할 것에 대한 이해도를 높일 수 있다.

1. 성격 2. 목표 3. 내용 체계 및 성취기준

가. 내용 체계

핵심 개념	일반화된 지식	학년(군)별 내용 요소					기능
		초등학교			중학교	고등학교	
		1~2학년	3~4학년	5~6학년	1~3학년	1학년	
• 문학의 본질	문학은 인간의 삶을 언어로 형상화한 작품을 통해 즐거움과 깨달음을 얻고 타자와 소통하는 행위이다			◦ 가치 있는 내용의 언어적 표현	◦ 심미적 체험의 소통	◦ 유기적 구조	
• 문학의 갈래와 역사 ◦ 서정 ◦ 서사 ◦ 극 ◦ 교술 • 문학과 매체	문학은 서정, 서사, 극, 교술의 기본 갈래를 중심으로 하여 언어, 문자, 매체의 변화와 함께 시대에 따라 변화해 왔다	◦ 그림책 ◦ 동요, 동시 ◦ 동화	◦ 동요, 동시 ◦ 동화 ◦ 동극	◦ 노래, 시 ◦ 이야기, 소설 ◦ 극	◦ 노래, 시 ◦ 이야기, 소설 ◦ 극 ◦ 교술	◦ 서정 ◦ 서사 ◦ 극 ◦ 교술 ◦ 문학 갈래의 역사	
• 문학의 수용과 생산 ◦ 작품의 내용·형식·표현 ◦ 작품의 맥락 ◦ 작가와 독자	문학은 다양한 맥락을 바탕으로 하여 작가와 독자가 창의적으로 작품을 생산하고 수용하는 활동이다	◦ 작품 낭독·감상 ◦ 작품 속 인물의 상상 ◦ 말놀이와 말의 재미 ◦ 일상생활에서 겪은 일의 표현	◦ 감각적 표현 ◦ 인물, 사건, 배경 ◦ 이어질 내용의 상상 ◦ 작품에 대한 생각과 느낌 표현	◦ 작품 속 세계와 현실 세계의 비교 ◦ 비유적 표현의 특성과 효과 ◦ 일상 경험의 극화 ◦ 작품의 이해와 소통	◦ 비유, 상징의 효과 ◦ 갈등의 진행과 해결 과정 ◦ 보는 이, 말하는 이의 관점 ◦ 작품의 사회·문화적 배경 ◦ 작품의 현재적 의미 ◦ 작품 해석의 다양성 ◦ 재구성된 작품의 변화 양상 ◦ 개성적 발상과 표현	◦ 갈래 특성에 따른 형상화 방법 ◦ 다양한 사회·문화적 가치 ◦ 시대별 대표작	◦ 몰입하기 ◦ 이해·해석하기 ◦ 감상·비평하기 ◦ 성찰·향유하기 ◦ 모방·창작하기 ◦ 공유·소통하기 ◦ 점검·조정하기 ◦ 공유·소통하기 ◦ 점검·조정하기
• 문학에 대한 태도 • 자아 성찰 • 타자의 이해와 소통 • 문학의 생활화	문학의 가치를 인식하고 인간과 세계를 성찰하며 문학을 생활화할 때 문학 능력이 효과적으로 신장된다	◦ 문학에 대한 흥미	◦ 작품을 즐겨 감상하기	◦ 작품의 가치 내면화하기	◦ 문학을 통한 성찰	◦ 문학의 주체적 수용과 생활화	

핵심 개념	일반화된 지식	학년(군)별 내용 요소					기능
		초등학교			중학교	고등학교	
		1~2학년	3~4학년	5~6학년	1~3학년	1학년	
• 국어의 본질	국어는 사고와 의사소통의 수단이 되는 기호 체계로서, 언어의 보편성을 바탕으로 하여 고유한 국어문화를 형성하며 발전한다			◦ 사고와 의사소통의 수단	◦ 언어 기호	◦ 역사적 실체	
• 국어 구조의 탐구와 활용 ◦ 음운 ◦ 단어 ◦ 문장 ◦ 담화	국어는 음운, 단어, 문장, 담화로 구성되며 이들에 대한 탐구를 통해 국어 지식을 얻고 이를 언어생활에 활용할 수 있다		◦ 낱말의 의미 관계 ◦ 문장의 기본 구조	◦ 낱말 확장 방법 ◦ 문장 성분과 호응	◦ 음운의 체계와 특성 ◦ 품사의 종류와 특성 ◦ 문장의 짜임 ◦ 담화의 개념과 특성	◦ 음운의 변동 ◦ 문법 요소의 특성과 사용	◦ 문제 발견하기 ◦ 자료 수집하기 ◦ 비교·분석하기 ◦ 분류·범주화하기 ◦ 종합·설명하기 ◦ 적용·검증하기 ◦ 언어생활 성찰하기 ◦ 비교·분석하기 ◦ 분류·범주화하기 ◦ 종합·설명하기 ◦ 적용·검증하기 ◦ 언어생활 성찰하기
• 국어 규범과 국어생활 ◦ 발음과 표기 ◦ 어휘 사용 ◦ 문장·담화의 사용	발음·표기, 어휘, 문장·담화 등 국어 규범에 대한 이해를 통해 국어 능력을 기르고 바른 국어생활을 할 수 있다	◦ 한글 자모의 이름과 소릿값 ◦ 낱말의 소리와 표기 ◦ 문장과 문장 부호	◦ 낱말 분류와 국어사전 활용 ◦ 높임법과 언어 예절	◦ 상황에 따른 낱말의 의미 ◦ 관용 표현	◦ 단어의 정확한 발음과 표기 ◦ 어휘의 체계와 양상의 활용 ◦ 한글의 창제 원리	◦ 한글 맞춤법의 원리와 내용	
• 국어에 대한 태도 ◦ 국어 사랑 ◦ 국어 의식	국어의 가치를 인식하고 국어를 바르게 사용할 때 국어 능력이 효과적으로 신장된다	◦ 글자·낱말·문장에 대한 흥미	◦ 한글의 소중함 인식	◦ 바른 국어 사용	◦ 통일 시대의 국어에 대한 관심	◦ 국어 사랑과 국어 발전 의식	

나. 성취기준 [초등학교 1-2학년]

취학 전의 국어 경험을 발전시켜 일상생활과 학습에 필요한 기초 문식성을 갖추고, 말과 글(또는 책)에 흥미를 가진다.	
<문법> [2국04-01] 한글 자모의 이름과 소릿값을 알고 정확하게 발음하고 쓴다. [2국04-02] 소리와 표기가 다를 수 있음을 알고 낱말을 바르게 읽고 쓴다.	**<문학>** [2국05-01] 느낌과 분위기를 살려 그림책, 시나 노래, 짧은 이야기를 들려주거나 듣는다. [2국05-02] 인물의 모습, 행동, 마음을 상상하며 그림책, 시나 노래, 이야기를 감상한다.

- 학습 요소 - 성취기준 해설 - 교수·학습 방법 및 유의 사항 - 평가 방법 및 유의 사항

- 우리말 자음과 모음의 다양한 짜임을 보여 주는 낱말 - 친숙하고 쉬운 낱말과 문장, 짧은 글 - 마침표, 물음표, 느낌표 등이 포함된 글 - 가까운 사람들과 주고받는 간단한 인사말 - 주변 사람이나 흔히 접하는 사물에 관해 소개하는 말이나 글	- 재미있거나 인상 깊은 일을 쓴 일기, 생활문 - 자신의 감정을 표현하는 간단한 대화, 짧은 글, 시 - 재미있는 생각이나 표현이 담긴 시나 노래 - 사건의 순서가 드러나는 간단한 이야기 - 인물의 모습과 처지, 마음이 잘 드러나는 이야기, 글 - 상상력이 돋보이는 그림책, 이야기, 만화나 애니메이션

국어과 교육과정에 제시된 성취기준(예시)

수업 후 할 수 있거나 할 수 있기를 기대하는 능력이 곧 성취기준이라고 본다면, 교사 수준 교육과정을 구성할 때 성취기준은 중요한 역할을 할 수 있다. 교사는 성취기준을 통해서 학생들에게 무엇을 가르치고, 어떠한 방법으로 가르칠 것인지를 보다 명료하게 분석할 수 있으며, 학생 평가의 기준으로도 활용할 수 있다.

에듀쿠스의 생각

성취기준은 '수업이나 평가에서 실질적인 기준이나 지침의 역할을 할 수 있도록, 교육과정 내용을 분석하여 상세화한 목표나 내용의 진술문'으로 정의될 수 있습니다. 정의에서 살펴볼 수 있는 것처럼 국가 수준 교육과정에서 제시하고 있는 '교육과정 내용'을 수업이나 평가의 기준으로 삼기 위해 재구성하여 만든 것입니다. 교사는 성취기준을 통해서 무엇을 가르치고, 어떻게 배울 것인지를 보다 명료하게 분석할 수 있으며, 또한 학생 평가의 기준으로도 활용할 수 있습니다. 좀 더 구체적으로 우리는 성취기준을 통해서 가르치고 평가해야 할 지식, 기능, 태도에 대한 기준을 분석할 수 있습니다. 이처럼 성취기준은 수업이나 평가에서 실질적인 기준 역할을 하기 때문에 '교사 수준 교육과정'을 운영하고자 하는 교사라면 누구나 성취기준을 문해할 수 있어야 합니다.

□ 성취기준 도입 배경

성취기준은 제7차 교육과정 개정 시기에 교육과정 문서와 교육 담론에 처음으로 등장한 용어이다. 초기 도입 시기에는 용어가 추구하는 교육의 지향점과 이념 그리고 추구하는 목적과 비전이 다소 결여된 경향이 있었지만, 세계적 변화에 발맞추고 국제적 경쟁력을 키우기 위해서는 모든 학습자가 알아야 할 지식과 수행해야 할 기능에 대한 높은 수준의 기준을 제시해야 할 필요성을 느꼈을 것이다. 성취기준을 통해서 우리는 무엇을 가르치고 어떻게 배울 것인지를 보다 분명하게 제시할 수 있으며, 교사의 교수·학습 과정과 평가 방향 안내는 물론, 학생의 학업 성취 정도에 대한 판단 및 정부의 교육과정 질 관리 정책 판단 준거로 삼을 수 있게 되었다. 결국, 성취기준은 국가 차원에서 교육과정의 질 관리와 기초 학력 보장을 위한 대응의 결과물이었으며 이후로 단위 학교에서는 성취기준에 근거하여 수업과 평가 활동이 이루어지게 된다.

□ 성취기준의 발전

개정 교육과정에서의 성취기준은 그 제시 방법이 정선되고 명료화되었으며, 내용체계표(영역, 핵심 개념, 일반화된 지식, 내용 요소, 기능으로 구성)와 함께 제시되었다. 성취기준을 핵심 개념과 원리 중심으로 정선하여 감축하고, 학생의 발달 단계와 국제적 기준(Global Standards)을 고려하여 성취기준의 이수 시기를 이동하거나 학습 내용을 삭제·신설·통합하였으며, 6개 핵심 역량 제시와 더불어 교과별 교과 역량을 제시하고 역량 함양을 위한 성취기준을 개발하였다. 그리고 교과별로 일관성 없던 성취기준 코드도 통일하여 교사들이 쉽게 성취기준을 활용할 수 있도록 하였다. 무엇보다도 2007, 2009 개정 교육과정과 달리, 2015 개정 교육과정 총론에서 성취기준이 언급됨으로써 '성취기준'의

위상은 더욱 격상되어 교육과정의 중심에 서게 되었다고 볼 수 있다.

성취기준은 제7차 교육과정 시기에 처음 등장한 후, 몇 차례 교육과정 개정을 거치면서 다음과 같이 의미가 변하게 된다.

교육 과정	성취기준의 정의	비고
제7차 교육 과정	교수·학습 활동의 실질적인 기준으로서 각 교과목에서 가르치고 배워야 할 내용(지식, 기능, 태도)과 그러한 내용 학습을 통해 학생들이 성취해야 할(또는 보여주어야 할) 능력 및 특성을 명료하게 진술한 것	교수·학습 기준으로서의 역할 강조
2007 개정 교육 과정	교수·학습의 실질적인 기준으로서 각 교과목에서 가르치고 배워야 할 내용(지식, 기능, 태도)과 그러한 내용 학습을 통해 학생들이 성취해야 할(또는 보여주어야 할) 능력 및 특성을 명료하게 진술한 것	
2009 개정 교육 과정	교수·학습 및 평가에서의 실질적인 근거로서, 각 교과목에서 학생들이 학습을 통해 성취해야 할 지식, 기능, 태도의 능력과 특성을 진술한 것	교수·학습뿐만 아니라 평가 근거로서 역할 강조
2015 개정 교육 과정	학생들이 교과를 통해 배워야 할 내용과 이를 통해 수업 후 할 수 있거나 할 수 있기를 기대하는 능력을 결합하여 나타낸 수업 활동의 기준	

□ 2015 개정 교육과정 성취기준 읽기

2015 개정 교육과정 코드 번호의 배열은 '학년군+교과명+영역+순서'이다. 아래의 성취기준의 표기 형식을 분석해 보자.

[6국02-05] 매체에 따른 다양한 읽기 방법을 이해하고 적절하게 적용하며 읽는다.

코드명(예시)

6	국	02	05
학년군	과목	영역	순서
1~2학년군→2 3~4학년군→4 5~6학년군→**6**	바른 생활→바 슬기로운 생활→슬 즐거운 생활→즐 안전한 생활→안 국어→**국**, 도덕→도 사회→사, 수학→수 과학→과, 실과→실 체육→체, 음악→음 미술→미, 영어→영	듣·말→01 읽기→**02** 쓰기→03 문법→04 문학→05	2015 개정 교육과정에 따른 5~6학년군 국어과 평가기준 문서에서 제시된 순서→다섯 번째

※ 과목별로 그 성격에 따라 위 표의 내용과 차이가 있으므로 확인하기 바란다.

성취기준 진술

매체에 따른 다양한 읽기 방법을 이해하고	적절하게 적용하며 읽는다.
지식	기능
■ 학생들이 교과를 통해 배워야 할 내용(지식) ■ 수업 후 할 수 있거나 할 수 있기를 기대하는 능력(기능)	

□ **왜 성취기준에 주목하는가?**

성취기준은 지금 교육과정의 중심에 있다. 그렇다면 왜 성취기준이어야 하는가? 이에 대한 이해를 돕고자 1937년 출판된 해롤드 벤자민의 『검치호랑이 교육과정』에 나오는 이야기를 간단히 각색하여 소개하고자 한다.[52]

> 원시시대, 고요하고 한적한 마을에 검치호랑이가 나타났다. 검치호랑이는 마을 논밭에 자주 내려와 채소와 곡식을 상하게 하였다. 무엇보다 검치호랑이가 어린이들을 해치지 않을까 노심초사였다. 검치호랑이의 공격에 대비할 수 있는 대책 마련을 위한 회의가 열렸고, 마을의 모든 어린이에게 검치호랑이에 대해 가르치기로 의견을 모았다. 다음 날부터 마을의 어린이들은 동네 회관에 모여 호랑이 발자국 탐지법, 호랑이 회피법, 호랑이 퇴치법 등에 대하여 배우게 되었다.

해롤드 벤자민은 표면적으로는 구석기 시대 가상의 마을사람들에게 닥친 문제 상황을 설정한 뒤 이야기를 풀어간다. 작가는 이 이야기를 통해 교육과정에 대한 근본적인 질문을 우리에게 던지고 있다.

이야기 속 마을의 문제 상황은 무엇일까? 그것은 바로 검치호랑이[53]가 나타났다는 것이다. 마을 전체가 검치호랑이에 의해 전멸될 수 있는 위기 상황을 극복하고자 어른들은 어린이들에게 검치호랑이의 습격에 미리 대처하고 위기를 극복할 수 있는 방법을 가르치고자 한다. 이해를 돕기 위해 약간의 상상력을 동원해 '검치호랑이 퇴치법' 과목의 성취기준을 만들어 보았다.

---

52 J. Abner Peddiwell 저, 김복영·김유미 역, 『검치호랑이 교육과정』, 양서원, 2017년, pp.35~40. '해롤드 벤자민'의 필명이 J. Abner Peddiwell이다.

53 '검치(劍齒)'는 '칼이빨'이라는 뜻으로 길고 날카로운 송곳니를 가진 호랑이이다.

과목: 검치호랑이 퇴치법

성취기준 6검1-1. Ⓐ 검치호랑이가 우리 생활에 미치는 해로운 점을
Ⓑ 조사하여 발표할 수 있다.
성취기준 6검2-1. 불을 활용한 움직임으로 검치호랑이를 몰아낼 수 있다.

2개의 성취기준을 제시하였으나 우리가 논의하고자 하는 성취기준은 '6검1-1'로 제한한다. 큰 주의력을 들여 문장을 보지 않더라도 문장의 진술 형태와 의미 전달 방식이 왠지 낯익고 '어디에서 많이 보던' 형태일 것이다. 위 성취기준을 읽으며 느꼈던 그 익숙함으로부터 출발하여 성취기준의 의미를 살펴보자.

성취기준 '6검1-1'의 Ⓐ 부분을 보면 호랑이 퇴치법 과목에서 무엇을 가르칠 것인지에 대한 고민의 결과가 진술되어 있다. 어른들은 호랑이가 마을 생활에 미치는 많은 영향 중에서 해로운 점을 가르치고자 합의했음을 추리할 수 있다. 바로 이것이 '무엇을 가르칠 것인가?'에 대한 부분이며 이는 교육과정의 내용 선정과 관련이 있다.

성취기준 '6검1-1'의 Ⓑ 부분은 호랑이 퇴치법을 '어떤 방법으로 가르칠 것인가?'에 대한 문제이다. 바꿔 말하면 이는 아이들의 나이, 성별, 신체조건, 사전 경험의 정도에 따라 가장 효과적인 교육 방법에 대한 내용이다. 앞서 제시한 호랑이 퇴치법 성취기준 '6검1-1'은 2015 개정 교육과정의 과학과 성취기준을 활용하였다. 이제 실제 교육과정 속 성취기준을 살펴보자.

[4과11-03] 화산 활동이 우리 생활에 미치는 영향을 발표할 수 있다.

2015 개정 교육과정의 3~4학년군 과학과 성취기준이다. 진술된 성취기준은 아래와 같이 크게 세 부분으로 나눌 수 있다. Ⓐ 부분(코드)에 대한 설명은 잠시 뒤로 미뤄두고 먼저 Ⓑ와 Ⓒ 부분에 집중해 보자.

4과11-03	화산 활동이 우리 생활에 미치는 영향을	발표할 수 있다.
Ⓐ	Ⓑ	Ⓒ

성취기준의 Ⓑ부분은 '무엇을 가르칠 것인가?'에 해당하는 내용으로 4과11-03이라는 성취기준을 선택하여 아이들에게 가르친다면 '화산활동이 우리 생활에 미치는 영향'을 가르치는 것이다. '어떻게 가르칠 것인가?'에 대한 선생님의 고민에 대해서는 Ⓒ부분에서 '발표할 수 있다'로 진술되어 선생님 각자의 색깔에 맞는 다양한 교육 방법에 대한 가능성을 열어 놓고 있다.

[4과11-03] 화산 활동이 우리 생활에 미치는 영향을 발표할 수 있다.
• 무엇을 가르칠 것인가? 화산활동이 우리 생활에 미치는 영향을(지식) • 어떻게 가르칠 것인가? 발표할 수 있도록(기능)

위 성취기준에 직접 나타나지는 않지만, 발표를 위해 자료를 준비하는 학생의 성실성(태도)에 대한 정보도 얻을 수 있다. 이처럼 우리가 성취기준을 분석해서 도출해 내는 지식, 기능, 태도에 대한 정보가 교사 수준 교육과정 개발을 위한 국가 수준의 일관성을 유지해 줄 수 있는 바탕이 되는 것이다.

교육과정은 무엇을, 어떻게 가르치고 배울 것인지를 다룬다. 성취기준에는 '무엇을(교육 내용)', '어떻게(교육 방법)' 가르치고 배울 것인지가 명확히 제시되어 있다. 즉, 교육과정과 성취기준이 일치함을 알 수 있다. 성취기준의 의미와 교수·학습 및 평가와의 관련성을 도식화하면 아래와 같이 나타낼 수 있다.

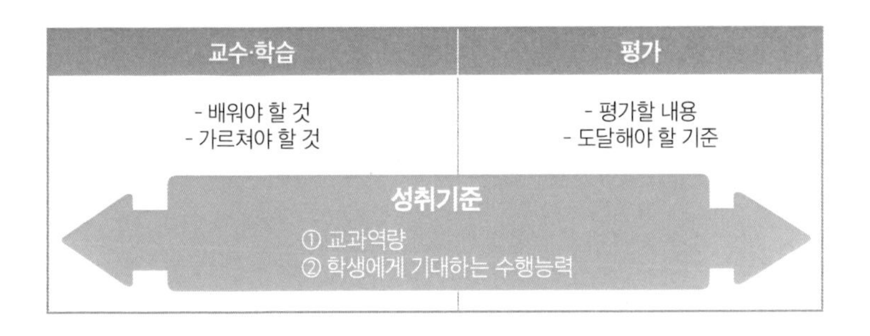

□ 성취기준을 활용한 교사 수준 교육과정 구성

교사 수준 교육과정 구성과 성취기준은 어떤 관계가 있을까? 교육과정 문서에 제시되어 있는 성취기준은 전국의 모든 학교에 적용할 수 있는 가장 공통적이고 일반적인 성격을 가지고 있다. 교사 수준 교육과정 구성을 위한 기준은 물론, 교실 현장에서 수업의 방향 설정과 교수·학습 내용 선정, 학생들의 학업 성취 정도 확인의 기준으로도 활용할 수 있다.

- 수업의 방향 설정

미래핵심역량 함양을 위한 수업을 지향하는 2015 개정 교육과정에서는 수업 계획 및 전개에 성취기준을 활용할 수 있다. 성취기준은 교과 역량이 반영되어 있고 학습을 통해 학생들에게 기대하는 수행 능력을 제시하고 있기 때문이다. 이러한 이유로 교사는 교수·학습과정의 계획과 전개를 위해 반드시 성취기준을 확인할 필요가 있다.

- 교과 내용 재구성 계획 및 전개에 활용

교사 수준 교육과정을 통한 수업과 평가는 학생의 흥미와 경험 사태 및 개인차를 고려하여 계획하고 실천하게 된다. 그리고 교과 역량을 반영하고 교육과정에 대한 해석에 따라 단원 내, 단원 간, 주제 중심 등 다양한 재구성 방법을 실시할 수 있는데, 이때 성취기준이 재구성의 기준이 될 수 있다. 어떤 부분을 통합하고 순서를 조정하며 확대할지, 어떤 내용을 관련 교과와 연계하여 통합수업을 전개할 것인지 등에 대한 의사결정은 교육과정 성취기준에 근거해야 한다.

- 성취기준을 대하는 우리들의 자세

성취기준은 임의 수정 대상이 아니지만, 이 의미를 확내해석하여 성취기준을 문자 그대로 맹신하는 자세는 지양되어야 한다. 오히려 성취기준의 내용을 지역의 특수성, 학교의 환경, 학습자의 능력과 수준 등 다양한 교육과정 구성 관점에 따라 면밀하게 분석하고 이를 교사 수준 교육과정 구성의 기준으로 활용하는 적극적인 태도가 필요하다.

예를 들어 '[2즐04-04] 여름에 할 수 있는 여러 가지 놀이를 한다'라는 성취기준을 교육과정 구성 관점에 따라, '우리 아이들에게 가장 효과적인 여름놀이를 선정한다'로 수정하거나, '[2즐04-03] 여름에 볼 수 있는 동식물을 다양하게 표현하고 감상한다'라는 성취기준에서 '표현하고'의 부분을 미술적인 표현 방법, 신체적인 표현 방법, 혹은 문자나 구술에 의한 표현 방법 중 어떤 방법을 사용할 것인지에 대해 구체적으로 기술해 주는 것이 성취기준을 대하는 보다 적극적인 태도라고 할 수 있다.

ㅁ 교사의 실천적 지식

어느 분야에서 전문성을 갖추고 있다는 것은 이론적 지식과 실천적 지식을 겸비하고 있다는 것을 의미한다. 그렇기에 교사는 교육에 대한 이론적 지식과 학교 현장에서 습득한 실천적 지식을 겸비해야 전문성을 갖추었다 할 것이다. 교사로서의 전문성을 위한 이론적 지식의 습득은 자격증 획득의 과정에서 어느 정도는 이루어지게 되며, 실천적 지식은 교실 현장에서 이론적 지식을 바탕으로 실천과 연구를 병행하면서 갖게 된다.

교사의 전문성은 계속 성장해야 하며 멈출 수가 없다. 우리 인간의 배움과 성장이 멈추지 않으며 삶의 모습은 늘 변화하고 아이들의 삶도 나날이 새롭기 때문이다. 학교 현장에서 이론적 지식을 실천적 지식으로 확장하는 교사는 앎을 삶으로, 삶을 앎으로 연결하여 실천하게 되며, 교사의 배움과 성장은 함께 하는 학생들의 배움과 성장의 바탕이 되고 학생들의 앎과 삶을 연결하는 중요한 징검다리 역할도 하게 된다. 교사가 전문성을 갖추어야 할 영역은 다양하지만 학교 교육활동의 계획과 실천 모두를 담고 있는 교육과정에 대한 전문성은 더욱 중요하다.

□ **'교육과정 문해력'이란?**

교육과정은 문서로 존재하는 변하지 않는 무엇이 아니라 아이들의 앎과 삶을 담는 계획과 실천으로, 배움의 상황과 맥락에 맞게 학생과 함께 만들어 가는 것이다. 이론적 지식과 실천적 지식을 바탕으로 학생 중심의 철학을 담은 교사 수준 교육과정을 구성하고 실천하는 교사가 국가 수준의 교육과정을 읽고 해석하며 실천하는 능력인 교육과정 문해력을 갖는다는 것은 전문가로서 필요한 역량을 갖추는 것이다.

문해(文解, Literacy)란 일상생활에 관한 간단한 문장을 이해하고 읽고 쓸 수 있는 상태를 의미를 한다. 하지만 현재 문해의 개념은 단순한 문자 해독 능력이나 읽기·쓰기 능력에 머무르지 않고 적용 능력으로 의미가 확대되었으며, 언어 분야에서만 사용되는 용어가 아니라 문화, 과학 기술 및 컴퓨터, 미디어 등 다양한 영역에서 사용되고 있다.

한글 문해력을 가진다는 것은 한글을 읽고 쓸 수 있는 능력을 갖는다는 것이며, 읽기와 쓰기를 통해 다른 사람들의 다양한 생각을 읽으며 자신의 생각을 가질 수 있고, 또 자신의 생각을 말과 글로 표현하는 배움과 성장의 힘을 갖게 되는 것이다. 교육과정 문해력도 마찬가지이다. 교육과정 문서를 읽을 수 있는 능력만을 의미함이 아니라 교육과정에 대한 교사의 철학과 생각을 갖게 하여 교사 수준 교육과정을 의미 있게 구성하고 실천하는 힘을 갖는 것이라 할 수 있다.

'교육과정 문해력'이란 교사가 교육과정 문서를 읽고 해석하여 교사 수준의 교육과정 구성과 수업, 평가에 일관되게 적용할 수 있는 교육과정 상용 능력이다.[54] 교육과정을 읽고 해석하여 사용하는 것으로, 교육과정에 대한 이해와 실천을 포함하는 개념이다.

54 경기도교육청, 교사의 교육과정 문해력 신장, 2016년, p.6.

교육과정 문해력을 갖춘 교사는 교육과정 결정권이 교사에게 있음을 인식하고 국가 수준의 교육과정을 기준으로 교사 수준의 다양하고 창의적인 교육과정을 편성 운영할 수 있다. 교육과정 문해력을 기른다는 것은 교사 수준 교육과정을 구성하고 실천할 수 있는 중요하고도 의미 있는 힘을 가진다는 것이다.

□ 교육과정 문해력을 갖추기 위한 노력

교육과정 문해력을 갖춘 교사가 되기 위해서는 어떻게 해야 할까? 교사의 교육과정 전문성인 교육과정 문해력을 신장하는 과정과 방법을 살펴보면 다음과 같다.

- 교육과정 자료와 문서를 구분하기

교사 수준 교육과정을 계획하고 실천하기 위해서는 기준과 지침이 될 국가 수준 교육과정 문서와 교육과정 자료를 명확하게 구별하고 인식하는 과정이 필요하다. 교육과정 문서는 법령에 의해 작성된 문서로서 교사 수준에서는 수정할 수 없는 중요한 기준이며, 교육과정 자료는 교육과정 문서를 기준으로 하여 활용할 수 있도록 만들어진 것으로 교사들이 선택하고 수정 보완하여 활용할 수 있는 자료이다. 무엇이 기준이며 무엇이 활용할 수 있는 자료인지를 구분하는 것은 중요한 과정이라 할 것이다.

구분		종류
문서	국가 수준	2015 개정 교육과정 총론, 각론
	지역 수준	경상남도 초등학교 교육과정 편성·운영 지침
	학교 수준	학교 교육과정 편성·운영 계획
자료	국가 수준	교육과정 해설서, 교과서, 교사용 지도서 등
	지역 수준	지역화 교과서, 인정 도서, 학생 지도용 자료 등
	학교 수준	교수·학습 과정안, 교수·학습 자료, 활동지 등

- 교육과정을 읽고 해석하여 '교육과정 조망도' 갖기

교사는 국가 수준 교육과정을 읽고 해석하여 교사 수준 교육과정 구성의 바탕이 될 수 있는 교육과정에 대한 큰 그림을 가져야 한다. 이 과정이 교육과정 문해력 습득과 실천에 있어 가장 의미 있는 활동이며 교사의 실천적 지식이 만들어지는 과정이다. 교육과정을 읽고 해석한 결과 갖게 되는 교육과정 조망도는 교사 수준 교육과정을 구성하고 실천하는 교사에게 의미 있는 교육과정 지도가 될 것이다.

우리가 여행 계획을 세우면서 지도를 펼친다는 것은 가진 시간과 준비한 경비 내에서 어디까지 갈 수 있을지 그 범위를 명확하게 하는 것이다. 교육과정 조망도(Big picture)는 우리 아이들과 어떤 내용으로 어느 수준의 목표를 향해 가야 하는지 계획할 수 있는 교육과정 구성 및 실천에 대한 중요한 자료가 된다.

교육과정 조망도는 교육과정 문서에 대한 지식과 이해를 바탕으로 만들어지는 교육과정 내용 얼개이다. 일정한 양식이 있는 것이 아니라, 교육과정을 읽고 해석한 교사의 필요에 따라 2015 개정 교육과정 총론 조망도, 교과 교육과정 조망도, 교과별 성취기준 조망도 등으로 다양하게 만들어 가질 수 있다.

교육과정의 성취기준은 학생들이 교과를 통해 배워야 할 내용과 이를 통해 수업 후 할 수 있거나 할 수 있기를 기대하는 능력을 결합하여 나타낸 수업 활동의 기준을 말한다. 성취기준을 자세하게 살펴보면 내용과 목표, 방법과 평가 모두를 담고 있다. 성취기준은 곧 교육과정이다. 교과 성취기준에 대한 조망도를 바탕으로 단위 시간 수업을 계획한다는 것은 비록 한 시간의 짧은 수업을 설계하는 것이지만 교육과정의 큰 그림 안에서 의미 있는 한 시간의 수업을 계획하고 실천하는 것이다.

성취기준은 교과, 교과 내 영역, 학년군별 등 그 수가 많고 다양하기에 성취기준에 대한 종적·횡적 연계망을 갖게 된다면 교사 수준 교육과정과 수업을 구성하고 실천하는 데 중요한 기준을 갖게 되는 것이다. 교육과정 조망도 중 하나인 성취기준 횡적 연계망과 종적 연계망에 대해 간단히 살펴보자.

성취기준 횡적 연계망은 한 학년의 교과 성취기준을 읽으며 공통의 주제, 비슷한 내용 등 관련성 있는 성취기준을 찾아 정리한 것이다. 해당 학년의 교과 성취기준과 교과서 내용을 연계한 자료[55]를 바탕으로 읽으면 쉽게 횡적 연계망을 만들 수 있다. 성취기준 횡적 연계망은 관련 있는 성취기준을 모은 것으로, 교과 간의 연계를 통한 주제 중심 학습 또는 융합 수업, 중복되는 내용을 통한 학습량 조절, 교과서 내용 재조직화를 통한 순서와 시기 조정 등의 방법으로 교사 수준 교육과정을 보다 쉽게 만들 수 있도록 도울 것이다.

55 교과 성취기준과 교과서 차시별 학습 요소를 연결시켜 놓은 것으로 '교육과정 맵핑 자료'로 칭함.

▦ 성취기준 횡적 연계망 예시 - 4학년 1학기 ▦

2015 교육과정 국어과 교육과정 맵핑 자료

4학년 1학기

단원	성취기준	교과서 내용	쪽	활동책	차시
[illegible]	[illegible]	[illegible]	[illegible]	[illegible]	[illegible]
7. 사전은 내 친구	듣말[4국04-01] 낱말을 분류하고 국어사전에서 찾는다.	단원 도입 -글에서 낱말의 뜻을 짐작하기 -단원 학습 계획하기	194~201쪽		1~2
		-낱말의 관계를 생각하며 글 읽기 -사전에서 뜻을 찾아 낱말의 관계 알기	202~205쪽		3
	읽기[4국02-03] 글에서 낱말의 의미나 생략된 내용을 짐작한다.	-여러 가지 사전에 대해 알기 -여러 가지 사전에서 낱말의 뜻 찾기	206~211쪽	64~71쪽	4~5
		-낱말의 뜻을 생각하며 글 읽기 -낱말의 뜻을 사전에서 찾으며 글 읽기	212~217쪽	72~78쪽	6~7
	문법[4국04-02] 낱말과 낱말의 의미 관계를 파악한다.	-나만의 낱말 사전 만들기 -단원 정리	218~223쪽		8~9
[illegible]	[illegible]	[illegible]	[illegible]	[illegible]	[illegible]

2015 교육과정 과학과 교육과정 맵핑 자료

4학년 1학기

단원	성취기준	교과서 내용	쪽	실험관찰	차시
[illegible]	[illegible]	[illegible]	[illegible]	[illegible]	[illegible]
지구의 모습	[4과16-01] 지구와 관련된 자료를 조사하여 모양과 표면의 모습을 설명할 수 있다.	-지구와 달의 모습을 [illegible] 표현하기	[illegible]		1/11
		-지구 표면의 모습 표현하기	[illegible]	64쪽	2/11
	[4과16-02] 육지와 비교하여 바다의 특징을 설명할 수 있다.	-육지와 바다의 특징 비교하기	[illegible]	65쪽	3/11
	[4과16-03] 지구 주위를 둘러싸고 있는 공기의 역할을 예를 들어 설명할 수 있다.	-공기를 느껴 보고 공기의 역할 알아보기	[illegible]	66쪽	4/11
		-여행할 탐험대의 세계 일주 계획하기	[illegible]	67쪽	5/11
	[4과16-01] 지구와 관련된 자료를 조사하여 모양과 표면의 모습을 설명할 수 있다.	-달의 모습 관찰하기	[illegible]	68쪽	6/11
		-지구와 달의 모습 비교하기 -지구와 달 모형 만들기	[illegible]	[illegible]	7~8/11
		-지구를 보존하는 방법 표현하기	[illegible]	[illegible]	9~10/11
	[4과16-04] 달을 조사하여 모양, 표면, 환경을 이해하고 지구와 달을 비교할 수 있다.	-지구의 모습 개념 정리하기	[illegible]	[illegible]	11/11

교육과정 맵핑자료와 4학년 1학기 교과서를 살펴보면서 교사는 실천적 지식을 바탕으로 다음과 같은 아이디어를 얻을 수 있다.

> "국어 7단원 '사전은 내 친구'는 시기를 조정하여 학기 초에 지도하여 과학, 사회, 국어 교과서에 실린 제재들을 읽을 때 사전을 적극적으로 활용하도록 지도하면 좋을 듯하고, 어려운 용어가 많은 하나의 단원을 선정해 사전을 활용하면서 새로 알게 된 낱말을 주제별로 분류, 정리하도록 하여 나만의 사전 만들기 활동(국어 교과서에 나오는 활동임)으로 전개하면 좋겠군."

교과	국어	과학
단원	7. 사전은 내 친구	지구의 모습
성취 기준	<4국04-01> 낱말을 분류하고 국어사전에서 찾는다. <4국02-03> 글에서 낱말의 의미나 생략된 내용을 짐작한다. <4국04-02> 낱말과 낱말의 의미 관계를 파악한다.	<4과16-01> 지구와 관련된 자료를 조사하여 모양과 표면의 모습을 설명할 수 있다. <4과16-04>달을 조사하여 모양, 표면, 환경을 이해하고 지구와 달을 비교할 수 있다.

성취기준 종적 연계망은 교과 중심으로 성취기준을 읽고 이해하여 만드는 자료이다. 교과 또는 영역별 성취기준을 읽으며 내용의 위계를 이해하고 전체에서 부분의 의미와 위치를 더 명확하게 하는 과정이다. 교과별 또는 영역별 다양한 성취기준 종적 연계망을 갖는다는 것은 교사 수준 교육과정을 구성하기 위한 단단한 배경지식을 갖추게 된다는 것을 의미한다.

▩ 성취기준 종적 연계망 예시 - 국어과 쓰기 영역 ▩

국어과 쓰기 영역의 종적 연계망을 갖고자 학년군별 성취기준을 읽다 보면 학생들의 쓰기 수준이 '문장→문단→글'로 발전하는 과정을 발견할 수 있게 된다. 이를 통해 2학년 학생에게는 '몇 개의 문단으로 구성된 글'을 쓰게 하기보다는, '자신의 생각을 표현할 수 있는 문장'을 바르게 쓸 수 있는 학습 경험을 제공해야 할 필요성을 느낄 수 있는 안목을 갖게 되는 것이다.

[2국03-01]	글자를 바르게 쓴다.
[2국03-02]	자신의 생각을 **'문장'**으로 표현한다.
[2국03-03]	주변의 사람이나 사물에 대해 짧은 글을 쓴다.
[2국03-04]	인상 깊었던 일이나 겪은 일에 대한 생각이나 느낌을 쓴다.
[2국03-05]	쓰기에 흥미를 가지고 즐겨 쓰는 태도를 지닌다.

[4국03-01]	중심 **문장**과 뒷받침 **문장**을 갖추어 **'문단'**을 쓴다.
[4국03-02]	시간의 흐름에 따라 사건이나 행동이 드러나게 글을 쓴다.
[4국03-03]	관심 있는 주제에 대해 자신의 의견이 드러나게 글을 쓴다.
[4국03-04]	읽는 이를 고려하며 자신의 마음을 표현하는 글을 쓴다.
[4국03-05]	쓰기에 자신감을 갖고 자신의 글을 적극적으로 나누는 태도를 지닌다.

[6국03-01]	쓰기는 절차에 따라 의미를 구성하고 표현하는 과정임을 이해하고 글을 쓴다.
[6국03-02]	목적이나 주제에 따라 알맞은 내용과 매체를 선정하여 **'글'**을 쓴다.
[6국03-03]	목적이나 대상에 따라 알맞은 형식과 자료를 사용하여 설명하는 글을 쓴다.
[6국03-04]	적절한 근거와 알맞은 표현을 사용하여 주**장**하는 글을 쓴다.
[6국03-05]	체험한 일에 대한 감상이 드러나게 글을 쓴다.
[6국03-06]	독자를 존중하고 배려하며 글을 쓰는 태도를 지닌다.

이처럼 2015 개정 교육과정에서는 교과 및 영역 간 횡적 연계성, 학년(군)별 종적 연계성을 고려하여 교사 수준 교육과정을 구성하여 보다 깊이 있는 교수·학습이 이루어지도록 권하고 있다.[56] 성취기준 횡적 연계망과 종적 연계망은 독립하여 교사 수준 교육과정 구성에 활용할 수도 있으나 다음과 같이 횡적·종적 연계망으로 작성하여 교육과정 구성에 활용할 수도 있다.

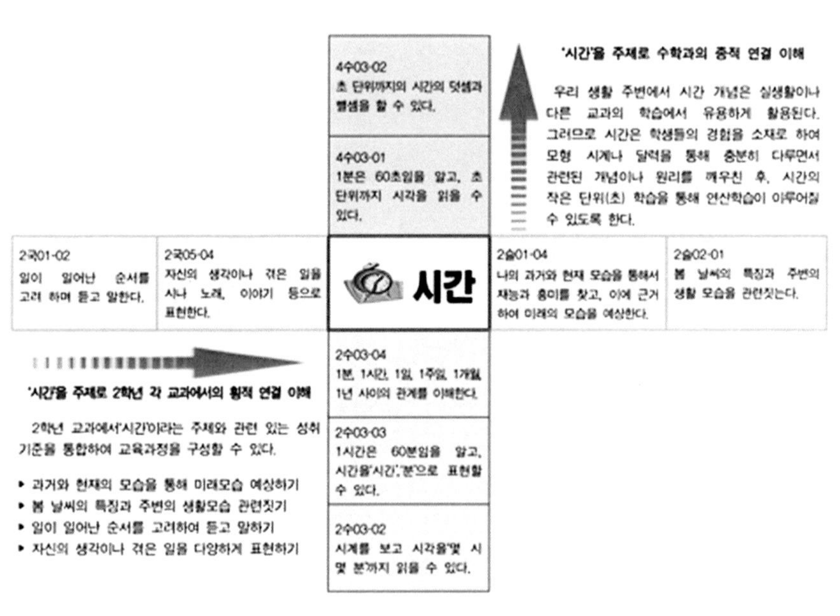

시간을 주제로 한 2학년 성취기준 종적·횡적 연계망[57]

56 2015 개정 교육과정 교육부 고시 제2015-80호, p.123.
57 경상남도교육청, '앎과 삶이 하나 되는 교육과정 이야기', 2017년, p.90.

- 교육과정 문해력을 바탕으로 교사 수준 교육과정 구성·실천하기

교사의 교육과정 문해력은 끊임없이 발전하는 실천적 역량이다. 교육과정 문서를 읽고 다양한 조망도를 가졌다 하여 교육과정 문해력을 완전히 갖추었다 할 수 없다. 교육과정 문해력에 대한 인식과 동시에 교육과정 상용하기가 반드시 이루어져야 한다. 교육과정을 구성하고 실천하는 것은 교육과정 문해력을 바탕으로 하는 상용의 과정이면서 교육과정 문해력을 더 넓고 깊게 갖출 수 있도록 돕는 배움의 과정이기도 하다. 교육과정 문해력을 바탕으로 한 교사의 교육과정 상용의 모습은 학생을 중심에 두고, 학생과 교육 환경에 대한 이해를 바탕으로 하여, 교사의 철학을 반영한 교사 수준 교육과정의 구성과 실천을 할 때 드러날 수 있다.

에듀쿠스의 생각

'함께는 지혜입니다.'[58]

교육과정 문해력 습득을 위한 가장 좋은 방법은 교육과정을 열심히 읽고 해석하는 충분한 시간을 갖는 것입니다. 혼자서 차분히 교육과정을 열심히 읽는 것도 의미 있지만, 전문적 학습 공동체의 학습 활동으로 교육과정을 함께 공부하면 이해와 그 해석이 훨씬 쉽게 된답니다. 혼자가 아닌 함께 실천적 지식을 만들어 가는 의미 있는 배움의 과정을 추천합니다.

58 신영복, 『담론』, 돌베개, 2017년, p.17.

□ 다양한 교육과정 조망도 살펴보기

- 교육과정 총론 조망도

국가 수준 교육과정과 학생의 수준 및 요구를 조율하기 위해서 교사는 국가 수준 교육과정을 읽고, 판단하고, 사용할 줄 알아야 한다. 이를 위해서는 교육과정 총론에 대한 조망도가 필요하며 다음 사항에 유의하며 교육과정 총론 조망도를 만들어 볼 수 있다.

- 교육과정 개정의 배경은 무엇인가?
- 현행 교육과정의 주요 개정 방향은 무엇인가?
- 교육과정이 추구하는 목표와 인간상 및 핵심 역량을 구현하기 위한 내용과 방법은 무엇인가?
- 교육과정의 주요 내용은 무엇인가?
- 주요 내용 중 학교(교사) 수준에서 의무적으로 시행되어야 할 내용은 무엇인가?

개정의 배경 및 비전	2015 개정 교육과정은 국가 교육과정의 개정의 흐름을 이어받아 미래사회의 변화에 대응하기 위한 국가·사회적 요구를 학교 교육과정에 반영하며, 다른 한편으로는 학교 현장에서 제기되는 다양한 문제점들에 대한 개선 방안을 제시한다는 목적에 따라 개정이 추진됨. ▶ 미래사회가 요구하는 창의융합형 인재 양성 ▶ 학습 경험의 질 개선을 통한 행복한 학습의 구현
주요 개정 방향	▶ 2009 개정 초등학교 교육과정의 기본 체제 유지 ▶ 누리과정 연계 및 한글교육 강화(한글교육 62시간으로 확대) ▶ 1, 2학년 수업시수 순증(1~2학년군 '안전한 생활' 수업시수 64시간 순증) ▶ 국가 사회적 요구에 따른 안전교육 강화(초등 1~2학년 '안전한 생활', 초등 3~6학년 체육, 실과 등 관련 교과에 안전 대단원 신설) ▶ 창의적 체험활동 지침 개선 ▶ 소프트웨어(SW) 교육 강화: 5,6학년 실과, 소프트웨어(SW) 교육 17시간 이상 학습
초등학교 교육목표	초등학교 교육은 학생의 일상생활과 학습에 필요한 기본 습관 및 기초 능력을 기르고 바른 인성을 함양하는 데에 중점을 둔다. 1) 자신의 소중함을 알고 건강한 생활 습관을 기르며, 풍부한 학습 경험을 통해 자신의 꿈을 키운다. 2) 학습과 생활에서 문제를 발견하고 해결하는 기초 능력을 기르고, 이를 새롭게 경험할 수 있는 상상력을 키운다. 3) 다양한 문화 활동을 즐기고 자연과 생활 속에서 아름다움과 행복을 느낄 수 있는 심성을 기른다. 4) 규칙과 질서를 지키고 협동정신을 바탕으로 서로 돕고 배려하는 태도를 기른다.
추구하는 인간상 및 핵심역량	♣ 창의융합형 인재란? 바른 인성을 가지고 인문학적 상상력과 과학기술 창조력으로 새로운 지식을 창조하고 다양한 지식을 융합하여 새로운 가치를 창출할 수 있는 사람 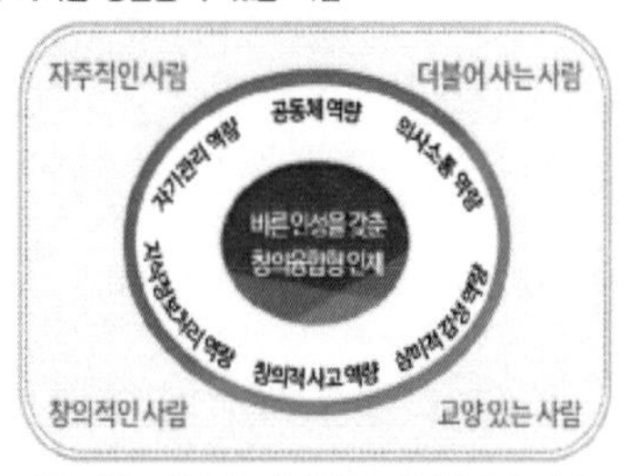 **[추구하는 인간상, 핵심역량, 인재상과의 관계]**
교육과정 구성의 중점	이 교육과정은 우리나라 교육과정이 추구해 온 교육 이념과 인간상을 바탕으로, 미래 사회가 요구하는 핵심역량을 함양하여 바른 인성을 갖춘 창의융합형 인재를 양성하는 데에 중점을 둔다. 이를 위한 교육과정 구성의 중점은 다음과 같다. 가. 인문·사회·과학기술 기초 소양을 균형 있게 함양하고, 학생의 적성과 진로에 따른 선택학습을 강화 나. 교과의 핵심 개념을 중심으로 학습 내용을 구조화하고 학습량을 적정화하여 학습의 질을 개선 다. 교과 특성에 맞는 다양한 학생 참여형 수업을 활성화하여 자기주도적 학습 능력을 기르고 학습의 즐거움을 경험 라. 학습의 과정을 중시하는 평가를 강화하여 학생이 자신의 학습을 성찰하도록 하고, 평가 결과를 활용하여 교수·학습의 질을 개선 마. 교과의 교육 목표, 교육 내용, 교수·학습 및 평가의 일관성을 강화

교육과정 편성·운영 기준

편제

1) 교과(군)와 창의적 체험활동으로 편성한다.
2) 교과(군)는 국어, 사회/도덕, 수학, 과학/실과, 체육, 예술(음악/ 미술), 영어로 한다. 다만, 1, 2학년의 교과는 국어, 수학, 바른 생활, 슬기로운 생활, 즐거운 생활로 한다.
3) 창의적 체험활동은 자율 활동, 동아리 활동, 봉사활동, 진로활동으로 편성하고 1~2학년은 체험활동 중심의'안전한 생활'을 포함한다.

시간 배당 기준

구 분		1~2학년	3~4학년	5~6학년
교과(군)	국어		408	408
	사회/도덕	국어 448	272	272
	수학	수학 256	272	272
	과학/실과	바른 생활 128	204	340
	체육	슬기로운 생활 192	204	204
	예술(음악/미술)	즐거운 생활 384	272	272
	영어		136	204
	소계	1,408	1,768	1,972
창의적 체험활동		336 안전한 생활 (64)	204	204
학년 군별 총 수업 시간 수		**1,744**	**1,972**	**2,176**

① 이 표에서 1시간 수업은 40분을 원칙으로 하되, 기후 및 계절, 학생의 발달 정도, 학습 내용의 성격, 학교 실정 등을 고려하여 탄력적으로 편성·운영할 수 있다.
② 학년군 및 교과(군)별 시간 배당은 연간 34주를 기준으로 한 2년간의 기준 수업 시수를 나타낸 것이다.
③ 학년 군별 총 수업 시간 수는 최소 수업 시수를 나타낸 것이다.
④ 실과의 수업 시간은 5~6학년 과학/실과의 수업 시수에만 포함된 것이다.

편성·운영 기준

1) 기본 생활 습관, 기초 학습 능력, 바른 인성의 함양
2) 학교 교육과정 편성·운영 관련하여 학생과 학부모에게 안내
3) 기초·기본 요소의 체계적 학습
4) 교과(군)별 20% 범위 내 시수 증감 편성·운영
(단, 체육, 예술(음악/미술) 교과는 감축운영 할 수 없음.)
5) 교육의 효과를 높이기 위한 학년별, 학기별 교과 집중이수
6) 전입 학생의 학습 결손 방지를 위한 '보충학습 과정' 등의 운영
7) 복식 학급 운영 시의 교재를 재구성하여 활용
8) 창의적 체험활동의 영역을 학생들의 발달 수준, 학교의 여건 등을 고려하여 학년(군)별로 선택적으로 편성·운영
9) 1학년 학생들의 입학 초기 적응 교육을 위해 창의적 체험활동의 시간을 활용하여 자율적으로 입학 초기 적응 프로그램 등을 편성·운영
10) 정보통신활용 교육, 보건 교육, 한자 교육 등은 관련 교과(군)와 창의적 체험활동 시간을 활용하여 체계적인 지도

교수· 학습	가. 성취기준에 따른 교수·학습의 중점 1) 핵심 개념과 일반화된 지식의 심층적 이해에 중점 2) 학생의 발달 단계에 따른 체계적인 수업 설계 3) 학생의 융합적 사고 지도 방안 4) 실험, 관찰, 조사, 실측, 수집, 노작, 견학 등의 직접 체험 활동 5) 협력적으로 문제를 해결하는 협동학습 경험을 제공 6) 학생의 능동적 수업 참여 및 토의·토론 학습 활성화 7) 학습 내용의 실제적 적용 8) 메타인지적 전략 및 자기주도적 학습 나. 효과적인 교수·학습 환경 설계 1) 신뢰와 협력이 가능한 교수·학습 환경 제공 2) 학생 맞춤형 수업 실시 3) 학습 결손 보충을 위한 특별 보충 수업 운영(학교가 제반 운영사항을 자율적으로 결정) 4) 다양한 교수·학습 자료의 활용 5) 실험 실습 및 실기 지도 과정의 안전사고 예방
평가	◈ 평가의 목적 가. 평가는 학생의 교육 목표 도달도 확인 및 교수·학습의 질 개선 1) 학교는 학생에게 평가 결과에 대한 적절한 정보 제공과 추수 지도를 통해 학생이 자신의 학습을 지속적으로 성찰하고 개선할 수 있도록 지도 2) 학생 평가 결과를 활용하여 수업의 질을 지속적으로 개선 ◈ 성취기준에 근거한 평가 나. 성취기준에 근거하여 학교에서 지도한 내용과 기능을 평가 1) 학생에게 배울 기회를 주지 않은 내용과 기능은 평가하지 않도록 주의 2) 모든 학생의 성공적인 교육 목표 도달을 위해 학습의 결과뿐만 아니라 학습의 과정을 평가 3) 학생의 인지적 능력과 정의적 능력에 대한 균형 있는 평가 ◈ 교과의 성격과 특성에 적합한 평가 방법 활용 다. 교과의 성격과 특성에 적합한 평가 방법을 활용 1) 서술형과 논술형 평가 및 수행평가의 비중을 확대 2) 정의적, 기능적, 창의적인 면이 특히 중시되는 교과는 타당한 평정 기준과 척도에 따라 평가를 실시 3) 실험·실습의 평가는 합리적인 세부 평가 기준을 마련 4) 창의적 체험활동은 내용과 특성을 고려하여 평가의 주안점을 학교에서 결정하여 평가

2015 개정 교육과정 총론 조망도

- 교과 각론 조망도

교육과정 총론 조망도가 올 한 해 내가 오르고자 하는 산의 모습을 살펴보는 것이었다면, 정상까지 어느 길로 가는 것이 나와 우리 반 아이들에게 맞는지 살펴보는 것은 교과 각론 조망도이다.

듀이는 교육을 하는 데에 있어서 교육자의 역할은 학습자의 반응을 자극하고 그 행동 방향을 지시하도록 환경을 마련해 주는 데 있다고 하였으며, 우리가 가르치는 교과의 내용은 그러한 환경을 제공하는 일과 밀접하게 관련되어 있다고 말한 바 있다.[59]

교과의 내용을 잘 들여다볼 수 있는 교과별 조망도를 작성해 보는 것은 교사가 학습자의 반응을 자극할 수 있는 환경을 만드는 데 도움이 될 것이다. 교과 각론 조망도는 교과의 특성 또는 교사의 필요에 따라 다양한 모습으로 만들 수 있기에 몇 가지 사례를 소개한다.

① 국어과 읽기 영역 내용 요소 조망도

국어과를 가르치고자 한다면 국어과만의 성격을 파악하고, 국어과에서 기를 수 있는 역량이 무엇인지 알아야 하며, 교과 교육 활동을 통해 학생들이 달성해야 하는 목표는 무엇인지를 인지하고 있어야 한다. 다음 표는 국어과 5개 영역 중에서 읽기 영역에 무엇이 담겨 있는지를 볼 수 있는 내용 요소 조망도이다. 내용 요소 조망도를 보면 내가 맡은 해당 학년의 아이들에게 교과 안에서 가르쳐야 할 내용이 무엇인지 명확하게 그려질 것이다.

59 존 듀이 저, 이홍우 역, 『민주주의와 교육』, 교육과학사, 2007년, p.285.

성격	국어를 정확하고 효과적으로 사용하는 데 필요한 능력과 태도를 기르고, 비판적이고 창의적인 국어 사용을 바탕으로 하여 국어 발전과 국어문화 창달에 이바지하려는 뜻을 세우며, 가치 있는 국어 활동을 통해 바람직한 인성과 공동체 의식을 함양하는 과목이다.
교과 역량	비판적·창의적 사고 역량, 자료·정보 활용 역량, 자기 성찰·계발 역량
목표	국어로 이루어지는 이해·표현 활동 및 문법과 문학의 본질을 이해하고, 의사소통이 이루어지는 맥락의 다양한 요소를 고려하여 품위 있고 개성 있는 국어를 사용하여, 국어 문화를 향유하면서 국어의 발전과 국어문화 창조에 이바지하는 능력과 태도를 갖는다.

내용 체계

핵심 개념	일반화된 지식	학년(군)별 내용 요소			기능
		1~2학년	3~4학년	5~6학년	
- 읽기의 본질	읽기는 읽기 과정에서의 문제를 해결하며 의미를 구성하고 사회적으로 소통하는 행위이다.			-의미 구성 과정	- 맥락 이해하기 - 몰입하기 - 내용 확인하기 - 추론하기 - 비판하기 - 성찰·공감하기 - 통합·적용하기 - 독서 경험 공유하기 - 점검·조정하기
- 목적에 따른 글의 유형 - 정보 전달 - 설득 - 친교·정서 표현 - 읽기와 매체	의사소통의 목적, 매체 등에 따라 다양한 글 유형이 있으며, 유형에 따라 읽기의 방법이 다르다.	- 글자, 낱말, 문장, 짧은 글	- 정보 전달, 설득, 친교 및 정서 표현 - 친숙한 화제	- 정보 전달, 설득, 친교 및 정서 표현 - 사회·문화적 화제 - 글과 매체	
- 읽기의 구성 요소 - 독자·글·맥락 - 사실적 이해 - 추론적 이해 - 비판적 이해 - 창의적 이해 - 읽기 과정의 점검	독자는 배경지식을 활용하여 읽기 목적과 상황, 글 유형에 따라 적절한 읽기 방법을 활용하여 능동적으로 글을 읽는다.	- 소리 내어 읽기 - 띄어 읽기 - 내용 확인 - 인물의 처지·마음 짐작하기	- 중심 생각 파악 - 내용 간추리기 - 추론하며 읽기 - 사실과 의견의 구별	- 내용 요약 [글의 구조] - 주장이나 주제 파악 - 내용의 타당성 평가 - 매체 읽기 방법의 적용	
- 읽기의 태도 - 읽기 흥미 - 읽기의 생활화	읽기의 가치를 인식하고 자발적 읽기를 생활화할 때 읽기를 효과적으로 수행할 수 있다.	- 읽기에 대한 흥미	- 경험과 느낌 나누기	- 읽기 습관 점검하기	

② 사회과 4학년 2학기 내용 요소 조망도

교육과정 성취기준을 중심으로 조망도를 만드는 것도 의미가 있지만 실질적인 지도를 위해서는 교사용 지도서와 교과서를 살펴보고 한 학기 동안 가르쳐야 할 내용을 정리해 볼 수도 있다.

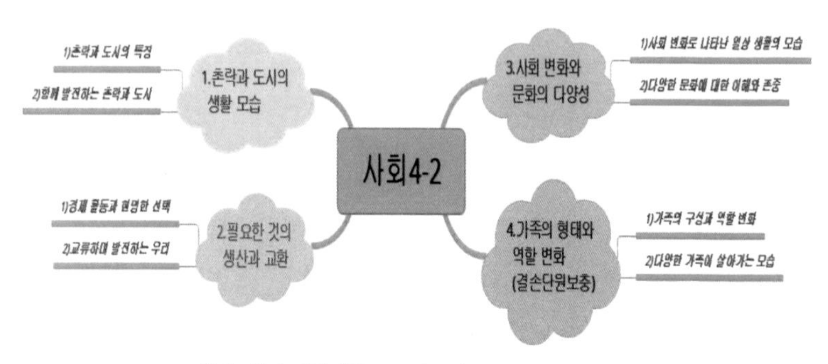

4학년 2학기 사회 내용 요소별 조망도(2015 개정 교육과정)[60]

③ 수학과 수와 연산 영역 성취기준 연계망

일반적으로 교육과정을 들여다보기 위해 만드는 지도(Mapping)를 '교육과정 조망도'라고 부른다. 그러나 다양한 교육과정 조망도의 모습들 중에서 성취기준 간의 연계성을 살펴보기 위해 만들어진 지도는 '조망도'[61]라고 하기보다는 '연계망'이라는 용어를 사용하여 좀 더 의미를 명확히 할 필요가 있다.

수학과 수와 연산 영역을 가르치기 전에 그 학년군 안에서 어떤 연계를 갖고 있는지 연계망을 통해 알아보면, 내가 가르치는 학년의 아이들이 지금 얼마나 알고 있어야 하며, 어디까지를 가르쳐야 하는지가 눈에 보일 것이다.

60 2015 개정 교육과정이 2018년에 3~4학년으로 적용이 되면서 한시적으로 결손 단원 보충이 들어와 있다. 이 표는 2018년 4학년 2학기에 실제로 적용하기 위해 만든 조망도이다.

61 '조망'의 사전적 의미는 '먼 곳을 바라봄. 또는 그런 경치'라고 명시되어 있다. 있는 그대로를 멀리서 바라본다는 의미가 크기 때문에 성취기준 간의 연계성을 교사가 직접 연결 지어 만들어 보는 지도로서의 이름으로는 부족함이 있다.

교육과정			(학년-학기)단원명
영역	내용요소	성취기준	
1.수와 연산	네 자리 이하의 수	[2수01-01] 0과 100까지의 수 개념을 이해하고, 수를 세고 쓸 수 있다.	(1-1) 1. 9까지의 수 (1-1) 5. 50까지의 수 (1-2) 1. 100까지의 수
		[2수01-02] 일, 십, 백, 천의 자릿값과 위치적 기수법을 이해하고, 네 자리 이하의 수를 읽고 쓸 수 있다.	(2-1) 1. 세 자리 수 (2-2) 1. 네 자리 수
		[2수01-03] 네 자리 이하의 수의 범위에서 수의 계열을 이해하고, 수의 크기를 비교할 수 있다.	(1-1) 1. 9까지의 수 (1-1) 5. 50까지의 수 (2-1) 1. 세 자리 수 (2-2) 1. 네 자리 수
		[2수01-04] 하나의 수를 두 수로 분해하고 두 수를 하나의 수로 합성하는 활동을 통하여 수 감각을 기른다.	(1-1) 3. 덧셈과 뺄셈 (1-1) 5. 50까지의 수 (1-2) 6. 덧셈과 뺄셈
	두 자리 수 범위의 덧셈과 뺄셈	[2수01-05] 덧셈과 뺄셈이 이루어지는 실생활 상황을 통하여 덧셈과 뺄셈의 의미를 이해한다.	(1-1) 3. 덧셈과 뺄셈 (1-2) 2. 덧셈과 뺄셈 (2-1) 3. 덧셈과 뺄셈
		[2수01-06] 두 자리 수의 범위에서 덧셈과 뺄셈의 계산 원리를 이해하고 그 계산을 할 수 있다.	(1-1) 3. 덧셈과 뺄셈 (2-1) 3. 덧셈과 뺄셈
		[2수01-07] 덧셈과 뺄셈의 관계를 이해한다.	(2-1) 3. 덧셈과 뺄셈
		[2수01-08] 두 자리 수의 범위에서 세 수의 덧셈과 뺄셈을 할 수 있다.	(2-1) 3. 덧셈과 뺄셈
		[2수01-09] □가 사용된 덧셈식과 뺄셈식을 만들고, □의 값을 구할 수 있다.	(2-1) 3. 덧셈과 뺄셈
	곱셈	[2수01-10] 곱셈이 이루어지는 실생활 상황을 통하여 곱셈의 의미를 이해한다.	(2-1) 6. 곱셈
		[2수01-11] 곱셈구구를 이해하고, 한 자리 수의 곱셈을 할 수 있다.	(2-2) 2. 곱셈구구

초등학교 수학과 1~2학년(군) 수와 연산 영역[62]

2015 개정 교육과정 수학과 수와 연산 영역은 성취기준에서 학습의 위계가 명확하게 제시되어 있다. 먼저 수의 개념을 점차 큰 수로 확대하여 학습하고, 수 개념이 형성된 후 작은 수에서 큰 수로의 연산 기능을 익힐 수 있도록 하였으며, 덧셈 학습 이후, 곱셈 개념을 익히고 실생활 속에서 곱셈을 할 수 있도록 성취기준을 종적으로 연결하고 있다.

62 경기도 교육청, 교사의 교육과정 문해력 신장, p36.

④ 주제 중심 성취기준 연계망

각 교과별로 비슷한 내용 요소를 묶어서 가르치면 학생들이 훨씬 풍부한 경험을 할 수 있는 환경을 만들어 줄 수 있으며, 학습량을 줄여 학습의 부담도 줄일 수 있다. 다음 표를 보면, 4학년 2학기에는 '다양한 문화'에 대한 내용을 여러 교과에서 다루고 있음을 알 수 있다. 이때 교사는 유사한 주제를 가진 성취기준을 모아 생활 속에서 쉽게 찾을 수 있는 다양한 문화의 모습을 알아보고, 다양한 문화를 체험해 보면서 여러 문화에 대한 관심을 갖게 하기 위한 주제 중심 수업을 계획할 수 있다. 이렇게 계획된 수업 속에서 학생은 다양한 문화와 그 속에서 생활하는 여러 삶의 모습에 관심을 갖게 될 것이다. 관심은 주제에 대한 흥미로 이어져 다문화 사회의 문제점을 해결하기 위한 우리의 태도에 대해 깊이 생각해 보는 시간을 가질 수 있게 될 것이다.

	[사회]	[도덕]	[음악]+[미술]
교과 및 성취기준	■ [4사04-06] 우리 사회에 다양한 문화가 확산되면서 생기는 문제(편견, 차별 등) 및 해결 방안을 탐구하고, 다른 문화를 존중하는 태도를 기른다.	■ [4도03-02] 다문화 사회에서 다양성을 수용해야 하는 이유를 탐구하고, 올바른 의사 결정 과정을 통해 다른 사람과 문화를 공정하게 대하는 태도를 지닌다.	■ [4음02-01] 상황이나 이야기 등을 표현한 음악을 듣고 느낌을 발표한다. ■ [4미01-01] 자연물과 인공물을 탐색하는 데 다양한 감각을 활용할 수 있다.

연결 주제: 다르지만 같아
1) 일상생활에서 나타나는 다양한 문화의 모습 알아보기 2) 세계 여러 나라의 민속 음악 감상하기 3) 여러 나라의 민속 놀잇감을 알아보고 만들어 다른 나라 친구들의 놀이 문화 이해하기 4) 다른 문화를 이해하고 존중해야 하는 까닭 알아보기 5) 편견과 차별로 인한 아픔을 알고 다양성을 존중하는 태도 기르기 6) 다양한 문화에 대한 올바른 태도 공유하기

초등학교 4학년 2학기 성취기준의 횡적 연결(2015 개정 교육과정)

:: 교육과정 구성을 위한 여러 관점

교사 수준 교육과정의 실행 단계에서 성취기준을 읽고 학생들이 배워야 할 지식, 기능, 태도를 분석한 후, 성취기준에 도달하기 위하여 어떤 내용과 방법을 활용해야 할 것인지에 대한 선택은 교사의 몫이다. 교사 수준 교육과정을 설계하고 실행하기 위해 고려되어야 할 교사 수준 교육과정 구성 관점들을 살펴보면 다음과 같다.

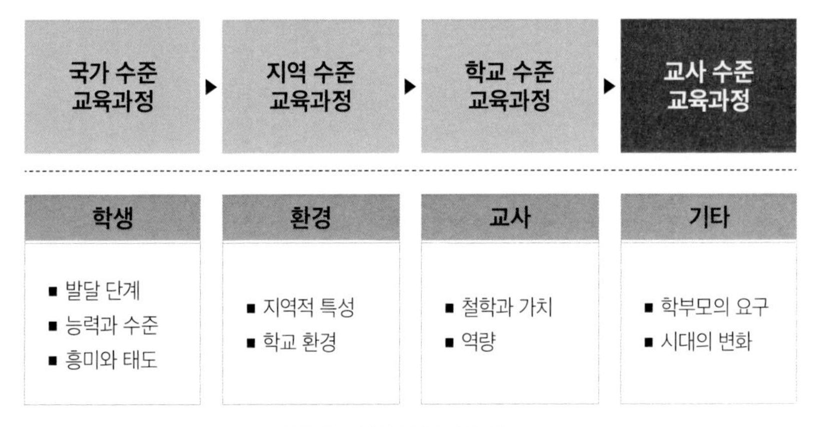

교사 수준 교육과정의 구성 관점

□ **학생 요인: 발달 단계, 능력과 수준, 흥미와 태도**

학생 요인으로 분류되는 구성 관점은 발달 단계, 능력과 수준, 흥미와 태도가 있다. 교사는 다양한 측면의 관찰 기록을 통해 교사의 가르침과 학생의 배움이 서로 조화를 이룰 수 있도록 해야 한다. 발달적인 측면의 학생 개인차에 대한 이해를 통해 효과적으로 학생을 지도할 수 있으며, 학습 내용이나 수행과제를 학생들의 능력과 수준에 따라 재구성하면 학습에 대한 흥미도 하락을 예방할 수 있다. 학생들은 너무 쉽거나 어려운 학습을 할 때 흥미가 떨어져 학습 태도가 흐트러질 수도 있기 때문이다. 지속적인 관찰과 기록으로 수업에 대한 몰입과 적극적인 참여를 유도하기 위한 노력이 필요하다.

	관점	관점을 반영해야 할 이유	관점 적용의 예(2학년)
학생	발달 단계	▪ 발달 단계에 대한 이해를 통해 학생에게 적절한 성장 유도 ▪ 개인차에 대한 이해를 통해 개별화 맞춤형 지도	▪ 타인에 대한 배려와 공감 능력이 아직 부족하므로 인성 요소 강화 ▪ 신체 움직임이 활발하여 활동 중심의 수업 설계
	능력 수준	▪ 학생 개인별 능력 수준에 맞는 학습 내용, 수준, 방법 적용 가능	▪ 대체로 기초 읽기, 쓰기, 셈하기 능력은 양호하나 학생 간 학력 편차가 커 개인별 맞춤형 수업 실시
	흥미 태도	▪ 학습 활동에 집중할 수 있는 장치 마련	▪ 구체물을 조작하는 활동을 선호하므로 다양한 체험활동 중심 수업 설계 ▪ 또래 놀이 활동을 통한 적극적인 참여 유도

□ **환경 요인: 지역적 특성, 학교 환경**

환경 요인으로 분류되는 구성 관점은 지역적 특성과 학교 환경이 있다. 표준적인 내용을 담고 있는 교과서는 현재 학생들이 살고 있는 삶을 제대로 반영하지 못한다. 다양한 지역의 특성이나 학교 환경을 제대로 반영할 수 없어 교과서의 삽화나 텍스트가 학생들의 삶과 동떨어질 수밖에 없다. 학습을 위한 주변 환경이 갖춰지지 않아 수업 내용의 생동감이 자연히 떨어진다. 학생들 삶을 제대로 반영해야 수업에서 진정한 배움이 일어난다. 교사 수준 교육과정은 지역적인 특성 및 학교 환경을 고려하여 살아 있는 배움의 장이 조성될 수 있도록 구성해야 할 것이다.

	관점	관점을 반영해야 할 이유	관점 적용의 예(2학년)
환경	지역 특성	▪ 교육과정 내용에 따라 대체할 수 있는 학교 주변 환경에 대한 정보 파악	▪ 산, 바다와 떨어져 있는 도심지 주변에 크고 작은 공장, 상가주택이 위치함
	학교 환경	▪ 교육과정 내용에 따라 대체할 수 있는 학교 내 환경에 대한 정보 파악	▪ 학교 내 모래 놀이터와 화단, 연못 활용 ▪ 도서관 재정비 사업으로 도서 확충 및 지원이 우수함

□ **교사 요인: 철학과 가치, 역량**

교사 요인으로 분류되는 구성 관점은 철학과 가치와 역량이 있다. 교육과정 설계자 및 실천가로서의 역할을 해야 하는 교사에게 본인의 철학과 가치가 있고 없음은 아주 중요한 문제이다. 철학과 가치가 없는 교사가 어떻게 자신의 교육과정을 만들 수 있을지에 대한 근본적인 의문을 가져야 한다. 삶에 대한 진지한 성찰을 담당하는 것이 철학의 문제이기에 교육과정에 교사와 학생들의 삶을 제대로 담아내기 위해서는 교사의 철학과 가치는 필요불가결한 문제이다.

철학이나 가치는 올바른 인성 함양, 기초 학습 능력 신장, 아니면 인성과 기초 학습 능력의 조화로운 성장과 같은 목표 설정 및 일관성 있는 교사 수준 교육과정 운영을 위한 힘이 될 수 있다. 또한 교사가 가진 역량에 따라서도 교사 수준 교육과정이 달라질 수 있다. 시나 글쓰기 지도 역량, 그림 그리기에 능숙한 교사의 역량을 교육과정에 녹여 일 년 동안 꾸준히 지도한다면 학생들의 다양한 성장과 발달을 지원할 수 있기 때문이다.

	관점	관점을 반영해야 할 이유	관점 적용의 예
교사	철학 가치	▪ 배움중심수업이 지향하는 가치(흥미, 사고, 협력, 통합, 성장, 학습자 중심)를 수업에 어떻게 적용할지 고려 ▪ 교사가 개인적으로 선호하는 수업 방법 적용	▪ 수업 과정을 통해 학생들의 앎과 삶이 연계되어야 한다고 생각함 ▪ 평가는 수업의 과정으로서 수행 되며, 점수 위주의 평가는 지양 ▪ 백워드 설계를 적용함
	역량	▪ 교사가 보유하고 있는 역량들을 중심으로 교육 내용 및 방법 재구성	▪ 전통놀이에 대한 기능을 보유하고 있음 ▪ 시나 글쓰기 지도에 능숙함

ㅁ 기타 요인: 학부모의 요구, 시대의 변화

기타 요인인 학부모의 요구 및 시대적 변화를 반영하여 교사 수준 교육과정을 구성해야 한다. 대체로 학부모의 요구사항은 학기 초 설문 조사나 학부모회 등을 통해 수집된다. 교사는 이를 분석하여 교사 수준 교육과정 구성에 참고자료로 활용하고 학기말에는 학부모 만족도 조사를 통해 교육과정 운영을 반성해 다음 계획에 반영할 수 있다.

시대적 변화에 따라 요구되는 핵심 역량이나 바라는 인간상이 제시되고 있다. 이러한 시대적 변화와 핵심 역량에 따라 학생들에게 어떤 자질과 인성을 길러 줘야 할 것인지를 고려해야 한다. 4차 산업혁명의 시대에 요구되는 '바른 인성을 갖춘 창의융합형 인재'를 기르려면 단순 지식을 전달하는 교과서 중심의 수업으로는 한계가 있을 수밖에 없다.

성취기준을 중심으로 다양한 교육과정 구성 관점들을 반영하여 학생의 성장을 돕는 교사 수준 교육과정을 설계하고 실행할 수 있어야 할 것이다.

:: 배움중심수업의 철학과 가치

표준화된 교과서는 학생들의 삶과 유의미한 관계를 맺기 어렵다. 학생들의 삶과 동떨어진 교육 내용은 학생들의 흥미를 불러일으키지 못하며, 교과서 진도 맞추기에 분주한 수업 활동에서 협력을 통해 문제를 해결해 가는 경험을 할 수 있는 여유를 찾기는 어려운 현실이다.

해결 방법은 없을까? 국가·지역·학교 수준의 교육과정을 바탕으로 단위 학급 학생의 특성을 반영하여 학생의 삶과 연계될 수 있도록 교사가 구성한 교육과정, 바로 교사 수준 교육과정에 해답이 있다. 학생들을 가장 잘 알고 있는 담임 교사가 구성한 교육과정이 배움중심수업으로 실천된다면, 우리가 고민하는 문제들은 해결될 수 있을 것이다.

배움중심수업은 수업을 보는 관점의 변화에서 도입된 개념이다. 가르침 중심에서 배움 중심으로, 교사 중심에서 학생 중심으로, 결과 중심에서 과정 중심으로 수업을 바라보는 패러다임의 전환을 의미한다. 이러한 패러다임의 전환은 탄탄한 철학에서 비롯되므로, 배움중심수업에 대한 철학과 가치를 정립하는 것이 무엇보다 중요하다.

배움중심수업이 지향하는 가치[63]

63 경남교육청, 2017. 배움중심수업 운영계획, 2017.2.6.

□ 학습자 중심[64]: 교사에서 학생으로

학교의 존재 이유에 대한 인식이 교사의 가르침에서 학생의 배움으로 전환되고 있으며, 제대로 된 앎의 경험이 일어나기 위해서는 학생들의 자발적 배움이 필수적이다. 인간은 삶을 살아가기 위한 배움의 본성을 가지고 있기 때문에 교사의 가르침과는 별개로 배울 수 있는 존재이다. 그러므로 학교에서 이루어지는 가르침의 핵심은 학습자로 하여금 배움에 대한 의미와 가치를 깨닫도록 하여 스스로 배움의 자세를 갖도록 힘을 키우는 것이다. 하지만 지금까지의 학교 교육은 배움의 중심에 있는 학습자보다는 교사의 입장에서 교과 지식 전달 중심으로 이루어져, 학습자의 성장을 위한 직접적인 활동에서는 벗어나 있었다.

학교 교육 활동에서는 학습자가 중심이 되고 기타 교육 환경들은 학습자의 학습을 지원하고 돕는 역할을 해야 한다. 즉, 교사는 학습자에게 의미 있는 배움이 일어날 수 있도록 각자의 능력에 맞는 활동을 할 기회를 제공하는 수업을 설계해야 한다. 듀이가 강조한 학습자 중심이란 학습자의 배움 본능을 존중하되 이 본능이 올바른 방향을 가리킬 수 있도록 조력해야 함을 강조하는 것이기 때문이다. 존 홀트도 아이들은 독자적으로, 자기만의 방식으로 배우며 학습에 있어 주도자가 될 때 진정한 배움[65]이 일어난다고 보고 있다.

---

64 존 듀이 저, 송도선 역, 『학교와 사회』, 교육과학사, 2016년, p.42.
듀이는 "거의 교육은 중력의 중심이 아동 바깥에, 그 중심이 교사나 교과서, 또 다른 어딘가에 있었고 아동 자신의 직접적인 본능과 활동에서는 벗어나 있었다. 그런 것에 기반을 두면 아동의 삶에 관해서는 거론할 것이 별로 없게 된다. 이제 우리 시대의 교육에 도래하고 있는 변화로 인해 중력의 중심이 이동하게 된다. 이것은 코페르니쿠스가 천체의 중심을 지구에서 태양으로 이동시킨 것에 비할 만한 커다란 변화이며 혁명이다. 이렇게 되면 아동이 태양이 되고, 교육상의 여러 장치들이 그 주위를 회전하게 된다. 말하자면 아동이 중심이 되고 교육상의 장치들은 그 주위에 배치되는 것이다"라고 말한다.

65 존 홀트 저, 공양희·해성 역, 『아이들은 어떻게 배우는가』, 아침이슬, 2007년, p.400.
존 홀트는 수동적으로 제시된 과제만을 해결하는 수업에서는 학습 주체성을 가질 수 없다고 말한다. 그래서 배움을 계속 이어갈 수도 없고 배움의 힘은 떨어질 수밖에 없다. 정해진 길을 따라가는 것이 아니라, 다양성이 존재하는 과정에서 학습자가 스스로 방향을 정할 수 있게 하는 것이 필요하다. 왜냐하면 학습자가 자발적 의지에 따라 선택하고 학습을 이어갈 때 배움이 일어나고 깊어질 수 있기 때문이다.

□ **흥미: 흥미로서의 학습**

흥미(Interest)[66]의 어원을 살펴보면 '사이에(inter-) 있는 것(-esse)'으로, 몰입하는 것, 완전히 빠져 있는 것을 의미한다. 즉, 흥미는 사이에 있으면서 학생과 학습 자료 및 결과 사이의 거리를 없앤다는 것을 의미한다.

배움은 학생의 자발성이 전제되어야 하며, 이러한 자발성은 흥미가 있을 때 일어나는 것이다.[67] 듀이는 전통적 교육이 아동의 흥미를 경시하고 외부로부터 지식을 주입시키려고 하였던 점을 비판하면서 흥미의 교육적 가치를 매우 중요시하였다. 그는 교과를 실제 생활과 연결시킴으로써 흥미를 개발하려 하였으며, 흥미 개발에 있어서 아동의 경험을 핵심적인 위치에 있는 것으로 보고 있다는 점에서 큰 공헌을 하였다. 배움중심수업에서는 흥미'로부터'의 학습이 아니라 흥미'로서'의 학습을 강조한다. 즉, 주어지는 흥미가 아니라, 학생들 내부에서 자발적으로 발생한 흥미로서 스스로가 배우고자 하는 동기가 있을 때 가능한 것이다.

존 홀트도 "아이들은 권력을 잡고 있는 어른들을 기쁘게 하거나 달래기 위해 배우는 것이 아니라, 흥미와 호기심으로 배운다"며 흥미의 중요성을 강조하고 있다. 즉, 진정한 배움은 흥미와 호기심이 있을 때 일어난다는 것이다.

---

66 존 듀이 저, 조용기 역, 『흥미와 노력 그 교육적 의의』, 교우사. 2015년, p.27.

67 존 듀이 저, 조용기 역, 『흥미와 노력 그 교육적 의의』, 교우사. 2015년, p.27.

□ **사고: 문제 해결을 위한 반성적 사고**

듀이는 사고를[68] '우리가 하는 일과 그것에서 나오는 결과 사이의 관련을 구체적으로 파악함으로써 양자가 연속적인 것이 되도록 하는 의도적 노력'으로 정의하고 있다. 듀이는 교육에서의 지식은 그 자체보다 지식의 획득 과정과 활용이 더 중요하다고 보았는데, 삶 속에서 일어나는 구체적인 문제를 해결하는 과정에서 하게 되는 사고의 수단적 요소로서 지식의 역할을 강조하고 있다. 듀이의 주된 관심은 지식이 아니라 문제 상황이 가져온 갈등을 해결할 수 있는 사고의 역할이었던 것이다.

지식은 변하지 않는 고정된 것이 아니라 끊임없이 창조되고 형성되는 것이기에 단순 암기 학습보다는 학생들이 문제 상황을 해결하는 사고 과정 속에서 주체적으로 지식을 획득하고 활용하는 과정을 배울 수 있도록 해야 한다.

아이들의 삶은 연속적인 문제 해결의 과정이다. 일상생활에서 부딪치는 문제를 스스로 해결해 나가는 능력을 기르는 것은, 문제 해결을 위해 일어나는 적극적 사고인 반성적 사고를 개발함으로써 가능하다. 반성적 사고란 주어진 문제를 인식하고, 해결을 위한 잠정적인 가설을 형성하며, 가설 검증을 위해 현재 사태를 조사하여 자료를 수집하고 논의하며, 가설을 정확하고 일관성 있게 다듬어 가는 가설 수정 단계가 순환적으로 반복되는 사고 과정을 의미한다.

---

68 존 듀이 저, 이홍우 역, 『민주주의와 교육』, 교육과학사, 2007년, p.234.

□ **협력: 교사와 학생, 학생과 학생 간의 상호작용**

협력의 사전적 의미는 힘을 합하여 서로 돕는 것이다. 아동은 더 많은 지식을 가진 사람과 상호작용하는 경험을 통해 일종의 교육적 혜택을 얻을 수 있다. 하지만 모든 형태의 상호작용이 동일하게 효과적인 것은 아니며 학습자는 근접발달영역 안에서 상호작용할 때 가장 큰 혜택을 얻을 수 있다. 비고츠키가 말하는 '근접발달영역'[69]은 한 개인이 혼자 해결할 수 없지만 다른 사람의 도움을 받아 해결할 수 있는 과제의 범위를 말한다. 비고츠키는 이것을 '타인의 도움 없이 문제를 해결할 수 있는 현재 발달 단계와, 성인의 안내나 보다 우수한 동료와의 협동을 통해 문제를 해결할 수 있는 잠재적 발달 단계 사이의 거리'라고 설명한다.

비고츠키는 '문화역사적 인간 발달 이론'의 창시자로 인간 발달을 사회적 관계 속에서의 협력으로 보았으며 학습자들은 그들이 숙달해야 하는 각 과제에 대하여 근접발달영역을 가지고 있으며 그 영역 속에서 협력을 통해 효과적인 발달이 이루어진다고 보고 있다.

교실 속에서 학습자와 학습자, 학습자와 교사 간의 협력을 통해 근접발달영역이 만들어진다면 모두에게 효과적인 발달이 이루어질 수 있을 것이다.

69 Paul Eggen 저, 신종호·김동민·김정섭 역, 『교육심리학』, 2016년, pp.85~89.

□ **통합: 지식과 실천, 앎과 삶, 과정과 결과, 이론과 실제, 사고와 행동**

듀이에게 경험이란 '인간이 외부 세계와의 관계를 통해서 의식으로 내재화하는 과정과 결과의 총체'이다. 따라서 그는 인간의 삶을 경험의 끊임없는 재구성으로 파악한다. 교육은 경험의 계속적인 재구성으로 이는 곧 학생들의 경험에 기초하여 교육이 이루어져야 함을 의미한다. 듀이에 의하면 경험이란 능동적 요소와 수동적 요소가 결합됨으로써 성립되는 것으로 불에 손가락을 집어넣는 행위, 즉 능동적 요소와 그 결과로 일어나는 화상이라는 고통, 즉 수동적 요소가 결합되고 그들의 관련성이 의식으로 내재화되는 경우에만 가능한 것이다.[70] 경험의 중요성을 강조하는 듀이에게 교육과정에서의 통합은 너무나 당연한 것이다.

또한, 학생들은 수업에서 배우는 내용과 방법이 살아가는 삶 그 자체이거나 자기 삶과 연결되어 삶을 살아가는 데 필요함을 느낄 때 훨씬 능동적으로 참여하게 된다. 즉, 학교에서 가르치거나 배우는 내용과 방법은 학생의 삶과 연계된 교육과정이어야 하며, 지식과 실천이 유의미하게 연결되어야 하고 과정과 결과가 이분화되지 않고 통합되어 운영되어야 한다. 앎과 삶, 과정과 결과, 정서와 지식, 사고와 행동, 이론과 실제 등이 분리되지 않고 통합되어 운영될 때 학생들에게서 진정한 배움이 일어날 수 있다.

70 존 듀이 저, 이홍우 역, 『민주주의와 교육』, 교육과학사, 2007년, pp.227~228.

□ **성장: 전인적 성장**[71]

성장은 '경험'(배움) 과정을 통해서 경험(배움) 주체에게 발생하는 모종의 변화(양적, 질적인 변화)라고 듀이는 말한다.

성장은 삶의 모든 경험을 통해서 이루어진다. 인지적인 면, 정의적인 면, 기능적인 면 등이 단절되지 않고, 삶 속에서 이루어지는 다양한 교육적 경험을 통해 유기적으로 통합될 수 있어야 삶의 성장이 이루어질 수 있다. 삶과 단절된 교육에 반기를 든 듀이에게 있어서 교육은[72] 곧 성장이며, 한 아동이 현재의 삶에서 미래의 삶으로 성장할 때에만 교육이 이루어지는 것이라고 하였다. 또한 이러한 성장은 아동의 삶과 연결된 경험의 재구성으로부터 비롯됨을 제시했다.

듀이가 강조한 삶의 과정에서의 학습은 학습자의 성장을 위한 단초였다. 성장을 위해서는 배움이 삶과 연결되고 삶이 배움의 장면이 될 수 있도록 교육과정과 수업, 평가가 유기적으로 연계되어야 한다. 그렇지 않다면 각자의 경험은 경험으로만 머물게 될 것이며 배움을 통한 성장으로 나아가지 못할 것이다.

2015 개정 교육과정 총론에서도 '전인적 성장[73]을 바탕으로 자아정체성을 확립하고 자신의 진로와 삶을 개척하는 자주적인 사람'을 추구하는 인간상으로 제시하고 있다. 여기서 전인적 성장이란 몸과 마음이 고루 발달하여 학생들이 건강하고 바른 인격을 갖춘 사람이 되는 것을 의미한다.

---

71 김용근, 『아이들이 살아있는 교육과정』, 물병자리, 2016년, p.58.
전인적 성장이란 무엇인가? 사람이 지니고 있는 모든 것의 발달이다. 태어나고, 자라고 그리고 삶을 마치는 인생의 전체 과정, 이 모든 발달이 유기적이고 통합적으로 잘 이루어지는 것을 전인적 발달(성장)이라고 할 수 있다. 즉, 신체 발달, 사회성 발달, 인지 발달 따위의 사람이 필요로 하는 모든 발달을 전인적 발달이라고 할 수 있다.

72 존 듀이 저, 이홍우 역, 『민주주의와 교육』, 교육과학사, 2007년, pp.106~107.
성장에는 더 성장하는 것 이외에 다른 목적이 없으며, 교육에도 더 교육받는 것 이외의 다른 고려사항이 없다. 교육이 졸업과 동시에 끝나서는 안 된다고 하는 말은 누구나 하고 있다. 이 말의 의미는 학교 교육의 목적은 성장하는 힘을 조직적으로 길러 줌으로써 교육을 계속해 나갈 수 있도록 하는 데에 있다는 것이다. 삶 그 자체에서 학습하려는 성향, 모든 사람으로 하여금 삶의 과정에서 학습할 수 있도록 삶의 조건을 만들어 나가는 성향은 학교 교육이 가져올 수 있는 최상의 결과이다.

73 교육부, 교육부고시 제2015-74호. 2015 개정 교육과정 총론 해설, p.37.

교사 수준 교육과정 구성에서 교사가 자신만의 교육 철학을 가지는 일은 중요하다. 교육과정 속에 반영된 교사의 철학과 추구하는 가치는 수업을 통해 구체적으로 구현된다. 이와 같이 우리가 하는 수업이 배움 중심의 철학과 가치를 기반으로 한다면, 똑같은 모델과 형식의 수업일지라도 우리가 하는 모든 수업은 배움중심수업으로 거듭날 수 있을 것이다.

:: 평가를 통한 지속적 성장, 과정 중심 평가

ㅁ 배움과 유리된 평가

교사 수준 교육과정의 실천 과정에서 교사는 단위 학급 학생의 특성과 수준에 맞는 배움을 제공하기 위하여 교육과정을 계획하고 창의적이고 다양한 방식의 수업을 운영한다. 그리고 학습한 내용을 평가하고, 그 평가의 결과를 바탕으로 차시 학습이 이루어질 것이다. 이러한 당연한 순환의 과정을 기존의 수업 현장에서 보기 힘들었던 건 배움과 유리된 평가 때문은 아닐까? 기존에 이루어지던 평가는 주로 다음과 같은 목적으로 이루어졌다.

① 학기 말, 학년 말 성적의 결과와 순위를 알기 위한 평가
② 학교나 지역 단위에서 주어진 문제를 일괄적으로 치르던 평가
③ 특정한 인원의 선발을 위한 평가

배운 것을 확인하고 더 나은 배움으로 나아가기 위한 평가가 아닌, 결과, 점수, 순위, 선발을 위한 평가가 이루어지고 있다. 평가가 목적이 되고 오히려 배움은 수단이 되어 버린 것이다.

'평가를 위한 배움'이 이루어졌던 이유는 시대의 변화와 큰 관계가 있다. 18세기 근대화가 이루어지며 사회는 표준화된 능력을 가진 노동자를 필요로 하기 시작하였고 사람들은 잘 조직된 시스템 속에서 자신의 역할을 해 나가는 것이 중요한 시대가 되었다. 그로 인해 사회가 원하는 인재를 선발하기 위한 평가가 강조되었으며 그 여파가 학교로 미치기 시작하였다. 그러한 인재를 효율적으로 기르기 위하여 근대 공교육이 시작된 것이다.

20세기의 폭발적인 인구 증가는 제한된 일자리를 마주한 수많은 취업 희망자를 만들었고, 그 영향은 입사 시험, 입시 시험, 진학 시험 등, 수많은 선발 평가를 만들어 냈다. 학교 내에서도 평가는 학생의 성장 과정을 돕기 위한 평가가 아닌, 같은 과정을 마친 학생들을 줄 세워 구별하기 위한 평가로 자리 잡기 시작하였다. 이때부터 평가는 배움을 확인하고, 돕는 역할이 아닌 결과만이 중요한, 경쟁을 조장하는 형태로 바뀌었다. 즉, 시대의 변화가 평가의 변화를 초래한 것이다. 그렇다면 4차 산업혁명 시대에는 또 다른 평가 패러다임이 등장해야 하는 것은 아닐까? 산업화의 인재를 생산하는 경쟁 중심의 평가를 극복해야 할 것이다.

□ 평가의 시작

인류 문명이 시작된 초기의 학습은 식용 식물 찾기, 불 피우기, 무기 만들기 등의 생존과 관련된 지식과 기술의 습득이 가장 기본이 되었을 것이다. 당연히 학습과 분리된 결과 중심의 평가보다는 경험하고 학습한 지식을 실제 삶에 적용하는 과정에 평가가 이루어졌을 것이다. 평가는 삶을 보다 안전하고 지속적으로 영위할 수 있게 만들어 준 배움의 한 과정이었던 것이다.

사회의 진보에 따라 다양한 지식의 학습이 필요해졌을 것이다. 상상해 보라. 고대 희랍 시대에 사회에서 인정받고 살아남기 위해서 사람들은 문학, 시학을 비롯한 웅변술, 용병술, 전쟁의 기술에 대한 학습이 필수적이이지 않았겠는가? 삶의 현장 속에서 '배우고→확인하고→피드백하는' 자연스러운 학습의 과정을 통해서 평가는 이루어졌을 것이다. 즉, 우리의 삶은 학습과 평가 그리고 그에 대한 피드백으로 이루어지는 끊임없는 순환의 고리 속에서 영위되어 온 것이다. 결과를 측정하기 위함이 아닌 삶의 한 과정으로서 더 나은 삶을 위한 자연스런 행위가 평가의 시작이었다.

ㅁ 평가, 그 변화의 필요성

소품종 대량생산의 시대에서 다품종 주문생산으로 바뀌고, 컴퓨터와 인공지능이 사무실과 서버를 벗어나 실제 산업, 생활 현장에서 활용되는 시대로 변화하고 있다. 개인의 개성을 마음껏 발휘할 수 있는 1인 미디어가 시작되고, 3D프린터를 이용하여 다양한 기호에 맞는 생산품을 만들어 내는 것이 현실이 되어 버렸다.

누군가와 경쟁하여 우열을 비교하고 줄 서기를 하던 시대에서 개인의 개성과 창의성이 더 중요한 시대로 변화하게 된 것이다. 학교 교육의 모습도 변하고 있다. 지적인 기능의 우열을 점하기 위한 지식 습득 교육에서, 자신의 삶을 주도적으로 이끌 수 있도록 지식을 활용하는 교육으로 흐름이 바뀌어 가고 있다. 학생 개개인의 특성을 키울 수 있는 교육을 실천해야 하는 시대가 된 것이다. 평가도 표준화 시험에서 개별 맞춤형 평가로의 변화가 이루어지고 있다.

교사 수준의 교육과정을 운영하면 단위 학급에 따라 배우는 내용과 방법이 조금씩 차이가 날 수 있다. 평가는 학생이 배운 내용과 방법을 기반으로 이루어지는 것이 당연하지 않겠는가? 단위 학급 수업의 전 과정에서 학생의 변화와 향상에 대한 자료를 수집하고, 수집된 자료를 다시 피드백하여 학습이 촉진될 수 있도록 평가가 이루어져야 할 것이다. 이를 위해 평가는 수업의 전 과정 속에서 배움과 함께 이루어져야 한다. 이러한 교사 수준 평가의 실천을 위해 '과정 중심 평가'가 필요한 것이다.

ㅁ 과정 중심 평가란 무엇인가?

과정 중심 평가는 방법적인 측면의 변화보다는 평가를 바라보는 패러다임의 변화를 강조하는 학생 성장 중심의 평가를 말한다. 수업과 단절된 결과 중심의 평가가 아니라, 수업의 과정에 이루어지는 평가로의 발상의 전환이 중요하다. 지금까지 우리가 알고 있는 평가 방법을 그대로 사용하되, '과정 중심'이라는 필터를 장착하여 새롭게 재개념화하는 것이 필요하다.

먼저, 과정 중심 평가의 이해를 위해 알아야 하는 것은 규준 지향 평가와 준거 지향 평가이다. 규준 지향 평가란 경쟁에서 승리한 우수한 1명을 찾아내기 위한 평가의 방식이고 준거 지향 평가란 일정한 성취 수준을 평가하는 것이다. 이 준거 지향 평가는 과정 중심 평가의 개념을 구성하는 중요한 요소 중의 하나로서 과정 중심 평가의 목적이 경쟁에서 이기는 것이 아니라 각 개인이 이루는 성취를 촉진하는 것임을 보여준다.

평가의 기능 측면에서 볼 때, 진단평가와 총괄평가는 기존의 결과 중심 평가이고, 형성평가는 과정 중심 평가라고 쉽게 분류를 한다. 하지만, 이러한 평가가 실시되는 목적에 따라 결과 중심 평가가 될 수도 있고, 과정 중심 평가가 될 수도 있다. 즉, 진단평가의 점수로 순위를 가르고, 부진아를 확인하는 것에 그친다면, 이 평가는 결과 중심 평가가 되는 것이다. 하지만 진단평가를 통하여 학생들의 학습 상황을 평가하고 이 평가 내용을 바탕으로 학생들의 앎을 키우는 근거 자료로 활용한다면 이것은 과정 중심 평가가 되는 것이다. 형성평가는 더할 나위 없이 과정 중심 평가에 적합한 내용이고, 총괄평가 또한 마찬가지이다. 학생들의 지식을 전체적으로 평가하여 이것을 다음 차시, 학기, 학년에 반영하는 자료가 된다면, 이 총괄평가는 훌륭한 과정 중심 평가가 될 수 있다.

ㅁ 왜 과정 중심 평가인가?

그동안 우리는 결과 중심의 패러다임에 매몰되어 있었다. 우리가 살아온 삶, 그 자체가 결과 중심 평가의 순환이었다. 시험에서 몇 점을 받고 몇 등을 했는지가 중요했기에 우리는 어릴 적부터 엄마 친구 아들과 비교되었다. 스스로 공부를 하여 시험을 준비하는 과정의 노력보다는 성적표에 적혀 오는 숫자가 더 중요한 것이었다. 이런 평가로는 더 이상 희망이 없다는 인식이 확산되면서 과정 중심 평가가 대두되었다.

함께 배움을 키워 나갈 수 있는 교실을 만들기 위한 첫 번째 시도가 과정 중심 평가인 것이다. 교육에 있어 평가가 전부는 아니지만, 그 성취 정도를 확인하고 피드백하는 측면에서 평가는 매우 중요한 요소이다. 평가의 변화를 통하여 교육의 패러다임을 변화시키고, 이를 통해 미래 사회에 나아갈 아이들이 옆에 있는 친구를 바라보며 함께하는 동료로서 보게 할 수 있는 시작점인 것이다. 평가를 통해 학생들의 인식을 바꿀 수 있는 것이다. 나의 어려움을 해소하고 나를 더 성장시킬 수 있는 것으로 평가를 인식하기 시작한다면 기존의 학교 교육에 대한 부정적 감정도 크게 감소될 것이다.

□ 평가의 미래

교사는 자신이 가르치는 학생들의 지속적인 성장을 위해 교사 수준의 교육과정을 계획하고, 수업과 평가를 실시한다. 하지만, 평가는 수업과 분리된 활동이 아니라 수업 속에서 각자의 배움에 대한 이해를 돕고, 친구들과 의견을 나누고, 자신의 주장을 펼치고, 문제를 해결하는 모든 순간 속에서 함께 호흡하고 있다.

앎과 삶의 관계처럼 배움과 평가는 끊임없는 순환구조이다. 하나의 배움을 얻기 위하여 다양한 방식으로 학습하며, 평가는 학습의 과정에서 결과를 바탕으로 부족한 부분을 채우거나 더 나은 발전의 과정으로 나아갈 수 있도록 돕는 역할을 한다. 평가는 비고츠키의 비계를 설정하기 위한 교사가 만든 배움의 디딤돌인 것이다.

평가를 통하여 학습을 할 수도 있고, 평가를 통하여 우리의 앎을 확인할 수도 있으며, 평가를 통하여 더 나은 삶을 향해 나아갈 수도 있다. 우리의 삶을 지배해 왔던, 부정적인 이미지 대신, 배움의 한 과정 속에서 이루어지는 더 나은 앎을 위한 과정으로 재인식할 때, '목적'으로서의 '평가'가 아닌, '수단'으로서의 '평가'가 자리 잡을 수 있을 것이다.

:: 실천적 패러다임, 교육과정-수업-평가 일체화

이미 4차 산업혁명 시대를 살아가고 있는 학생들이 더 새로워질 내일의 삶을 진정으로 즐기고 영위할 수 있도록 돕는 방법은 앎과 삶이 하나 되도록 교육과정을 구성하는 것이다. 아이들이 배움의 공간에서 자신의 삶을 살아가도록 하는 것, 그리고 그것을 돕는 것이 학교가 실질적인 배움의 공간으로 거듭나 교육의 본질을 회복하는 방법이다.

하지만 지금까지 우리나라 학교 교육에서 교육과정, 수업, 평가는 교육의 본질에서 많이 벗어나 있었다. 여러 가지 내적·외적 이유로 인해 분절적으로 다루어지고 운영되었던 것이다. 교육과정-수업-평가 일체화는 이러한 문제의식에서 출발하여 교육 이론과 실제의 일치, 교육 철학과 교육 행위의 일치, 계획과 실천의 일치를 목적으로 한다.

교육과정-수업-평가 일체화는 실제 교실에서 만나는 학생들의 삶을 담아 교육과정을 구성하고 이를 수업에 적용하며, 실제 운영된 수업 활동 속 성장을 평가하고 피드백하는 모든 과정이 원래 하나였음을 강조하며, 분리와 통제 중심의 교육에서 통합과 자율 중심의 교육으로 패러다임을 전환한다. 그리고 단순한 패러다임으로만 존재하지 않고, 실천적 패러다임으로서 그 역할을 확대한다.

교육과정, 수업, 평가가 분절된 수업	교육과정, 수업, 평가가 일체화된 수업
■ 명시적, 세부적 교육 목표 중시 ■ 자극-반응 중심의 행동주의적 수업 ■ 계량적으로 확인 평가 ■ 결과 중심의 평가 기록 ■ 교사의 가르침에 집중	■ 역량을 키우기 위한 기회 제공을 중시 ■ 학생 참여와 협력 위주의 수업 ■ 수행 중심의 평가 ■ 과정 중심의 성장 기록 ■ 학생의 배움에 집중

□ **교육과정, 수업, 평가 바라보기**

- 교사 수준 교육과정으로 구성한다

교육과정은 국가 수준 교육과정에서 선정한 내용으로 수업을 어떻게 효과적으로 수행할 것인지에 대한 계획이며, 학생들에게 어떻게 배움이 일어나도록 할 것인지에 대한 구체적인 청사진이다. 따라서 교육과정-수업-평가 일체화에서 '교육과정'은 국가 수준의 교육과정을 기준으로 우리 지역의 특수성과 우리 학교, 우리 학급, 우리 반 학생의 특성을 반영하여 학생의 삶과 연계될 수 있도록 교사가 구성한 교육과정, 즉 교사 수준 교육과정을 의미한다.

- 배움 중심의 철학과 가치를 반영하여 학생 중심으로 수업한다

수업은 학생이 중요한 내용과 기능을 배우는 과정, 핵심 내용과 기능에 대한 이해를 표현하는 방식, 복잡한 학습 환경 등을 교사가 조정하며 적절하게 운영해 가는 일련의 과정이다. 학생 중심의 수업 즉, 배움중심수업은 수업의 내용과 방법, 이를 확인하는 평가가 유기적인 관계를 갖고 일관성이 있을 때 가능하다. 교사가 실제 수업 활동 속에서 일어나는 학생들의 활동과 성장 과정을 다양한 방식으로 피드백하며 학생 개개인의 흥미와 성장을 고려한 모든 과정을 통하여 배움중심수업이 이루어진다.

- 학생의 전인적 성장을 돕는 과정 중심으로 평가한다

평가는 인지적, 정의적, 심동적 영역에서 학생이 가치 있는 교육의 목적에 도달하도록 돕는 과정이다. 교사 수준 교육과정과 배움중심수업의 일관된 흐름 속에서 끊임없이 지원하며, 수업 과정 중에 학생들의 전인적인 성장과 발달을 돕는 것이 목적이다. 따라서 수업 상황에서 학생을 수시로 평가하고 피드백하면서 성장을 돕고, 평가를 별도의 단계로 분리하여 생각하는 것이 아니라 수업과 평가를 하나의 활동으로 인식해야 한다.

에듀쿠스의 생각

교육과정-수업-평가 일체화는 교사가 교육에 대한 진지한 성찰과 사유를 통해 교육과정을 깊게 이해하고, 수업으로 구체화하며, 학생들이 배운 내용을 적절하게 평가하려는 일련의 의도가 담긴 것으로, 결국 학생들의 전인적인 성장을 돕는 것이 그 목적입니다. 성장을 돕기 위해서는 수업 상황에서 일어나는 활동 또는 결과에 대한 피드백이 꼭 이루어져야 합니다. 실제 학생이 수업에 참여하는 모습이나 학생의 성장 과정 등을 수업 중에 다양한 방식으로 기록하여 피드백하거나 평가 결과로 기록하여 피드백할 수도 있습니다. 이때 기록은 형식적 기록, 보여주기 위한 기록, 기록을 위한 기록이 아니라 적절한 피드백과 학생 성장 지원을 위한 하나의 도구로 기능합니다. 가장 필요한 것은 교육 활동 속에서 학생 개개인이 어떻게 성장하는지, 수업을 통하여 어떤 역량을 키우고 발휘할 수 있는지(있게 되었는지)에 대한 교사의 깊은 관심 아닐까요?

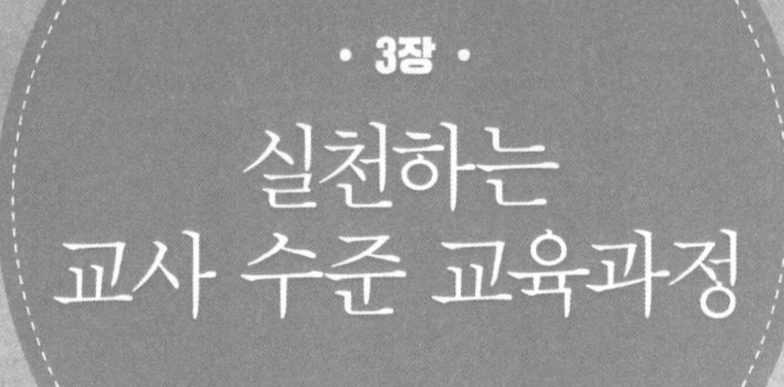

• 3장 •

실천하는 교사 수준 교육과정

Non Scholae, Sed Vitae Discimus.

(우리는 학교를 위해서가 아니라, 삶을 위해서 공부한다.)

수업은 학생들의 흥미를 불러일으키는 데 기여해야 한다. 수업은 일정 기간 동안만 진행되지만, 흥미는 학생의 일평생 동안 유지될 수 있는 것이기 때문이다.

- 헤르바르트, 『일반교육학』

01

교사 수준 교육과정 설계, 생각하며 따라 하기

Episode 2월, 봄방학에 뭐 하세요?

청년교사: 2월 말이 되면 교사들은 새 학년 교육과정 구성에 대한 생각을 하게 됩니다. 하지만 교육과정 구성이 쉽지 않아 고민을 많이 합니다.

에듀쿠스: 교육과정 구성이 쉬운 작업은 아니지. 하지만, 2월에 구성해야 하는 교육과정의 성격을 미리 명확하게 구분해 두면 훨씬 용이할 수 있지 않을까?

청년교사: 교육과정의 성격을 구분한다는 말씀은…….

에듀쿠스: 2월이라면 이미 국가·지역·학교 수준의 교육과정은 완성되지 않았는가? 그렇다면 교사 수준 교육과정에 집중하면 된다는 거네.

청년교사: 네, 그건 저도 알고 있습니다. 국가·지역·학교 수준의 교육과정을 바탕으로 교사 수준 교육과정을 만들어야 하는데, 이 작업이 결코 만만하지 않습니다. 저와 같은 고민을 가진 교사들에게 도움이 될 만한 방법이 있을까요?

에듀쿠스: 학교와 교사마다 차이가 있겠지만, 크게 **'교육 철학 나누기'**와 **'교육과정 구성하기'**로 구분해서 작업할 수 있다네.

청년교사: **'교육 철학 나누기'**에서는 무엇을 해야 할까요?

에듀쿠스: 먼저, 자신만의 교육 철학을 구체화해 보는 시간이 필요해. 물론 혼자 할 수도 있고 동학년 선생님과 함께 할 수도 있지. 선생님들 각자가 가진 교육 철학을 나누며 더 나은 교육의 방향에 대해 함께 고민해 보는 등의 활동이 이루어질 수 있지. 교사 수준 교육과정의 큰 그림이 그려지는 아주 중요한 단계라고 볼 수 있다네.

청년교사: '큰 그림'이라 하시면, 결국 교육 목표가 수립되는 것을 말씀하시는 건가요?

에듀쿠스: 그렇지. 그래서 이 단계를 마치고 나면, 학급 교육 목표와 이를 이루기 위한 중점교육 계획 등의 산출물이 발생하게 된다네.

청년교사: 목표가 수립되었다면, 다음 단계는 무엇입니까?

에듀쿠스: 다음은 목표 달성을 위한 내용 및 방법, 평가계획을 수립하는 단계로 **'교육과정 구성하기'** 단계라네.

청년교사: 이 단계에서는 목표 달성을 위한 내용, 방법, 평가를 구성하겠군요.

에듀쿠스: 그렇지. 성취기준과 교육과정 구성 관점을 바탕으로 하여, 연간 교수·학습계획, 연간 평가계획 등의 산출물을 만들어 내게 된다네.

청년교사: 선생님의 말씀을 듣고 보니, 교육과정 구성 주간은 교사 수준 교육과정의 '설계' 단계에 해당되는 기간으로 '계획으로서의 교사 수준 교육과정'을 만들어 내는 중요한 과정으로 볼 수 있겠네요.

에듀쿠스: 그래. **매년 2월에 학교마다 이루어지는 교육과정 구성 주간은 실제 교실 현장에서 실천하며 학생들과 함께 만들어 갈 교육과정의 설계도를 계획하는 중요한 시기**로 반드시 이루어져야 한다네.

최근 학기 시작 전(2월이나 8월) 교육과정 구성 주간을 운영하는 학교가 늘어나고 있다. 교사들도 자연스레 교사 수준 교육과정 구성에 대한 고민이 깊어진다. **생각하며 따라 하기**는 교육과정 구성 주간 동안 무엇을 해야 할지 대안을 제시하여 의미 있는 교사 수준 교육과정을 계획할 수 있도록 안내하고 있다.

생각하며 따라 하기는 새 학기 시작 전 3~5일간 혼자 또는 동학년 선생님들과 함께 교사 수준 교육과정을 구성하는 과정을 담았다. 각자의 철학을 바탕으로 목표를 설정하고 내용과 방법을 선정하며 평가계획을 수립하게 된다. 무엇보다 중요한 것은 자신의 교육과정에 아이들의 삶을 담아내는 노력이 필요하다는 점이다.

생각하며 따라 하기는 '교육철학 나누기'와 '교육과정 구성하기'의 절차에 따라 한 단계씩 구성해 볼 수 있도록 되어 있다. '교육 철학 나누기'에서 목표 설정을, '교육과정 구성하기'에서는 연간 시수운영계획, 연간 교수·학습계획과 평가계획을 대략적으로 완성할 수 있다. 이때 중요한 것은 형식적인 문서화 작업이 아니라, 전문적 학습공동체를 통해 각자의 철학을 나누고 반영한 교육 목표의 설정에서 수업을 어떻게 풀어내고 평가할지에 대한 교사 수준 교육과정의 일관성을 확보하는 일이다.
교사 수준 교육과정 설계, 생각하며 따라해 보자.

:: 교사 수준 교육과정 설계 단계 한눈에 보기

'교사 수준 교육과정 어떻게 구성할까?'

처음 한다면 어렵다고 생각될 수 있으므로 단계대로 천천히 따라 하며 나만의 교사 수준 교육과정을 완성해 보자. 교사 수준 교육과정 **'생각하며 따라 하기'** 과정은 혼자 해 보아도 좋고 동학년 선생님들과 함께 좀 더 다양한 방법으로 적용해 보아도 좋다.

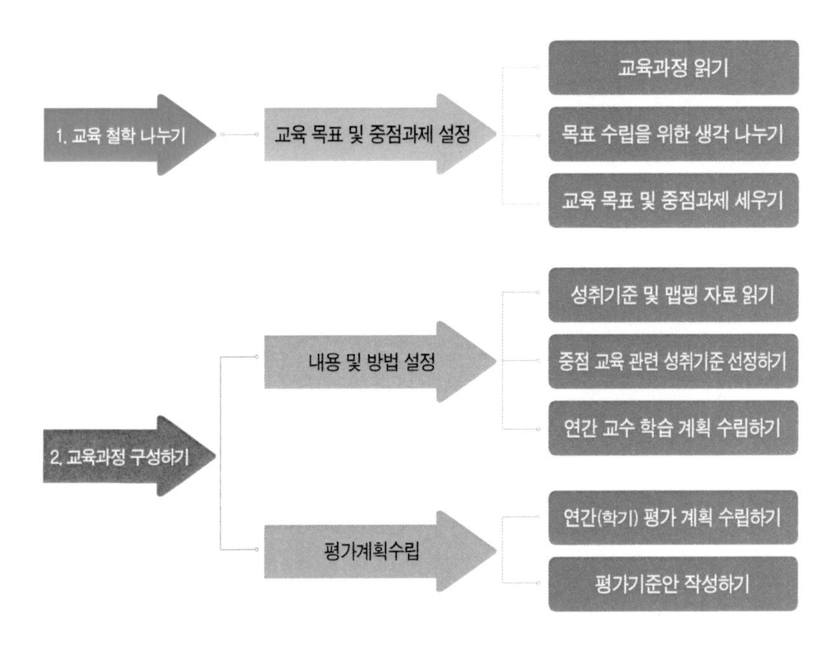

:: 교사 수준 교육과정 구성 절차 및 구성 요소 살펴보기

2월 말이나 3월의 학기 초 교육과정 구성에 대해 누구나 고민을 한다. 2월 중 3~5일 정도의 교육과정 구성 주간 동안 아래와 같은 순서대로 따라 해 보면 유의미한 교육 목표 설정에서부터 연간 교수·학습계획 수립 및 평가계획까지 일관성 있는 교사 수준 교육과정을 구성할 수 있다. 이 시기는 교육 목표와 중점교육, 교육 내용 및 방법과 평가계획을 완벽하게 구성한다기보다는, 일 년 동안 운영해야 할 학년 또는 학급 교육 활동을 위한 설계도의 개념으로 좀 더 체계적이고 의미 있는 계획을 세운다는 의의가 있다.

절차	교육철학 나누기	교육과정 구성하기	
구성 요소	목표	내용 및 방법	평가
	1일 차	2일 차	3일 차
사전 준비 자료	■ 교육과정 문서(국가·지역·학교 수준) ■ 학급(학년) 교육목표 및 중점교육계획 서식	■ 교과목별 성취기준 ■ 교육과정 맵핑자료 ■ 교과목별 연간 기본 진도표 (NEIS 출력물)	■ 연간 평가계획 ■ 평가기준안 서식
해야 할 일	■ 교육과정 읽기(국가·지역·학교 수준) ■ 교육철학 나누기 ■ 교육 목표 세우기	■ 성취기준 읽기 ■ 중점교육과 성취기준 선정하기 ■ 성취기준과 단원 연결하기 ■ 교육과정 구성 관점 적용하기 ■ 연간 교수·학습계획 수립	■ 연간 평가계획 수립하기 ■ 평가기준안 작성하기 ■ 교사 수준 교육과정 자기평가하기
산출물	■ 학급(학년) 교육목표 및 중점교육계획	■ 연간 교수·학습계획 (시수, 학습내용, 평가차시 등)	■ 연간 평가계획 및 평가기준안

교사 수준 교육과정의 계획을 위한 절차 및 구성 요소

STEP1 교육철학 나누기 1일 차

교사 수준 교육과정 만들기에서 교사가 자신만의 교육 철학을 가지는 일은 중요하다. 교육과정을 읽고, 고민하는 시간을 통해 자신의 교육 철학을 좀 더 구체화해 보는 기회가 되고, 각자가 가진 교육 철학을 나누며 더 나은 교육의 방향에 대해 함께 고민해 보는 계기가 된다. 이러한 과정을 통해 1년의 교육 활동을 운영하는 것은 철학에 대한 고민 없이 하루를 보내는 교사의 교육 활동과는 분명 질적으로 다를 것이다.

교육철학 나누기	교육과정 읽기 ▶	목표 수립을 위한 생각 나누기 ▶	교육 목표 및 중점과제 세우기

교사 수준 교육과정 구성의 첫 단계는 '교육과정 읽기'이다. 교육과정 문서와 자료를 구분하여 갖춘 후, 교육과정을 읽고 해석하는 과정이다. 학교 교육과정과 교사의 교육 철학이 담긴 교사 수준 교육과정[학급(년) 교육과정][74]을 편성·운영하기 위해서는 국가 수준 교육과정과 지역 수준 교육과정 편성·운영 지침을 이해하는 것도 중요하다.

사전 준비 자료	해야 할 일
▪ 교육과정 총론 및 각론, 해설서 ▪ 교육과정 편성·운영 지침 ▪ 학교 교육과정 ▪ 교과서 및 교사용 지도서	▪ 국가 수준 교육과정 살펴보기 ▪ 지역 수준 교육과정 살펴보기 ▪ 학교 수준 교육과정 살펴보기 ▪ 교사 자신의 교육 목표 및 중점과제 생각해보기

교사 수준 교육과정을 구성하기 전에 2015 개정 교육과정 총론과 지역 수준 교육과정 편성·운영 지침, 우리 학교 교육과정을 함께 읽어 보자. 우리 지역 교육청이나 학교의 강조점이 눈에 들어올 것이다.

74 교사 수준 교육과정은 의사소통이 원활할 경우에는 공동의 교육 철학으로 학년 단위 운영도 가능하지만, 원칙적으로 학급 단위 운영이 바람직하다.

교육철학 나누기	교육과정 읽기	▶ 목표 수립을 위한 생각 나누기	▶ 교육 목표 및 중점과제 세우기

교사 수준 교육과정의 목표 수립을 위해 이루어져야 할 공동사고의 단계이다. 이 단계는 교사가 학급 교육과정 계획에 필요한 밑그림을 그리기 전 다양한 생각을 나누는 데 목적이 있다. 학년과 학생의 특성에 대한 사전 지식을 공유하고, 중점적으로 지도가 필요한 내용에 대한 의견을 나눔으로써 교육 목표 수립에 서로 도움을 줄 수 있다.

사전 준비 자료	해야 할 일
■ 전년도 담임에게 받은 학년 참고자료 ■ 학교 교육과정 ■ 학년별 학생 발달 특성 자료	■ 지역 및 학교의 특색, 학년별 아동의 발달 특성 등을 고려하여 각자가 생각하는 중점 지도 사항에 대한 이야기 나누기

tips

목표 수립을 위한 생각 나누기

공동사고 과정에서 부장 교사의 역할은 매우 중요하다. 서먹한 학년 초 만남의 자리에서 어떤 목표를 가지고 학급을 운영할 것인지 서로의 철학을 나누는 분위기 조성이 필요하기 때문이다. 먼저 부장 교사가 자연스럽게 이야기를 이끌며 어떤 교육 활동을 했을 때 즐겁고 의미 있었는지, 아이들과 함께하면서 꼭 필요하다고 생각한 중점과제들이 있는지에 대해 각자의 경험을 이야기 나누어 보자.

교육철학 나누기	교육과정 읽기 ▶	목표 수립을 위한 생각 나누기 ▶	교육 목표 및 중점과제 세우기

교사 수준 교육과정이 나아가야 할 방향과 목표를 정하는 단계이다. 교사가 바라고 기대하는 우리 반 아이들의 모습을 그려보며 교육 목표를 세우고, 이에 도달하기 위해 중점적으로 지도하고 싶은 과제를 정하는 것이다. 이 단계를 통하여 교사는 문서상에 존재하는 교육 목표가 아니라 교사 자신이 진정으로 바라고 이루고 싶은 목표, 자발적으로 실천할 수 있는 교육 목표를 설정할 수 있다.

사전 준비 자료	해야 할 일
■ 목표 수립을 위해 함께 생각 나누며 정리한 자료 ■ 워크북 양식(자유롭게 작성 가능)	■ 교육 목표 수립을 위한 워크북 작성하기 ■ 작성한 워크북 결과물 공유하기 ■ 교육 목표 및 중점과제 수립하기

① 교육 목표 수립을 위한 워크북 작성하기

함께 이야기를 나누었다면 이제 각자 자기만의 교육 철학을 잘 표현할 수 있는 목표를 깊이 생각해 보는 시간을 가져 보자. 머릿속으로만 맴도는 생각들을 글로 표현해 보면 1년 동안의 우리 반 모습이 훨씬 더 구체적으로 눈앞에 그려질 것이다.

tips

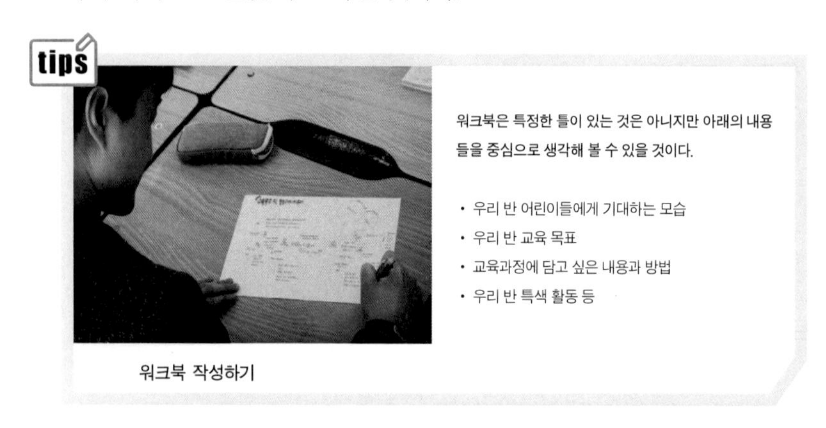

워크북은 특정한 틀이 있는 것은 아니지만 아래의 내용들을 중심으로 생각해 볼 수 있을 것이다.

- 우리 반 어린이들에게 기대하는 모습
- 우리 반 교육 목표
- 교육과정에 담고 싶은 내용과 방법
- 우리 반 특색 활동 등

워크북 작성하기

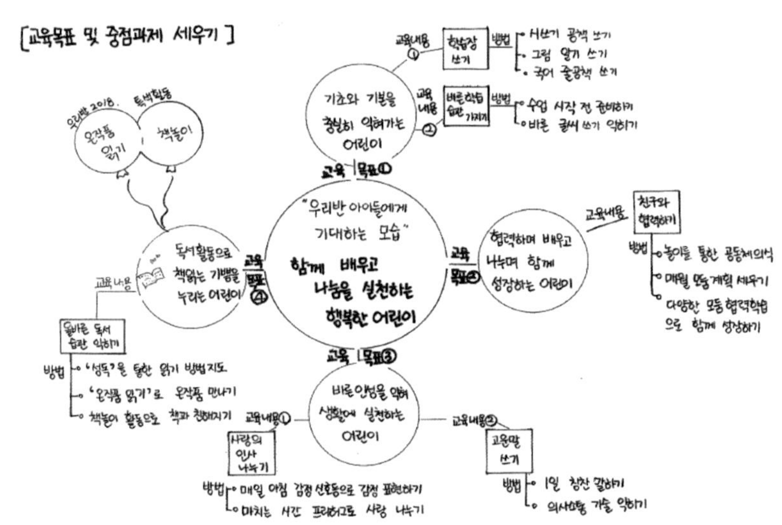

② 워크북 결과 공유하기

워크북을 작성하며 각자의 교육 목표를 생각해 보았다면, 다시 학년 단위로 모여 자유롭게 작성한 내용을 서로 이야기해 보자. 이 단계는 결과물을 발표하면서 자신의 교육 목표를 다른 사람과 공유하며 새로운 정보나 학생 지도에 따른 아이디어를 나눌 수 있다. 서로 교육 목표나 중점과제의 방향을 제시하며 생각이 같거나 공통되는 교육 활동이 있으면 학년의 중점 활동으로 정하여 구체적인 운영 방법도 협의해 볼 수 있는 의미 있는 시간이다.

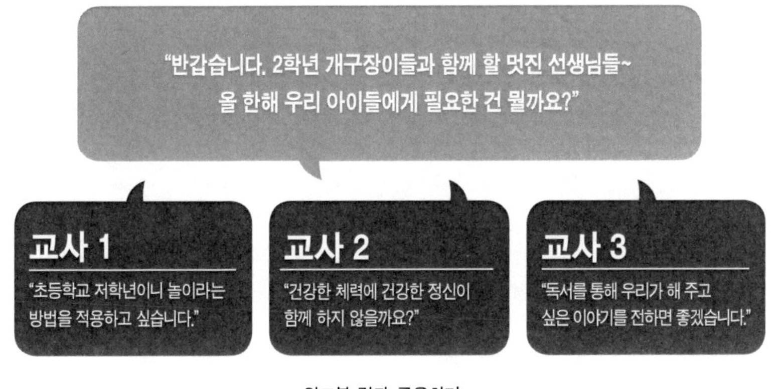

워크북 결과 공유하기

tips

동료 교사의 이야기를 들으며 교육 활동들을 공유하고 어려운 점을 의논해서 좀 더 알찬 교육 목표를 세울 수 있게 된다. 이 시간을 통하여 교육 목표를 바르게 세우고 교육 활동을 함께 연구하면서 자연스럽게 수업 나눔이 이루어질 것이며, 전문적 학습 공동체로 발전할 수 있다.

③ 교육 목표 및 중점과제 세우기

①과 ②에서 수정, 보완된 교육 목표와 중점과제에 교사의 철학을 담아 정리하는 과정이다. 물론 ③에서 세운 교육 목표와 중점과제는 필요하면 변경될 수도 있다. 향후 만나는 아이들에 따라서 교육 활동에 대한 수정이 필요할 수 있기 때문이다. 그러나 적어도 연간 교육 활동의 근간이 되는 나의 교육 철학이 흔들리지 않도록 목표를 잘 수립해서 확고히 다져 두어야 학급 운영이 중심을 잃지 않고 원활하게 운영될 수 있다.

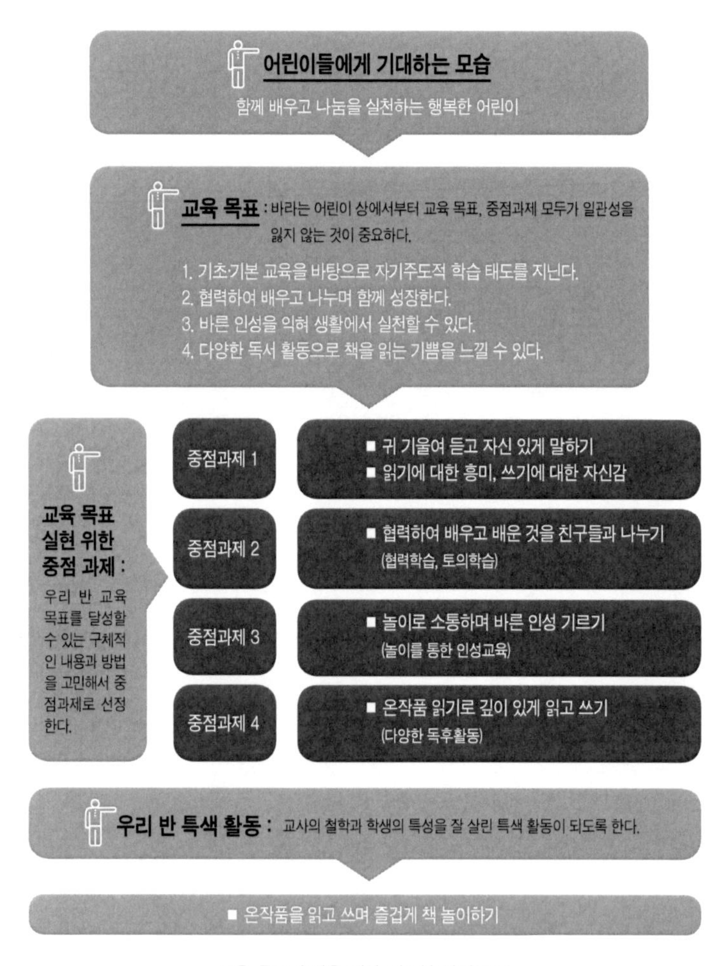

교육 목표 수립을 위한 워크북 작성(예시)

STEP 2 교육과정 구성하기 1

2일 차

교육과정 구성하기 1	성취기준 및 맵핑 자료[75] 읽기	▶	중점과제 관련 성취기준 선정하기	▶	연간 교수·학습계획 수립하기

교육 목표 및 중점과제 세우기를 통해 '우리 반 아이들을 어떤 모습으로 성장하게 할 것인가?'에 대한 큰 그림이 그려졌다면, 우리 학년 교육 내용의 이해를 위해 성취기준 및 맵핑 자료를 읽어보는 것이 중요하다. 교과별 성취기준을 읽고 맵핑 자료를 함께 보면서 성취기준과 단원의 학습 내용이 어떻게 구성되어 있는지 파악하는 단계이다.

사전 준비 자료	해야 할 일
■ 교육 목표 및 중점과제 작성 자료 ■ 교과별 성취기준 및 맵핑 자료	■ 중점과제 확인하기 ■ 중점과제와 관련된 성취기준 선정하기

교과의 성취기준과 학습 내용 구성의 흐름을 읽다 보면 교육 목표와 관련된 성취기준이나 학습 내용을 파악할 수 있다. 학생들에게 가르쳐야 할 수준과 범위를 읽어 내며 어느 정도의 재구성이 가능할지 대강의 지도를 머릿속에 그릴 수 있다.

tips

국가 수준 교육과정의 교과별 성취기준을 교과서에 풀어내는 방법이 교과별로 조금씩 차이가 있다. 국어과는 하나의 성취기준이 두 개 이상의 단원으로 구성된 경우가 있어 관련 단원의 재구성이 용이하다. 수학과의 경우는 성취기준을 보며 학습의 계열성을 파악할 수 있으며, 논리적 위계로 구성된 단원은 내재적 흥미가 유발되도록 재구성할 것인지 고민해야 한다. 통합교과(바, 슬, 즐)의 경우 주제 중심으로 구성이 되어 있기는 하나 지역적인 특성, 학생 수준 등을 고려하여 학습 순서 재구성, 학습 내용 대체 등의 재구성이 필요함을 알 수 있다.

75 맵핑 자료는 교과별 성취기준과 단원의 학습 내용을 한눈에 볼 수 있어 교육 내용을 재구성할 때 용이하다. '경상남도교육청 홈페이지-교직원-경남수업나눔터-교-수-평 일체화 자료실'에서 내려 받을 수 있다.

성취기준 읽기

2015 개정 교육과정 성취기준 - 국어(1~2학년)

<초록색: 지속 성취기준, 파란색: 중점 성취기준, ●2학년 1학기, ○2학년 2학기 해당 단원의 수>

<듣기 · 말하기>

[2국01-01] 상황에 어울리는 인사말을 주고받는다.
[2국01-02] 일이 일어난 순서를 고려하며 듣고 말한다. ●●○
[2국01-03] 자신의 감정을 표현하며 대화를 나눈다. ●○○
[2국01-04] 듣는 이를 바라보며 바른 자세로 자신 있게 말한다. ●●○
[2국01-05] 말하는 이와 말의 내용에 집중하며 듣는다.
[2국01-06] 바르고 고운 말을 사용하여 말하는 태도를 지닌다. ○○

<읽기>

[2국02-01] 글자, 낱말, 문장을 소리 내어 읽는다.
[2국02-02] 문장과 글을 알맞게 띄어 읽는다.
[2국02-03] 글을 읽고 주요 내용을 확인한다. ●●○
[2국02-04] 글을 읽고 인물의 처지와 마음을 짐작한다. ●○
[2국02-05] 읽기에 흥미를 가지고 즐겨 읽는 태도를 지닌다 ●●○

맵핑 자료 읽기

2015 교육과정 국어과 교육과정 맵핑 자료

2학년 1학기

단원	성취 기준	교과서 살펴보기			
		주요 학습 내용 또는 활동	국어	국어활동	차시
1. 시를 즐겨요	문학[2국05-02] 인물의 모습, 행동, 마음을 상상하며 그림책, 시나 노래, 이야기를 감상한다. 읽기[2국02-05] 읽기에 흥미를 가지고 즐겨 읽는 태도를 지닌다.	·단원 도입 ·여러 가지 방법으로 시 읽기 ·단원 학습 계획하기	6~11쪽		2
		·경험을 떠올리며 시 읽기 ·시를 읽고 떠오르는 장면 그리기	12~15쪽	6쪽	2
		·장면을 생각하며 시 읽기 ·시의 표현, 시의 장면, 자신의 경험을 떠올려 시 속 인물의 마음 상상하기	16~19쪽	7~8쪽	2
		·시 속 인물의 마음 상상하며 시 읽기 ·시 속 인물의 마음 상상하며 노래하기	20~22쪽	9~10쪽	2
		·시 낭송 준비하기 ·친구들 앞에서 시 낭송하기 ·단원 정리	23~25쪽		2
2. 자신 있게 말해요	듣기 · 말하기[2국01-04] 듣는 이를 바라보며 바른 자세로 자신 있게 말한다. 읽기[2국02-05] 읽기에 흥미를 가지고 즐겨 읽는 태도를 지닌다.	·단원 도입 ·다른 사람 앞에서 말한 경험 떠올리기 ·단원 학습 계획하기	26~31쪽		2
		·바른 자세로 자신 있게 말하는 방법 알아보기 ·바른 자세로 자신 있게 자기소개하기	32~35쪽	12~13쪽	2
		·여러 사람 앞에서 말해야 하는 상황 떠올리기 ·한 가지 상황을 정해 친구들에게 발표하기 ·자신의 발표 모습 확인하기	36~38쪽	14~16쪽	2
		·글을 읽고 자신의 생각 정리하기 ·친구들 앞에서 바른 자세로 자신 있게 발표하기	39~42쪽		2
		·좋아하는 책을 친구들에게 소개하기 ·단원 정리	43~45쪽		2
3. 마음을 나누어요	듣기 · 말하기[2국01-03] 자신의 감정을 표현하며 대화를 나눈다. 문학[2국05-02] 인물의 모습, 행동, 마음을 상상하며 그림책, 시나 노래, 이야기를 감상한다.	·단원 도입 ·마음을 나타내는 말 알기 ·단원 학습 계획하기	46~51쪽		2
		·마음을 나타내는 말을 사용해 마음 표현하기	52~57쪽	18~19쪽	2
		·글에서 인물의 마음을 나타내는 말을 찾고 인물의 마음 이해하기 ·인물과 비슷한 경험을 떠올려 보고 그때의 마음 말하기	58~63쪽	20~31쪽	2
		·인물의 마음을 이해하며 만화 영화 보기 ·만화 영화 속 인물을 초대해 이야기 나누기	64~67쪽	32~34쪽	2
		·마음을 나타내는 말을 사용해 역할놀이 하기 ·단원 정리	68~71쪽		2

성취기준 및 맵핑 자료 읽기

교육과정 구성하기 1	성취기준 및 맵핑 자료[76] 읽기	▶	중점과제 관련 성취기준 선정하기	▶	연간 교수·학습계획 수립하기

교사 수준 교육과정 구성에서 가장 중요한 단계이다. **국가 수준 교육과정에 제시된 학년군별 성취기준 중에서 교사 수준 교육과정이 의도하고 있는 목표 및 중점과제를 이루는 데 관련이 되는 성취기준을 선정하는 과정이다.** 이 성취기준을 중심으로 교과 영역별 중점 성취기준을 선정하고 영역별로 평가할 성취기준도 미리 생각해 볼 수 있다.

사전 준비 **자료**	해야 할 일
▪ 교육 목표 및 중점과제 작성 자료 ▪ 교과별 성취기준 및 맵핑 자료	▪ 중점과제 확인하기 ▪ 중점과제와 관련된 성취기준 선정하기

예를 들어 2학년 아이들을 대상으로 기초·기본교육에 충실하기, 협력하며 배우기, 바른 인성 실천하기, 다양한 독서활동으로 책 읽는 기쁨 누리기 등을 교육 목표로 아래와 같이 중점과제를 세웠다면, 그와 관련된 중점 성취기준을 선정하여 교수·학습 내용을 재구성하고 평가를 계획할 수 있다.

2학년 교사 수준 교육과정 구성

▣ 교육 목표

1. 기초·기본 교육을 바탕으로 자기주도적 학습 태도를 지닌다.
2. 협력하여 배우고 나누며 함께 성장한다.
3. 바른 인성을 익혀 생활에서 실천한다.
4. 다양한 독서 활동으로 책을 읽는 기쁨을 느낄 수 있다.

▣ 중점과제

1. 바르게 읽고, 쓰고, 셈하기
2. 협력하며 배우고 배운 것 친구들과 나누기
3. 놀이로 소통하며 바른 인성 기르기
4. 온작품으로 깊이 있게 읽고 쓰기

76 교사 자신의 목표를 중심으로 교육 내용, 평가의 일관성을 강화하는 단계이다(진정한 교사 수준 교육과정의 면모가 이 단계에서 갖추어진다).

중점과제 관련 성취기준 선정하기

2015 개정 교육과정 성취기준 - 국어(1~2학년)

<초록색: 지속 성취기준, 파란색: 중점 성취기준, ●2학년 1학기, ○2학년 2학기 해당 단원의 수>

기초와 기본교육이 중요. ⇒ 관련 성취기준을 중심으로 선정

<듣기 · 말하기>

[2국01-01] 상황에 어울리는 인사말을 주고받는다.
[2국01-02] 일이 일어난 순서를 고려하며 듣고 말한다. ●●○
[2국01-03] 자신의 감정을 표현하며 대화를 나눈다. ●○○
[2국01-04] 듣는 이를 바라보며 바른 자세로 자신 있게 말한다. ●●○
[2국01-05] 말하는 이와 말의 내용에 집중하며 듣는다.
[2국01-06] 바르고 고운 말을 사용하여 말하는 태도를 지닌다. ○○

<읽기>

[2국02-01] 글자, 낱말, 문장을 소리 내어 읽는다.
[2국02-02] 문장과 글을 알맞게 띄어 읽는다.
[2국02-03] 글을 읽고 주요 내용을 확인한다. ●●○
[2국02-04] 글을 읽고 인물의 처지와 마음을 짐작한다. ●○
[2국02-05] 읽기에 흥미를 가지고 즐겨 읽는 태도를 지닌다. ●●○

<쓰기>

[2국03-01] 글자를 바르게 쓴다.
[2국03-02] 자신의 생각을 문장으로 표현한다. ●○○
[2국03-03] 주변의 사람이나 사물에 대해 짧은 글을 쓴다. ●○○
[2국03-04] 인상 깊었던 일이나 겪은 일에 대한 생각이나 느낌을 쓴다. ●○
[2국03-05] 쓰기에 흥미를 가지고 즐겨 쓰는 태도를 지닌다. ●●○

<문법>

[2국04-01] 한글 자모의 이름과 소릿값을 알고 정확하게 발음하고 쓴다.
[2국04-02] 소리와 표기가 다를 수 있음을 알고 낱말을 바르게 읽고 쓴다. ●●○○
[2국04-03] 문장에 따라 알맞은 문장 부호를 사용한다.○
[2국04-04] 글자, 낱말, 문장을 관심 있게 살펴보고 흥미를 가진다. ●●○

<문학>

[2국05-01] 느낌과 분위기를 살려 그림책, 시나 노래, 짧은 이야기를 들려주거나 듣는다.
[2국05-02] 인물의 모습, 행동, 마음을 상상하며 그림책, 시나 노래, 이야기를 감상한다. ●●●○○
[2국05-03] 여러 가지 말놀이를 통해 말의 재미를 느낀다. ●○○
[2국05-04] 자신의 생각이나 겪은 일을 시나 노래, 이야기 등으로 표현한다. ●○
[2국05-05] 시나 노래, 이야기에 흥미를 가진다.○

▶ 기초·기본 교육과 독서 교육 관련 성취기준 중심으로 영역별 중점 성취기준을 선정하여 표시

▶ 모든 성취기준을 평가로 실시하기 어려워 영역별 평가할 성취기준 선정

교육과정 구성하기 1	성취기준 및 맵핑 자료 읽기	▶	중점과제 관련 성취기준 선정하기	▶	연간 교수·학습계획 수립하기

이 과정은 성취기준과 교육과정 구성 관점으로 해석과 번역 작업을 통해 연간 시수 확보, 교육 내용의 재구성, 평가 내용 선정 등 연간 교수·학습계획을 수립하는 단계이다. 맵핑 자료에서 재구성한 내용을 보면서 학습 시기와 순서의 흐름을 자연스럽게 재배치하고, 성취기준이 중복될 경우 학습 내용을 묶어서 연계하며, 목표에 따른 내용 선정 및 평가계획 수립으로 교육과정의 일관성을 유지하도록 계획할 수 있다.

사전 준비 **자료**	해야 할 일
■ 교과별 성취기준 및 맵핑 자료 ■ 연간 교수·학습 내용 (나이스 교과별 학습 내용 자료) ■ 교과서 및 교사용 지도서	■ 맵핑 자료에서 중점과제 관련 성취기준을 바탕으로 교육 내용 재구성 [단원 내(간) 및 주제 중심] 및 평가계획 수립하기 ■ 연간 교수·학습계획 수립하기 (시수 확보, 평가 내용 및 평가 차시 선정)

중점과제 관련 성취기준을 선정한 다음 맵핑 자료에서 교육 내용을 재구성할 때,
첫째, 학습의 흐름을 살펴 단원의 순서를 재배열할 수 있고
둘째, 관련 성취기준을 묶어서 중복되는 학습 내용을 수정·삭제하거나 성취기준에 도달하기 위해 새로운 내용을 추가·대체할 수 있으며
셋째, 교육 목표 및 중점과제와 관련하여 주요 평가 내용을 선정하여 교사 수준 교육과정의 일관성을 확보할 수 있다.

맵핑 자료에서 쉽게 재구성하기

학년별, 교과별 성취기준에 따른 학습 내용이 정리되어 있는 맵핑 자료를 활용하면 한눈에 학기 또는 연간 학습 내용을 볼 수 있어 단원 내(간) 재구성이나 주제 중심 재구성을 쉽게 할 수 있어 편리하다.

1) 맵핑 자료 활용 단원 내(간) 재구성 및 평가 내용 선정 방법(예)

2015 교육과정 국어과 교육과정 맵핑 자료

2학년 1학기

단원	성취 기준	교과서 살펴보기			
		주요 학습 내용 또는 활동	국어	국어활동	차시
1. 시를 즐겨요	문학[2국05-02] 인물의 모습, 행동, 마음을 상상하며 그림책, 시나 노래, 이야기를 감상한다. 읽기[2국02-05] 읽기에 흥미를 가지고 즐겨 읽는 태도를 지닌다.	·단원 도입 ·여러 가지 방법으로 시 읽기 ·단원 학습 계획하기	6~11쪽		2
		·경험을 떠올리며 시 읽기 ·시를 읽고 떠오르는 장면 그리기	12~15쪽	6쪽	2
		·장면을 생각하며 시 읽기 ·시의 표현, 시의 장면, 자신의 경험을 떠올려 시 속 인물의 마음 상상하기	16~19쪽	7~8쪽	2
		·시 속 인물의 마음 상상하여 시 읽기 ·시 속 인물의 마음 상상하여 노래하기	20~22쪽	9~10쪽	2
		·시 낭송 준비하기 ·친구들 앞에서 시 낭송하기 ·단원 정리	23~25쪽		2
2. 자신 있게 말해요	듣기·말하기[2국01-04] 듣는 이를 바라보며 바른 자세로 자신 있게 말한다. 읽기[2국02-05] 읽기에 흥미를 가지고 즐겨 읽는 태도를 지닌다.	·단원 도입 ·다른 사람 앞에서 말한 경험 떠올리기 ·단원 학습 계획하기	26~31쪽		2
		·바른 자세로 자신 있게 말하는 방법 알아보기 ·바른 자세로 자신 있게 자기소개하기	32~35쪽	12~13쪽	2
		·여러 사람 앞에서 말해야 하는 상황 떠올리기 ·한 가지 상황을 정해 친구들에게 발표하기 ·자신의 발표 모습 확인하기	36~38쪽	14~16쪽	2
		·글을 읽고 자신의 생각 정리하기 ·친구들 앞에서 바른 자세로 자신 있게 발표하기	39~42쪽		2
		·좋아하는 책을 친구들에게 소개하기 ·단원 정리	43~45쪽		2
3. 마음을 나누어요	듣기·말하기[2국01-03] 자신의 감정을 표현하며 대화를 나눈다. 문학[2국05-02] 인물의 모습, 행동, 마음을 상상하며 그림책, 시나 노래, 이야기를 감상한다.	·단원 도입 ·마음을 나타내는 말 알기 ·단원 학습 계획하기	46~51쪽		2
		·마음을 나타내는 말을 사용해 마음 표현하기	52~57쪽	18~19쪽	2
		·글에서 인물의 마음을 나타내는 말을 찾고 인물의 마음 이해하기 ·인물과 비슷한 경험을 떠올려 보고 그때의 마음 말하기	58~63쪽	20~31쪽	2
		·인물의 마음을 이해하며 만화 영화 보기 ·만화 영화 속 인물을 초대해 이야기 나누기	64~67쪽	32~34쪽	2
		·마음을 나타내는 말을 사용해 역할놀이 하기 ·단원 정리	68~71쪽		2
4. 말놀이를 해요	문학[2국05-03] 여러 가지 말놀이를 통해 말의 재미를 느낀다. 문법[2국04-04] 글자, 낱말, 문장을 관심 있게 살펴보고 흥미를 가진다.	·단원 도입 ·말의 재미 느끼기 ·단원 학습 계획하기	72~77쪽		2
		·꽁지 따기 말놀이 하기 ·같은 말로 이어 말하기 놀이 하기 ·주고받는 말놀이 하기	78~83쪽	36~38쪽	2
		·여러 가지 낱말 찾아 보고 나누기 ·낱말 말하기 놀이 하기	84~87쪽		2
		·말 덧붙이기 놀이 하기	88~91쪽	39~40쪽	2
		·여러 가지 낱말에 관심 가지기 ·단원 정리	92~96쪽		2
5. 낱말을 바르고 정확하게 써요	문법[2국04-02] 소리와 표기가 다를 수 있음을 알고 낱말을 바르게 읽고 쓴다. 쓰기[2국03-05] 쓰기에 흥미를 가지고 즐겨 쓰는 태도를 지닌다.	·단원 도입 ·소리가 비슷한 낱말을 보고 헷갈렸던 경험 나누기 ·단원 학습 계획하기	96~101쪽		2
		·소리가 비슷한 낱말의 뜻을 바르게 구분하기	102~105쪽	42~44쪽	2
		·소리가 비슷한 낱말에 주의하여 글 읽기 ·정확한 낱말을 넣어 문장 만들기	106~109쪽		2
		·편지글의 내용과 형식 알아보기 ·알맞은 낱말을 사용해 마음을 전하는 글 쓰기	110~113쪽	45~46쪽	2
		·친구와 마음을 전하는 편지 쓰기 ·단원 정리	114~117쪽		2
6. 차례대로 말해요	듣기·말하기[2국01-02] 일이 일어난 순서를 고려하며 듣고 말한다. 문학[2국05-04] 자신의 생각이나 겪은 일을 시나 노래, 이야기 등으로 표현한다.	·단원 도입 ·일이 일어난 차례 살피기 ·단원 학습 계획하기	118~123쪽		2
		·일이 일어난 차례를 나타내는 말 알기 ·이야기에서 일이 일어난 차례 파악하기	124~127쪽		2
		·일이 일어난 차례를 생각하며 이야기 듣기 ·일이 일어난 차례대로 이야기 말하기	128~131쪽	48~49쪽	2
		·겪은 일 떠올리기 ·겪은 일을 차례대로 정리하기 ·겪은 일을 일어난 차례대로 쓰기	132~134쪽	50~52쪽	2
		·이래 일기 쓰기 ·단원 정리	135~137쪽		2
7. 친구들에게 알려요	쓰기[2국03-03] 주변의 사람이나 사물에 대해 짧은 글을 쓴다. 읽기[2국02-03] 글을 읽고 주요 내용을 확인한다. 문법[2국04-02] 소리와 표기가 다를 수 있음을 알고 낱말을 바르게 읽고 쓴다.	·단원 도입 ·물건을 설명하는 상황 확인하기 ·물건을 잘 설명해야 하는 까닭 알기	146~151쪽		2
		·글을 읽고 설명하는 대상과 특징 찾기 ·글을 읽고 주요 내용을 확인하는 방법 알기	152~155쪽		2
		·설명하고 싶은 물건의 특징 파악하기 ·설명하고 싶은 물건을 설명하는 글 쓰기	156~159쪽	54~56쪽	2
		·받침이 뒷말 첫소리가 되는 낱말의 특징을 파악하고 바르게 읽기	160~163쪽	57~58쪽	2
		·발명하고 싶은 물건 구상하기 ·발명하고 싶은 물건 설명하기 ·단원 정리	164~167쪽		2
8. 마음을 짐작해요	읽기[2국02-04] 글을 읽고 인물의 처지와 마음을 짐작한다. 듣기·말하기[2국01-02] 일이 일어난 순서를 고려하며 듣고 말한다.	·단원 도입 ·글쓴이의 마음을 생각하며 글을 읽은 경험 이야기하기 ·단원 학습 계획하기	168~173쪽		2
		·글쓴이의 상황 파악하기 ·글쓴이의 말과 행동, 마음을 나타내는 말을 파악하기	174~177쪽	60~61쪽	2
		·글쓴이의 상황과 비슷한 경험을 떠올리며 글쓴이의 마음을 짐작하기	178~181쪽	62~63쪽	2
		·이야기를 듣고 일이 일어난 차례대로 정리하기 ·이야기를 일이 일어난 차례에 맞게 말하기	182~185쪽	64쪽	2
		·이야기를 만들어 발표하기 ·단원 정리	186~189쪽		2
9. 생각을 생생하게 나타내요	쓰기[2국03-02] 자신의 생각을 문장으로 표현한다. 읽기[2국02-03] 글을 읽고 주요 내용을 확인한다. 문법[2국04-04] 글자, 낱말, 문장을 관심 있게 살펴보고 흥미를 가진다.	·단원 도입 ·꾸며 주는 말을 쓰면 좋은 점 알기 ·단원 학습 계획하기	190~195쪽		2
		·꾸며 주는 말을 사용해 문장 쓰기 ·꾸며 주는 말을 사용해 글쓰기	196~199쪽	66~68쪽	2
		·「술술의 멋쟁이 곤충」 읽기 ·글의 주요 내용 정리하기 ·뜻이 잘 드러나게 띄어 읽기	200~205쪽		2
		·「선생님, 바보 의사 선생님」 읽기 ·꾸며 주는 말을 사용해 편지 쓰기	206~213쪽	69~70쪽	2
		·꾸며 주는 말을 넣어 문장 만들기 놀이 하기 ·단원 정리	214~215쪽		2
10. 다른 사람을 생각해요	듣기·말하기[2국01-03] 자신의 감정을 표현하며 대화를 나눈다. 쓰기[2국03-04] 인상 깊었던 일이나 겪은 일에 대한 생각이나 느낌을 쓴다.	·단원 도입 ·듣는 사람의 기분을 생각하며 말하면 좋은 점 알기 ·단원 학습 계획하기	216~221쪽		2
		·그림을 보고 듣는 사람의 기분 생각해 보기 ·듣는 사람의 기분을 생각하며 말하는 방법 알기	222~225쪽	72~73쪽	2
		·그림을 보고 듣는 사람의 마음을 생각해 대화하기 ·그림을 보고 짝과 함께 역할놀이 해 보기	226~229쪽	74~76쪽	2
		·일기를 읽고 다른 사람의 기분을 생각하기 ·다른 사람의 기분을 생각했던 일을 일기로 쓰기	230~235쪽		2
		·고운 말 쓰기 다짐하기 ·단원 정리	236~239쪽		2
11. 상상의 날개를 펴요	문학[2국05-02] 인물의 모습, 행동, 마음을 상상하며 그림책, 시나 노래, 이야기를 감상한다. 쓰기[2국03-05] 쓰기에 흥미를 가지고 즐겨 쓰는 태도를 지닌다.	·단원 도입 ·인물의 모습과 행동 상상하기 ·단원 학습 계획하기	240~245쪽		2
		·이야기를 읽고 인물의 마음을 짐작하기	246~253쪽	78~94쪽	2
		·인물의 마음을 짐작하며 이야기 읽기 ·인물의 마음에 어울리는 목소리로 이야기 읽기	254~265쪽		2
		·이야기에 대한 생각과 느낌을 글로 쓰기	266~268쪽		2
		·인물 카드 만들기	269~270쪽		2
		·역할놀이 하기 ·단원 정리	271~273쪽		2

① **[내용 순서 재배열]** 학기 초 문학 작품을 감상하기 적합하지 않아 학습 순서를 변경함.

② **[평가 내용 선정]** 중점과제 관련 성취기준에 따라 평가 내용을 선정함.

③ **[관련 성취기준 묶기]** 하나의 성취기준이 두 개의 단원으로 구성되어 중복되는 내용과 차시를 수정함.

④ **[평가**계획과 연계] 수업의 과정이 곧 평가가 될 수 있도록 평가계획과 연계함.

⑤ **[평가** 부담 줄이기] 하나의 문항으로 읽기, 쓰기의 성취기준을 동시에 평가함.

연간 교수·학습계획 수립을 위해 맵핑 자료에서 재구성한 내용을 바탕으로
① 시수 확보하기
② 성취기준별 재구성한 교육 내용을 연간 교수·학습계획에 정리하기
③ 교육 목표와 중점과제 관련 평가 내용을 선정하는 작업을 한다.
이때, 나이스의 교과별 학습 내용을 엑셀 파일로 내려 받아, 성취기준 셀 추가, 맵핑 자료를 참고하여 재구성한 내용과 평가계획을 진도표에 반영하는 것으로 보다 쉽게 연간 교수·학습계획을 수립할 수 있다.[77] 자세한 내용은 블로그(아래)를 참조하기 바란다.

연간 교수·학습계획 수립하기

※ 블로그에서 파일 다운로드 https://blog.naver.com/edu-cus

77 교육과정이 설계도로서의 기능을 하기 위해서는 연간 교수·학습계획이 아주 중요하다. 하지만 대부분의 교사들은 연간 교수·학습계획을 문서상의 형식적인 계획으로 수립할 뿐, 학급 교육과정 운영의 실질적인 자료로 활용하지 못하고 있다. 나이스(NEIS)에서 교과별 학습 내용을 엑셀파일로 내려 받은 후, 성취기준 셀을 추가하고 재구성된 교과별 학습 내용과 평가가 이루어질 차시를 반영하면 훌륭한 연간 교수·학습계획이 완성된다. 성취기준을 중심으로 수업과 평가계획이 일목요연하게 작성되기 때문에 요즘 강조되는 교육과정-수업-평가 일체화가 자연스럽게 연간 교수·학습계획에서 이루어지게 된다. 여기에 더하여 교사의 교육 목표와 자세한 평가계획을 엑셀 시트 추가 기능을 이용하여 보완하게 된다면, 하나의 엑셀 파일에 목표, 내용과 방법, 평가라는 교육과정 구성 요소가 갖추어진 교사 수준 교육과정이 완성된다. 이것이 바로 2015 개정 교육과정에서 강조하는 목표, 내용, 방법, 평가의 일관성을 교사 수준 교육과정에서 확보하는 방법이 될 수 있는 것이다.

1) 맵핑자료 활용 단원 내(간) 재구성 및 평가내용 선정하기(적용)

2015 교육과정 국어과 교육과정 맵핑 자료

2학년 1학기

단원	성취 기준	교과서 살펴보기			
		주요 학습 내용 또는 활동	국어	국어활동	차시
1. 시를 즐겨요 문화 향유 역량	문학[2국05-02] 인물의 모습, 행동, 마음을 상상하며 그림책, 시나 노래, 이야기를 감상한다. 읽기[2국02-05] 읽기에 흥미를 가지고 즐겨 읽는 태도를 지닌다.	·단원 도입 ·여러 가지 방법으로 시 읽기 ·단원 학습 계획하기	6~11쪽		2
		·경험을 떠올리며 시 읽기 ·시를 읽고 떠오르는 장면 그리기	12~15쪽	6쪽	2
		·장면을 생각하며 시 읽기 ·시의 표현, 시의 장면, 자신의 경험을 떠올려 시 속 인물의 마음 상상하기	16~19쪽	7~8쪽	2
		·시 속 인물의 마음 상상하며 시 읽기 ·시 속 인물의 마음 상상하며 노래하기	20~22쪽	9~10쪽	2
		·시 낭송 준비하기 ·친구들 앞에서 시 낭송하기 ·단원 정리	23~25쪽		2
2. 자신 있게 말해요 의사 소통 역량	듣기·말하기[2국01-04] 듣는 이를 바라보며 바른 자세로 자신 있게 말한다. 읽기[2국02-05] 읽기에 흥미를 가지고 즐겨 읽는 태도를 지닌다.	·단원 도입 ·다른 사람 앞에서 말한 경험 떠올리기 ·단원 학습 계획하기	26~31쪽		2
		·바른 자세로 자신 있게 말하는 방법 알아보기 ·바른 자세로 자신 있게 자기소개하기	32~35쪽	12~13쪽	2
		·여러 사람 앞에서 말해야 하는 상황 떠올리기 ·한 가지 상황을 정해 친구들에게 발표하기 ·자신의 발표 모습 확인하기	36~38쪽	14~16쪽	2
		·글을 읽고 자신의 생각 정리하기 ·친구들 앞에서 바른 자세로 자신 있게 발표하기	39~42쪽		2
		·좋아하는 책을 친구들에게 소개하기 ·단원 정리	43~45쪽		2
3. 마음을 나누어요 공동체·대인관계역량	듣기·말하기[2국01-03] 자신의 감정을 표현하며 대화를 나눈다. 문학[2국05-02] 인물의 모습, 행동, 마음을 상상하며 그림책, 시나 노래, 이야기를 감상한다.	·단원 도입 ·마음을 나타내는 말 알기 ·단원 학습 계획하기	46~51쪽		2
		·마음을 나타내는 말을 사용해 마음 표현하기	52~57쪽	18~19쪽	2
		·글에서 인물의 마음을 나타내는 말을 찾고 인물의 마음 이해하기 ·인물과 비슷한 경험을 떠올려 보고 그때의 마음 말하기	58~63쪽	20~31쪽	2
		·인물의 마음을 이해하며 만화 영화 보기 ·만화 영화 속 인물을 초대해 이야기 나누기	64~67쪽	32~34쪽	2
		·마음을 나타내는 말을 사용해 역할놀이 하기 ·단원 정리	68~71쪽		2
4. 말놀이를 해요 말꽃 프로젝트로 재구성 문화 향유 역량	[illegible]	·단원 도입 ·말의 재미 느끼기 ·단원 학습 계획하기	72~77쪽		2
		·꼬리 따기 말놀이 하기 ·같은 말로 이어 말하기 놀이 하기 ·주고받는 말놀이 하기	78~83쪽	36~38쪽	2
		·여러 가지 낱말 찾아 보고 나누기 ·낱말 말하기 놀이 하기	84~87쪽		2
		·말 덧붙이기 놀이 하기	88~91쪽	39~40쪽	2
		·여러 가지 낱말에 관심 가지기 ·단원 정리	92~95쪽		2
5. 낱말을 바르고 정확하게 써요 비판적·창의적 사고역량	문법[2국04-02] 소리와 표기가 다를 수 있음을 알고 낱말을 바르게 읽고 쓴다. 쓰기[2국03-05] 쓰기에 흥미를 가지고 즐겨 쓰는 태도를 지닌다.	·단원 도입 ·소리가 비슷한 낱말을 보고 헷갈렸던 경험 나누기 ·단원 학습 계획하기	96~101쪽		2
		·소리가 비슷한 낱말의 뜻을 바르게 구분하기	102~105쪽	42~44쪽	2
		·소리가 비슷한 낱말에 주의하여 글 읽기 ·정확한 낱말을 넣어 문장 만들기	106~109쪽		2
		·편지글의 내용과 형식 알아보기 ·알맞은 낱말을 사용해 마음을 전하는 글 쓰기	110~113쪽	45~46쪽	2
		·친구와 마음을 전하는 편지 쓰기 ·단원 정리	114~117쪽		2
6. 차례대로 말해요 글꽃 프로젝트로 재구성 문화 향유 역량	[illegible]	·단원 도입 ·일이 일어난 차례 살피기 ·단원 학습 계획하기	118~123쪽		2
		·일이 일어난 차례를 나타내는 말 알기 ·이야기에서 일이 일어난 차례 파악하기	124~127쪽		2
		·일이 일어난 차례를 생각하며 이야기 듣기 ·일이 일어난 차례대로 이야기 말하기	128~131쪽	48~49쪽	2
		[illegible]	132~134쪽	[illegible]~52쪽	2
		[illegible] ·단원 정리	135~137쪽		2
7. 친구들에게 알려요 비판적·창의적 사고역량	쓰기[2국03-03] 주변의 사람이나 사물에 대해 짧은 글을 쓴다. 읽기[2국02-03] 글을 읽고 주요 내용을 확인한다. 문법[2국04-02] 소리와 표기가 다를 수 있음을 알고 낱말을 바르게 읽고 쓴다.	·단원 도입 ·물건을 설명하는 상황 확인하기 ·물건을 잘 설명해야 하는 까닭 알기	146~151쪽		2
		·글을 읽고 설명하는 대상과 특징 찾기 ·글을 읽고 주요 내용을 확인하는 방법 알기	152~155쪽		2
		·설명하고 싶은 물건의 특징 파악하기 ·설명하고 싶은 물건을 설명하는 글 쓰기	156~159쪽	54~56쪽	2
		·받침이 뒷말 첫소리가 되는 낱말의 특징을 파악하고 바르게 읽기	160~163쪽	57~58쪽	2
		·발명하고 싶은 물건 구상하기 ·발명하고 싶은 물건 설명하기 ·단원 정리	164~167쪽		2
8. 마음을 짐작해요 자기성찰·계발 역량	읽기[2국02-04] 글을 읽고 인물의 처지와 마음을 짐작한다. 듣기·말하기[2국01-02] 일이 일어난 순서를 고려하며 듣고 말한다.	·단원 도입 ·글쓴이의 마음을 생각하며 글을 읽은 경험 이야기하기 ·단원 학습 계획하기	168~173쪽		2
		·글쓴이의 상황 파악하기 ·글쓴이의 말과 행동, 마음을 나타내는 말을 파악하기	174~177쪽	60~61쪽	2
		·글쓴이의 상황과 비슷한 경험을 떠올리며 글쓴이의 마음을 짐작하기	178~181쪽	62~63쪽	2
		·이야기를 듣고 일이 일어난 차례대로 정리하기 ·이야기를 일이 일어난 차례에 맞게 말하기	182~185쪽	64쪽	2
		·이야기를 만들어 발표하기 ·단원 정리	186~189쪽		2
9. 생각을 생생하게 나타내요 자료·정보 활용 역량	쓰기[2국03-02] 자신의 생각을 문장으로 표현한다. 읽기[2국02-03] 글을 읽고 주요 내용을 확인한다. 문법[2국04-04] 글자, 낱말, 문장을 관심 있게 살펴보고 흥미를 가진다.	·단원 도입 ·꾸며 주는 말을 쓰면 좋은 점 알기 ·단원 학습 계획하기	190~195쪽		2
		·꾸며 주는 말을 사용해 문장 쓰기 ·꾸며 주는 말을 사용해 글쓰기	196~199쪽	66~68쪽	2
		·「숲속의 멋쟁이 곤충」 읽기 ·글의 주요 내용 정리하기 ·뜻이 잘 드러나게 띄어 읽기	200~205쪽		2
		·「선생님, 바보 의사 선생님」 읽기 ·꾸며 주는 말을 사용해 편지 쓰기	206~213쪽	69~70쪽	2
		·꾸며 주는 말을 넣어 문장 만들기 놀이 하기 ·단원 정리	214~215쪽		2
10. 다른 사람을 생각해요 공동체·대인관계역량	듣기·말하기[2국01-03] 자신의 감정을 표현하며 대화를 나눈다. 쓰기[2국03-04] 인상 깊었던 일이나 겪은 일에 대한 생각이나 느낌을 쓴다.	·단원 도입 ·듣는 사람의 기분을 생각하며 말하면 좋은 점 알기 ·단원 학습 계획하기	216~221쪽		2
		·그림을 보고 듣는 사람의 기분 생각해 보기 ·듣는 사람의 기분을 생각하며 말하는 방법 알기	222~225쪽	72~73쪽	2
		·그림을 보고 듣는 사람의 마음을 생각해 대화하기 ·그림을 보고 짝과 함께 역할놀이 해 보기	226~229쪽	74~76쪽	2
		·일기를 읽고 다른 사람의 기분을 생각하기 ·다른 사람의 기분을 생각했던 일을 일기로 쓰기	230~235쪽		2
		·고운 말 쓰기 다짐하기 ·단원 정리	236~239쪽		2
11. 상상의 날개를 펴요 자기성찰·계발 역량	문학[2국05-02] 인물의 모습, 행동, 마음을 상상하며 그림책, 시나 노래, 이야기를 감상한다. 쓰기[2국03-05] 쓰기에 흥미를 가지고 즐겨 쓰는 태도를 지닌다.	·단원 도입 ·인물의 모습과 행동 상상하기 ·단원 학습 계획하기	240~245쪽		2
		·이야기를 읽고 인물의 마음을 짐작하기	246~253쪽	78~94쪽	2
		·인물의 마음을 짐작하며 이야기 읽기 ·인물의 마음에 어울리는 목소리로 이야기 읽기	254~265쪽		2
		·이야기에 대한 생각과 느낌을 글로 쓰기	266~268쪽		2
		·인물 카드 만들기	269~270쪽		2
		·역할놀이 하기 ·단원 정리	271~273쪽		2

▶ 교육 목표: 다양한 독서 활동으로 책을 읽는 기쁨을 느낄 수 있다.

▶ 중점과제: 온작품으로 깊이 있게 읽고 쓰기

▶ 관련 성취기준 선정: [2국05-02] 자신의 생각이나 겪은 일을 시나 노래, 이야기 등으로 표현한다.

2) 연간 교수·학습 계획하기(재구성 전)							
출력순	학년	학기	편제	단원	학습내용	쪽수	보조쪽수
57	2	1	국어	6. 차례대로 말해요	일이 일어난 차례 살피기 -1-	118~123	
58	2	1	국어	6. 차례대로 말해요	일이 일어난 차례 살피기 -2-	118~123	
59	2	1	국어	6. 차례대로 말해요	차례를 나타내는 말을 생각하며 이야기 듣기 -1-	124~127	
60	2	1	국어	6. 차례대로 말해요	차례를 나타내는 말을 생각하며 이야기 듣기 -2-	124~127	
61	2	1	국어	6. 차례대로 말해요	일이 일어난 차례를 생각하며 말하기 -1-	128~131	48~49
62	2	1	국어	6. 차례대로 말해요	일이 일어난 차례를 생각하며 말하기 -2-	128~131	48~49
63	2	1	국어	6. 차례대로 말해요	겪은 일을 차례대로 글 쓰기 -1-	132~134	50~52
64	2	1	국어	6. 차례대로 말해요	겪은 일을 차례대로 글 쓰기 -2-	132~134	50~52
65	2	1	국어	6. 차례대로 말해요	미래 일기 쓰기 -1-	135~137	
66	2	1	국어	6. 차례대로 말해요	미래 일기 쓰기 -2-	135~137	

3) 연간 교수·학습 계획하기(재구성 후)						
출력순	학년	성취기준	단원	학습내용	시수	쪽수
61	2	① 듣기·말하기 [2국01-02] 일이 일어난 순서를 고려하며 듣고 말한다. 문학 [2국05-04] 자신의 생각이나 겪은 일을 시나 노래, 이야기 등으로 표현한다.	6. 차례대로 말해요	수행과제 안내하기 프로젝트 수행과제 및 도달목표 확인하기	1	118~123
62	2		6. 차례대로 말해요	제목과 표지 읽으며 지우개 브레인스토밍하기 책속 단어로 짧은 동화 만들어 이야기 예측하기	1	118~123
63	2		6. 차례대로 말해요	얼음 땡! 이야기 만나기 시간을 나타내는 말 찾기 이야기 순서대로 배열하기 말하기	1	124~127
64	2		6. 차례대로 말해요	얼음 땡! 이야기 속 놀이하기 공기놀이, 비석치기, 구슬치기 놀이하기	1	124~127
65	2		6. 차례대로 말해요	얼음 땡! 이야기 속 놀이하기 이야기 속 인물이 되어 얼음 땡! 역할 놀이하기	1	124~127
66	2		6. 차례대로 말해요	얼음 땡! 2탄 이야기 속 인물 바꾸기 뒷이야기 바꾸어 쓸 인물 생각하기	1	128~131
67	2		6. 차례대로 말해요	얼음 땡! 2탄 뒷이야기 상상하기 ② 동화 작가 되어 뒷이야기 바꾸어 쓰기 ★수행평가[2국05-04]	1	128~131

① 교사 수준 교육과정은 성취기준을 중심에 두고 수업을 설계하므로 '성취기준' 을 추가함.

② 수업과 평가를 연계하고자 '학습내용'에 평가를 함께 기록함.

※ 학습의 흐름을 고려하여 학습 순서를 쉽게 재배열할 수 있음.

STEP 3 교육과정 구성하기 2

3일 차

교육과정 구성하기 2	연간(학기) 평가계획 수립하기	▶	평가기준안 작성하기

교사 수준 교육과정 구성의 계획 단계에서 성취기준을 분석하여 연간(학기) 평가계획을 수립하는 단계이다. 앞 단계인 연간 교수·학습계획 수립 시, 교수·학습과 연계하여 선정한 평가 내용을 바탕으로 구체적인 연간(학기) 평가계획을 수립하고 설계하게 된다.

평가계획은 신뢰성 확보를 위해 교과협의회(학년협의회)의 논의를 통하여 정하는 것이 바람직하다. 연간(학기) 단위 계획에는 관련 성취기준, 교과 역량, 교과별 영역, 평가 방법, 평가 기준 등과 성적 처리 방법 및 결과의 활용 등을 포함할 수 있다.

사전 준비 자료	해야 할 일
■ 국가 수준 교육과정 ■ 지역 수준 교육과정 ■ 시·도교육청 학업성적관리시행지침 ■ 학교 단위 학업성적관리규정	■ 교육과정 내용과 성취기준, 학생의 수준 및 특성 분석 ■ 교과별 영역, 평가방법, 평가기준 등 성적처리 방법 및 결과의 활용 등을 포함한 연간(학기) 단위 평가계획 수립

수행평가 계획을 수립할 때 하나의 수행평가에 대해서 반드시 하나의 성취기준만 고려할 필요는 없다. 비슷한 수행 능력을 요구하는 성취기준을 묶어서 하나의 수행평가로 여러 개의 성취기준을 평가할 수 있다.

순서	성취기준	교과역량	영역	관련 단원
1	[2국01-04] 듣는 이를 바라보며 바른 자세로 자신 있게 말한다.	의사소통 역량	듣기·말하기	2. 자신 있게 말해요
2	[2국01-02] 일이 일어난 순서를 고려하며 듣고 말한다.	문화 향유 역량	듣기·말하기	6. 차례대로 말해요
3	[2국05-04] 자신의 생각이나 겪은 일을 시나 노래, 이야기 등으로 표현한다.	문화 향유 역량	문학	
4	[2국02-03] 글을 읽고 주요 내용을 확인한다.	자료·정보 활용 역량	읽기	9. 생각을 생생하게 나타내요
5	[2국03-02] 자신의 생각을 문장으로 표현한다.	자료·정보 활용 역량	쓰기	

연간(학기) 단위 평가계획(예)

수립된 평가계획을 바탕으로 평가기준안을 작성한다. 이 과정은 단순히 평가를 위한 기준을 수립하는 것이 아니라 실제 수업 중에 이루어질 수 있는 수행평가 과제를 개발하면서 교육과정-수업-평가가 일관성 있게 실행될 수 있게 해야 한다. 3~7월 사이에 이루어지는 실질적인 교수·학습 및 수행평가 단계에서 좀 더 구체적인 수행평가 과제 개발이 필요하다. 2월 말 평가계획에 따른 평가기준안을 작성하지만 평가기준안 및 평가 문항지는 실제로 가르친 내용을 평가할 수 있도록 학기 중 수정·보완 가능한 제도적인 장치의 마련도 필요하다.

2월 말에는 평가기준안을 대략적으로 작성하고 학기 중 교과협의회(학년협의회)의 논의를 통하여 수행 준거의 타당성을 확보하는 것이 매우 중요하다.

사전 준비 자료	해야 할 일
■ 교육과정 내용(연간 교수·학습계획) ■ 2015 개정 교육과정에 따른 평가 기준	■ 평가기준안 작성하기 ■ 교과협의회(학년협의회) 실시

2015 개정 교육과정에서는 평가 활동에서 학생들이 어느 정도의 수준에 도달했는지를 판단하기 위한 실질적인 기준 역할을 할 수 있도록 '평가 기준'을 제시하고 있다. '평가 기준'은 각 성취기준에 도달한 정도를 상/중/하로 구분하고 각 도달 정도에 속한 학생들이 무엇을 알고 있고, 할 수 있는지를 기술한 것이다. 평가 기준은 단위 학교에서 반드시 그대로 따라야 하는 것이 아니며 예시적 성격으로 학교의 상황 및 여건 등을 고려하여 수정·보완하여 사용할 수 있다.

수행평가 계획을 수립할 때 하나의 수행평가에 대해서 반드시 하나의 성취기준만 고려할 필요는 없다. 비슷한 수행 능력을 요구하는 성취기준을 묶어서 하나의 수행평가로 여러 개의 성취기준을 평가할 수 있다.

국어과 수행평가 기준안 (예)

<table>
<tr><th>단원</th><td colspan="2">6. 차례대로 말해요</td><th>평가방법</th><td>서·논술형</td></tr>
<tr><th>평가 영역</th><td colspan="4">문학</td></tr>
<tr><th>학습 주제</th><td colspan="4">겪은 일을 떠올려 뒷이야기 바꾸어 쓰기</td></tr>
<tr><th>성취기준</th><td colspan="4">[2국05-04] 자신의 생각이나 겪은 일을 시나 노래, 이야기 등으로 표현한다.</td></tr>
<tr><th>교과 역량</th><td colspan="4">문화 향유 역량</td></tr>
<tr><th>정의적 영역 평가</th><td colspan="4">(흥미) 재미나 감동 있는 뒷이야기 쓰기 활동에 흥미를 가지고 적극적으로 참여한다.</td></tr>
<tr><th>평가 문항</th><td colspan="4">자신의 생각이나 겪은 일을 떠올려 뒷이야기를 바꾸어 쓸 수 있는가?</td></tr>
<tr><th>예시 답안</th><td colspan="4"><교사 체크리스트 활용 문항>
1. 글의 개연성 - 앞 이야기와 자연스럽게 이어지는가?
2. 글의 창작성 - 재미나 감동이 있는가?
3. 활동의 참여도 - 흥미를 가지고 적극적으로 참여하는가?</td></tr>
<tr><th rowspan="3">평가 기준</th><td>상</td><td colspan="3">• 앞 이야기와 자연스럽게 이어지고 재미와 감동이 있는 글을 쓸 수 있다.
• 뒷이야기 쓰기 활동에 흥미를 가지고 적극적으로 참여한다.</td></tr>
<tr><td>중</td><td colspan="3">• 앞 이야기와 자연스럽게 이어지는 글을 쓸 수 있다.
• 뒷이야기 쓰기 활동에 흥미를 가지고 참여한다.</td></tr>
<tr><td>하</td><td colspan="3">• 교사의 도움을 받아 앞 이야기와 뒷이야기를 쓸 수 있다.
• 뒷이야기 쓰기 활동에 소극적으로 참여한다.</td></tr>
</table>

에듀쿠스의 생각

선생님의 철학이나 가치가 담긴 교사 수준 교육과정은 각양각색의 모습으로 설계가 됩니다. 획일적인 기준의 평가는 어렵지만, 국가 수준의 공통성과 개인 수준의 다양성을 조화롭게 담아내기 위해서 최소한의 기준으로 평가하기는 필요합니다. 다음의 평가표를 참고로 설계 단계의 교사 수준 교육과정 평가를 제안해 봅니다.

▣ 교사 수준 교육과정 설계 단계 평가하기 ▣

절차	평가 관점	자기 평가
교육철학 나누기	① 국가·지역·학교 수준 교육과정을 기반으로 구성하였는가?	
	② 학생의 발달 단계 및 흥미를 고려하여 학급 교육 목표와 중점과제를 수립하였는가?	
	③ 교육 환경 및 교사의 철학과 가치를 충분히 반영하였는가?	
교육과정 구성하기	④ 초등학교 학년군 시간 배당 기준을 바탕으로 적정시간을 편성하였는가?	
	⑤ 학년(학기) 성취기준을 바탕으로 연간 교수·학습계획 및 평가계획을 수립하였는가?	
	⑥ 교육과정 구성 관점을 고려하여 연간 교수·학습계획 및 평가계획을 수립하였는가?	
	⑦ 평가가 학습의 과정으로 학생의 성장을 도울 수 있도록 계획되었는가?	
나만의 교사 수준 교육과정의 특색은?		

교사 수준 교육과정 만들기에서

교사**가 자**신만의 교육 철학을 **가**지는 일은 중요하다.

이러한 과정을 통해

1년의 교육 활동을 운영하는 것은

철학에 대한 고민 없이 하루를 보내는

교사의 교육 활동과는

분명 질적으로 다를 것이다.

02

교사 수준 교육과정 실행, 실천 이야기

Episode 교육과정 열두 달 이야기

청년교사: 국가·지역·학교 수준 교육과정에 비하여 교사 수준 교육과정이 가진 가장 큰 차이점은 무엇인가요?

에듀쿠스: 실제 교실에서 교사에 의해 실천되는 교육과정이라는 점이지. 국가·지역·학교 수준 교육과정은 교사에 의해 직접 실천되기보다는 문서상의 계획 수준으로 교사의 교육과정을 지원하는 교육과정이라네.

청년교사: 교사 수준 교육과정만 계획과 실천이 공존하는 교육과정이라는 말씀이신가요?

에듀쿠스: 그렇지. **교사에 의한 계획과 실천이 공존하는 교사 수준 교육과정은 '설계, 실행, 생성 단계'에 따라 다양한 모습으로 존재**한다네.

청년교사: 각 단계에 따른 다양한 모습에 대해 자세하게 알고 싶습니다.

에듀쿠스: 설계 단계에서는 '계획된 교육과정', 실행 단계는 '실천된 교육과정', 생성 단계는 '실현된 교육과정'으로 존재하지.

청년교사: 계획, 실천, 생성 단계에서 존재하는 구체적인 모습에 대해 알고 싶습니다.

에듀쿠스: 설계 단계의 '계획된 교육과정'은 한 학년 운영을 위한 설계를 담고 있는 문서로서의 교육과정이네. 당연히 2월 교육과정 구성 주간에 작성이 되지. 실행 단계의 '실천된 교육과정'은 학급에서 실제 전개한 교육과정으로 3월부터 다음해 2월까지 지속적으로 이루어진다네. 생성 단계의 '실현된 교육과정'은 계획과 실천의 결과로 학년 말에 교사에게 주어진 결과물로 생각하면 되겠군.

청년교사: 설계 단계에서 계획을 세운다고는 하지만, 실제적인 수업을 위한 완벽한 계획을 세우기에는 어려움이 있지 않습니까?

에듀쿠스: 그렇기 때문에 2월 교육과정 구성 주간에는 연간 교수·학습계획과 평가계획이 포함된 교사 수준 교육과정을 수립하는 것이 현실성이 있지. 우리는 이 교육과정을 학기 단위 교사 수준 교육과정이라 부를 수 있다네.

청년교사: 그렇다면 한 차시, 한 단원, 한 주제 단위 등의 실제적인 수업을 위해서 재구성이 필요한 경우가 있을 때는 어떻게 해야 하나요?

에듀쿠스: 학기 중 필요할 때마다 한 차시, 한 단원, 한 주제 단위의 다양한 교사 수준 교육과정이 만들어질 수 있지 않을까?

청년교사: 요즘, 강조되는 '교육과정 재구성'도 교사 수준 교육과정 운영을 위한 방법이 되겠군요.

에듀쿠스: 배움중심수업을 위해 교육과정을 재구성하는 선생님들의 노력이 교사 수준 교육과정 구성으로 완성될 수 있다네.

청년교사: 교육과정 재구성에서 교사 수준 교육과정 구성으로…….

에듀쿠스: 성취기준과 교육과정 구성 관점에 따라 한 차시, 한 단원, 한 주제, 한 학기 단위의 교사 수준 교육과정을 구성하여 교과서 중심 수업에서 탈피하여 아이들의 삶을 교육과정에 담아내려는 교사들의 노력이 더욱 중요해졌지.

생각하며 따라 하기로 교사 수준 교육과정을 설계하였다면 수업으로 실천해 보자. 교사 수준 교육과정 구성은 학기(년)별, 주제, 단원 내(간), 한 차시 구성 등 교사의 의도에 따라 다양하게 구성될 수 있다.

실천 이야기에 제시된 수업 사례는 **'백워드 설계'를 적용한 단원 내 재구성 사례이다.** '교육과정 읽기'→'교육과정 구성 관점 및 의도 반영'→'단원 내 교사 수준 교육과정 구성'→'교육과정-수업-평가 일체화 한눈에 보기'의 순으로 구성이 되었고, 적용 후 성찰한 내용은 '교육과정-수업-평가 일체화 되돌아보기'에 정리해 두었다.

- **교육과정 읽기:** 교과 역량을 파악하고 성취기준을 지식, 기능, 태도의 측면에서 어떻게 가르치고, 무엇을 어떻게 평가할 것인가를 분석

- **교육과정 구성 관점 및 의도:** 학생(발달 단계, 능력과 수준, 흥미와 태도), 환경(지역적 특성, 학교 환경), 교사(철학과 가치 역량) 측면의 구성 관점으로 교육과정 구성 의도를 반영

- **단원 내 교사 수준 교육과정 구성:** 성취기준과 교육과정 구성관점을 바탕으로 해석과 번역의 작업을 거쳐 주어진 단원에 백워드 설계를 적용하여 재구성

- **교육과정-수업-평가-일체화 한눈에 보기:** 교육과정-수업-평가가 일체화되는 과정을 한눈에 파악할 수 있도록 구성한 마인드맵

- **교육과정-수업-평가 일체화 되돌아보기:** 교육과정-수업-평가가 일체화된 수업을 적용한 후 성찰한 내용 정리

다음은 2학년 국어 '6. 차례대로 말해요' 단원의 재구성 사례이다. '실천 이야기'의 각 단계를 살펴보자.

:: 교육과정 읽기

- 단원명: 6. 차례대로 말해요
- 교과 역량: 문화 향유 역량
- 교육과정의 성취기준

성취기준
[2국01-02] 일이 일어난 순서를 고려하여 듣고 말한다. **[2국05-04]** 자신의 생각이나 겪은 일을 시나 노래, 이야기 등으로 표현한다.

- 성취기준 문해

이 단원에서는 듣기·말하기와 문학 영역의 두 개의 성취기준을 다루고 있다. 단원을 재구성하기 전에 성취기준과 내용 체계표를 살펴 **'무엇을 어떻게 가르치고 어떻게 평가할 것인지'** 이 단원에서 지도해야 할 목표를 명확히 하는 것이 중요하다.

[2국01-02] **일이 일어난 순서를 고려하여** 듣고 말한다.
○ 무엇을 가르칠까요?(지식) ▶ 일이 일어난 순서
○ 어떻게 가르칠까요?(기능) ▶ 맥락 이해·활용하기, 표현·전달하기
○ 어떤 평가를 할까요? ▶ 예 일이 일어난 순서를 고려하여 듣고 말할 수 있는가?

[2국05-04] **자신의 생각이나 겪은 일을 시나 노래, 이야기 등으로** 표현한다.
○ 무엇을 가르칠까요?(지식) ▶ 일상생활에서 겪은 일의 표현
○ 어떻게 가르칠까요?(기능) ▶ 모방·창작하기
○ 어떤 평가를 할까요? ▶ 예 일상생활에서 겪은 일을 이야기로 잘 표현하는가?

:: 교육과정 구성 관점 및 의도

국가 수준 교육과정 ▶ 지역 수준 교육과정 ▶ 학교 수준 교육과정 ▶ 교사 수준 교육과정

학생	환경	교사
■ 발달 단계 ■ 능력과 수준 ■ 흥미와 태도	■ 지역적 특성 ■ 학교 환경	■ 철학과 가치 ■ 역량
▷ 논리적 사고보다는 직관적 사고가 발달함. ▷ 그림책에 대한 흥미는 있으나 다독과 지나친 독후 활동의 권장으로 읽기에 대한 흥미가 낮음. ▷ 자기중심적 성향이 강하여 자기 이야기 말하기를 좋아하며, 듣기 집중력이 약함.	▷ 도서관 재정비 사업으로 도서 확충 및 지원이 우수한 편임. ▷ 학급 운영비가 편성되어 중점교육 활동에 활용할 예산이 있음. ▷ 한 학기에 한 책 읽기, 온작품 읽기, 책놀이 등 독서교육에 열의가 높고 배움중심수업 동아리 활동이 활발함.	▷ 독서 교육과 연계하여 읽기에 대한 흥미와 글쓰기의 자신감을 길러 기초·기본 교육에 충실하며 인문학적 소양을 갖춘 어린이를 기르고 싶음. ▷ 백워드 설계 적용 단원 내 재구성을 통해 내재적 흥미를 유발하는 배움중심수업을 하고자 함.

▼

■ 본 학습을 통한 아이들의 배움은

글을 읽고 쓰는 문제는 우리 삶의 일부분이며 저학년 아이들에게 길러 주어야 할 기초·기본 교육 중의 하나이다. 그런데 우리 반 아이들은 읽기에 대한 흥미가 부족하고 쓰기에 대한 자신감이 없다. 이러한 문제를 그림책을 읽으며 하는 다양한 활동으로 풀어 보고자 한다.

국어과 수업을 하다 보면 분절된 차시로 구성된 교과서, 차시마다 일부분만 수록된 텍스트를 접하며 한 단원을 통해 무엇을 가르치고 배웠는지 명확하지 않을 때가 많다. 단순한 읽기, 쓰기에서 벗어나 그림책을 활용하여 그림책 속 인물을 만나고 놀이를 즐기며 깊이 있게 읽고 뒷이야기 상상하여 쓰는 활동을 통해 쓰기에 대한 자신감을 길러 보고 싶다.

그림책 속 이야기를 수행 과제로 만들어 자신이 직접 겪어 보고 뒷이야기를 만들어 보는 경험을 통해 적극적인 참여와 몰입할 수 있는 환경을 조성하는 것이 교사의 역할이다. 작가가 된 아이들은 재미와 감동이 있는 자신의 이야기를 친구들과 나누며 배움의 즐거움을 느끼기를 기대한다.

■ 수업 설계 방법과 전개는

단순히 교과서에 담긴 내용을 학습하기보다는 삶의 문제 상황과 관련된 수행 과제를 제시하여 자발적 흥미를 일으키고 과제를 해결하는 가운데 자연스럽게 성취기준에 도달할 수 있는 수업을 설계하고 싶다.

성취기준 및 내용 체계표로 교과서와 지도서를 분석해 단원에서 수정·대체되어야 할 학습 내용을 파악하여 **단원 내 재구성**으로 쉽게 접근한다. 단원 전체에 걸쳐 수행과제를 통해 목표 자체에 지속적으로 집중할 수 있는 백워드 설계를 적용하여 수업을 전개하고자 한다.

:: 단원 내 재구성

성취기준	차시	학습 내용	수업자의 재구성 관점
[2국01-02] 일이 일어난 순서를 고려하여 듣고 말한다. [2국05-04] 자신의 생각이나 겪은 일을 시나 노래, 이야기 등으로 표현한다.	1~2	- 단원 도입 - 일이 일어난 차례 살피기 - 일이 일어난 차례대로 이야기 말하기 - 단원 학습 계획하기 - 단원 학습 내용 살펴보기	**[교사의 철학]** ● 기초·기본 교육의 읽기에 대한 흥미, 쓰기에 대한 즐거움을 기르고 싶음. ● 단원 내 재구성에 도달 목표를 명확히 하고 평가를 관리할 수 있는 백워드 설계를 적용함.
	3~4	- 일이 일어난 차례를 나타내는 말 알기 - 이야기에서 일이 일어난 차례 파악하기 - 일이 일어난 차례대로 친구들과 이야기하기	**[학생 능력과 수준]** ● 저학년의 경우, 직관적 사고가 발달하므로 주요 장면을 제시하여 차례대로 듣고 말하게 함. **[학생 흥미와 태도]** ● 하나의 그림책으로 시간의 흐름에 따라 내용의 변화를 읽고 시간을 나타내는 말을 찾아 이야기를 차례대로 말하면 좋은 점을 파악하게 함.
	5~6	- 일이 일어난 차례를 생각하며 이야기 듣기 - 이야기 들으며 일이 일어난 차례를 나타내는 말 찾기 - 뒷이야기 듣고 일이 일어난 차례대로 이야기 말하기	**[학생 흥미와 태도]** ● 그림책 하나를 깊이 있게 다루며 일이 일어난 순서를 고려하여 듣고 말하며 겪은 일을 바탕으로 뒷이야기 상상하여 쓰기 활동으로 수행과제를 제시하여 흥미를 끌어냄.
	7~8	- 겪은 일 떠올리기 - 겪은 일을 차례대로 정리하기 - 겪은 일을 일어난 차례대로 쓰기	**[학생 능력과 수준]** ● 저학년의 경우 글쓰기를 어려워하는 경우가 있어 자신이 겪은 일을 떠올리고 입말로 먼저 글쓰기를 한 후에 뒷이야기를 상상해서 쓰도록 함.
	9~10	- 주말에 하고 싶은 일 떠올리기 - 미래 일기 쓰기 - 단원 정리	**[교사의 철학]** ● 일기 쓰기는 본래 겪은 일 중에서 기억에 남는 일이나 생각을 쓰는 것인데 미래에 하고 싶은 일을 쓰는 것은 성취기준 도달과 관련이 적어 이 차시는 그림책 속의 인물을 바꾸어 책 속 활동을 한 다음 뒷이야기를 쓰는 활동으로 대체함.
차시 합계	**10**		

1단계 - 기대하는 학습 결과 확인하기	
성취기준	**[2국01-02]** 일이 일어난 순서를 고려하여 듣고 말한다. **[2국05-04]** 자신의 생각이나 겪은 일을 시나 노래, 이야기 등으로 표현한다.
단원 목표	일이 일어난 차례를 생각하며 겪은 일을 떠올려 이야기로 표현할 수 있다.
본질적 질문	내가 『얼음 땡! 2탄』의 주인공이 된다면, 어떤 이야기를 담을까요?

2단계 - 다양한 평가 방법 결정하기	
▶ Grasps 모델을 통한 수행 과제 설계	
목표(G)	여러분의 도전 과제는 나만의 그림책 **『얼음 땡! 2탄』** 만들기입니다.
역할(R)	여러분의 역할은 **동화작가**입니다.
대상(A)	우리 반 친구들과 부모님
상황(S)	그림책 **『얼음 땡!』**을 읽고 자신의 경험과 관련된 내용으로 뒷이야기를 꾸며 나만의 그림책 **『얼음 땡! 2탄』**을 만들려고 합니다. 그림책을 읽고 자신이 주인공이 되어 뒷이야기를 상상하여 감동이 있는 나만의 그림책을 만들어야 합니다.
수행(P)	여러분은 그림책 **『얼음 땡!』**을 깊이 있게 읽고 나라면 어떻게 하였을지 상상하여 뒷이야기를 실감나게 써야 합니다.
기준(S)	나만의 그림책 속에는 - 앞 이야기와 뒷이야기가 자연스럽게 이어져야 한다. - 나의 경험을 떠올려 보고 상상하여 재미나 감동이 있는 이야기가 담겨야 한다. - 이야기 쓰기에 흥미를 가지고 적극적으로 참여해야 한다.

▶ 수행 과제

우리 반 친구들과 『**얼음 땡! 2탄**』을 만들려고 합니다. 동화작가가 되어서 우리 반 친구들과 내가 쓴 그림책을 나누어 읽고 서로의 잘된 점을 칭찬하려고 합니다. 그러므로 여러분의 경험을 바탕으로 앞 이야기와 자연스럽게 이어지면서 재미나 감동이 있는 뒷이야기를 상상해서 써야 합니다. 또한 이야기에 알맞은 장면을 그림으로 표현해야 합니다. 우리 반 친구들이 읽고 싶고, 갖고 싶은 재미나 감동이 있는 이야기책 만들기에 도전해 봅시다.

심사 기준(평가 기준)

항목 요소	지식 (이야기의 개연성)	기능 (모방·창작)	태도 (흥미와 적극성)
가중치	40%	30%	30%
잘함	앞 이야기**와** 뒷이야기가 매우 자연스럽게 이어짐.	재**미**나 감동이 있는 뒷이야기 쓰기를 잘하고 장면을 잘 표현함.	겪은 일을 떠올려 뒷이야기 쓰기에 **흥미**를 가지고 적극적으로 참여함.
보통	앞 이야기**와** 뒷이야기가 자연스럽게 이어짐.	재**미**나 감동이 있는 뒷이야기 쓰기를 할 **수** 있고 장면을 그릴 **수** 있음.	겪은 일을 떠올려 뒷이야기 쓰기에 **흥미**를 가지고 참여함.
노력 요함	선**생**님**의** 도움을 받아 앞 이야기**와** 뒷이야기가 이어지도록 함.	친구**와** 선**생**님**의** 도움을 받으며 글을 쓰고 장면을 그림.	겪은 일을 떠올려 뒷이야기 쓰기 활동에 소극적으로 참여함.

3단계 - 학습 활동 계획하기		
차시	학습 내용	평가
1~2	■ 수행 과제 안내하기-『얼음 땡! 2탄』 동화작가 되기 ● 프로젝트 수행 과제 및 도달 목표 확인하기 ● 얼음 땡! 이야기 제목과 표지 읽기 ● 책에 나오는 주요 단어로 짧은 동화 만들기	**[형성평가]** 이야기의 내용을 짐작하고 수행 과제에 호기심을 가지며 적극적으로 참여하는가?
3	■ 『얼음 땡!』 이야기 만나기 ● 일이 일어난 순서를 생각하며 다양한 방법으로 읽기 ● 시간을 나타내는 말 찾기 ● 주요 장면을 이야기 순서대로 배열하기 ● 일이 일어난 순서대로 이야기 이어 말하기	**[형성평가]** 일이 일어난 순서를 고려하여 듣고 말할 수 있는가?
4~5	■ 『얼음 땡!』 이야기 속 놀이하기 ● 이야기 속 놀이 방법 및 규칙 알기 ● 이야기 속 인물이 되어 얼음 땡! 놀이하기 ● 이야기 속 인물의 마음 나누기	**[형성평가]** 『얼음 땡!』 이야기 속 놀이에 규칙을 지키며 적극적으로 참여하는가?
6	■ 『얼음 땡! 2탄』 이야기 속 인물 바꾸기 ● 『얼음 땡!』 이야기 속 주인공의 감정 곡선 그리기 ● 바꿀 인물 친구들과 생각 공유하기 ● 내가 바꾼 인물 릴레이 발표하기	**[형성평가]** 바꾸어 쓸 인물의 특징을 알고 인물을 바꾸어 볼 수 있는가?
7	■ 『얼음 땡! 2탄』 뒷이야기 상상하여 쓰기 ● 주요 인물을 바꾸어 뒷이야기 떠올리기 ● 정지 영상 놀이 하며 뒷이야기 상상하기 ● 뒷이야기 상상하여 바꾸어 쓰기 ● 작가 되어 뒷이야기 소개하기	**[수행평가]** 겪은 일을 바탕으로 뒷이야기를 바꾸어 쓸 수 있는가?
8	■ 『얼음 땡! 2탄』 그림책 전시회 열기 ● 『얼음 땡! 2탄』 좋은 그림책 감상 기준 알기 ● 전시회 열어 기준에 따라 좋은 그림책 칭찬하기 ● 프로젝트를 마치며 소감 발표하기	**[형성평가]** 자신의 흥미와 재능으로 표현한 그림책 전시 활동에 적극적으로 참여하는가?

:: 교육과정-수업-평가 일체화 한눈에 보기

재구성 의도는?

교과서로 문학 수업을 할 경우 작품의 일부분만을 발췌하여 이야기의 감동을 느끼기 어렵고 차시 연계성이 부족하여 단원을 통해 배우고자 하는 것이 무엇인지 뚜렷하지 않다. 따라서 온작품을 깊이 있게 읽으며 성취기준에 도달하고자 한다. 『얼음 땡!』이라는 온작품을 선택한 이유는 국어과 성취기준을 도달하는 데 무리가 없고, 친구들과의 관계에서 바른 가치관 형성을 위한 인성요소가 반영되어 있으며 학생들이 흥미를 가지고 읽기에 좋은 책이기 때문이다.

성취기준은?

[2국01-01] 일이 일어난 순서를 고려하여 듣고 말한다.
[2국05-04] 자신의 생각이나 겪은 일을 시나 노래, 이야기 등으로 표현한다.

6.차례대로 말해요
주제:나만의 그림책 만들기
[단원 내 재구성]

수업은 어떻게?

- [1~2차시] 작가 되기 수행과제 안내하기
- [3차시] 『얼음 땡!』 이야기 만나기
- [4~5차시] 『얼음 땡!』 이야기 속 놀이하기
- [6차시] 『얼음 땡! 2탄』 이야기 속 인물 바꾸기
- [7차시] 『얼음 땡! 2탄』 뒷이야기 상상하며 쓰기
- [8차시] 『얼음 땡! 2탄』 그림책 전시회 열기

평가는 어떻게?
(평가 준거)

- [1~2차시] 이야기의 내용을 짐작하여 흥미를 가진다.
- [3차시] 일이 일어난 순서를 고려하여 듣고 말할 수 있다.
- [4~5차시] '얼음 땡' 놀이에 즐거움을 느끼며 활발하게 놀이에 참여한다.
- [6차시] 등장인물의 특징을 파악하며 내 주변의 인물로 등장인물을 바꿀수 있다.
- [7차시] 자신의 생각이나 겪은 일을 바탕으로 뒷이야기로 꾸며 쓸 수 있다.
- [8차시] 자신의 흥미와 재능으로 표현한 그림책 전시 활동에 적극적으로 참여한다.

□ 교과서 넘어 온작품으로 흥미를 더하다!

교사 수준 교육과정을 계획한 후, 시작된 또 하나의 고민, 바로 학생들의 배움이다. 배움이 곧 삶이 될 수 없을까? 배움이 학생들의 삶 속에서 가치 있는 무엇이 될 수는 없을까?

이런 고민을 하면서 2학년 수준에서 스스로 즐겨 읽지 못하는 학생들을 위해 그림책을 선택하였다. 그림책과 연계하여 아이들의 읽기와 쓰기에 흥미를 더하는 것이 교육 목표이다. 단원의 성취기준을 분석하여 국어과 한 단원 전체를 대신할 그림책으로 수업을 진행하였다. 국어과 교과서를 분석하며 느꼈던 아쉬움은 차시별 제재의 분절이었다. 단원 도입의 제재, 이해 학습의 제재, 적용과 실천학습의 제재가 다른 경우가 많았다. 학생들은 연속된 한 단원에서 오히려 차시별로 분절된 학습을 한다는 느낌을 받을 수 있었다. 왜냐하면 각 차시별로 수록된 텍스트들은 서로 다른 문학작품의 일부일 뿐이어서, 다른 문학작품의 텍스트들이 차시별로 구성되다 보니 문학작품에 대한 깊이 있는 이해가 어렵다. 학습목표 도달을 위해 인위적으로 짜 맞춘 것 같은 느낌을 지우기가 쉽지 않다.

『얼음 땡!』[78]이라는 온작품을 선택한 이유는 과거의 자신과 비슷한 또래 아이들의 우정 이야기나 놀이를 경험해보며 뒷이야기를 상상하여 글을 쓸 수 있어서였다. 책 속 놀이뿐 아니라, 인물을 자신의 주변 인물로 바꾸는 것과 같은 다양한 경험을 제공해 줄 수 있을 것 같았기 때문이다.

실제 수업에서 과거 또래 아이들 이야기인 온작품의 매력에 푹 빠져들었고 교과서의 작품을 대신해 도입된 온작품은 차시별 분절성을 극복하고 학습의 연속성과 개연성을 보장하여 학생들은 자연스럽게 학습 활동에 몰입하고 있었다.

78 강풀 글·그림의 2014년 작품.

□ 성취 목표를 명확히, 단원 내 재구성에 백워드 설계의 틀을 입히다!

단원 내 재구성은 성취기준을 중심으로 학습 제재의 수정과 대체가 가능하고, 나이스의 교수·학습계획에서 재구성된 내용의 반영이 비교적 용이하다. 이때 백워드 설계를 적용하여 무엇을 평가할 것인지 미리 알려 주고 학습자에게 홍미로운 수행 과제를 제시한다면 학습자의 자발적 참여를 높이고 수업과 평가를 일체화하는 일석이조의 효과를 얻을 수 있다.

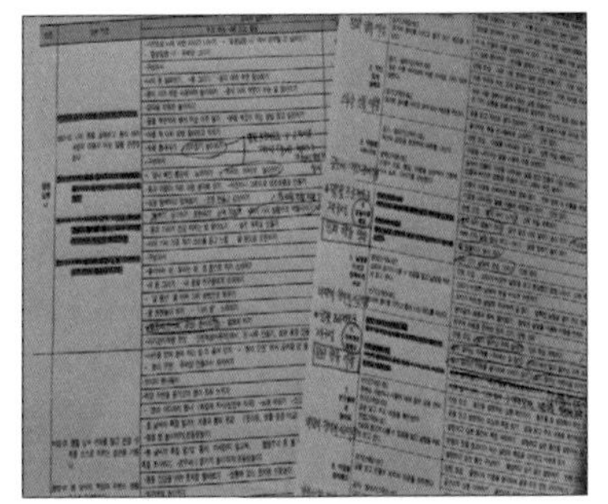

맵핑 자료 활용 단원 재구성 - 평가계획

출력순	학년	성취기준	단원	학습내용
61	2	듣기·말하기 [2국01-02] 일이 일어난 순서를 고려하며 듣고 말한다. 문학 [2국05-04] 자신의 생각이나 겪은 일을 시나 노래, 이야기 등으로 표현한다.	6. 차례대로 말해요	수행과제 안내하기 프로젝트 수행과제 및 도달목표 확인하기
62	2		6. 차례대로 말해요	제목과 표지 읽으며 지우개 브레인스토밍하기 책속 단어로 짧은 동화 만들어 이야기 예측하기
63	2		6. 차례대로 말해요	얼음 땡! 이야기 만나기 시간을 나타내는 말 찾기 이야기 순서대로 배열하기 말하기
64	2		6. 차례대로 말해요	얼음 땡! 이야기 속 놀이하기 공기놀이, 비석치기, 구슬치기 놀이하기
65	2		6. 차례대로 말해요	얼음 땡! 이야기 속 놀이하기 이야기 속 인물이 되어 얼음 땡! 역할 놀이하기
66	2		6. 차례대로 말해요	얼음 땡! 2탄 이야기 속 인물 바꾸기 뒷이야기 바꾸어 쓸 인물 생각하기
67	2		6. 차례대로 말해요	얼음 땡! 2탄 뒷이야기 상상하기 동화 작가 되어 뒷이야기 바꾸어 쓰기 ★수행평가[2국05-04]

연간 교수·학습계획에 반영(나이스) - 평가 기록

백워드 설계를 적용한『나만의 그림책 만들기』수행과제를 제시하여 단원 내 차시 연계를 강화하고 차시가 진행됨에 따라 자신의 그림책이 완성되어 가는 과정을 경험하도록 구성하였다. 학생들은『얼음 땡!』을 읽으며 자신이 작가이면서 주인공이 되어 배움으로써 앎이 자신의 이야기, 즉 삶으로 바뀌는 경험을 하게 된다. 책표지에서부터 주인공은 자신으로, 책 속 등장인물들은 주변의 친구들로 바꾸면서 책 속 놀이를 친구들과 함께 해 보고 뒷이야기를 자신의 이야기로 풀어낸다. 자연스럽게 연계된 활동 속에서 자신만의 책이 완성되고 수행 과제도 해결하게 된다. 또한 읽기에 대한 홍미와 글쓰기의 즐거움도 기를 수 있다.

기존 단원의 학습 내용	
차시	내용
1~2 차시	▸ 단원 도입 ▸ 일이 일어난 차례 살피기 ▸ 단원 학습 계획하기
3~4 차시	▸ 일이 일어난 차례를 나타내는 말 알기 ▸ 일이 일어난 차례 파악하기
5~6 차시	▸ 일이 일어난 차례를 생각하며 이야기 듣고· 말하기
7~8 차시	▸ 겪은 일 떠올리기 ▸ 겪은 일을 차례대로 정리하기 ▸ 겪은 일을 일어난 차례대로 쓰기
9~10 차시	▸ 미래 일기 쓰기 ▸ 단원 정리
차시 합계	**10차시**

▶

백워드 설계 적용 재구성 학습 내용	
차시	내용
1~2 차시	▸ 수행 과제 안내하기 ▸ 『얼음 땡!』 이야기 제목과 표지 읽기 ▸ 책에 나오는 주요 단어로 짧은 동화 짓기
3 차시	▸ 『얼음 땡!』 이야기 만나기 ▸ 시간을 나타내는 말 찾기 ▸ 주요 장면 이야기 순서대로 배열하고 말하기
4~5 차시	▸ 『얼음 땡!』 이야기 속 놀이하기 ▸ 이야기 속 인물이 되어 얼음 땡! 놀이하기
6 차시	▸ 『얼음 땡! 2탄』 이야기 속 인물 바꾸기 ▸ 뒷이야기 바꾸어 쓸 인물 생각하기
7 차시	▸ 『얼음 땡! 2탄』 뒷이야기 상상하기 ▸ 동화 작가 되어 뒷이야기 바꾸어 쓰기
8 차시	▸ 『얼음 땡! 2탄』 그림책 전시회 열기
차시 합계	**8차시(-2차시)**

- [1~2차시]: '나만의 그림책 만들기' 수행 과제 안내하기

2015 개정 교육과정 3, 4학년의 '한 학기 한 책 읽기'가 적용됨에 따라 저학년에서도 책 읽기의 중요성이나 책을 활용한 수업이 다양하게 소개되고 있다. 학생들에게 읽기, 쓰기 그리고 문학 작품을 어떻게 즐기고 누리게 할 것인지가 고민되었지만, 학년의 중점과제로 온작품 읽기를 선택하여 동학년 선생님들과 논의를 통해 단원을 설계하니 내가 생각하지 못했던 좋은 아이디어들을 공유할 수 있었다.

▸ 제목과 표지 읽으며 이야기 예상하기

먼저, 학생들에게 자신이 작가가 되어 '나만의 그림책'을 어떻게 만들어야 할지 수행과제를 상세히 안내하였다. 수행과제를 안내하고 그림책 『얼음 땡!』의 표지를 읽으며 어떤 이야기일지 생각해 보도록 하였다. 그림책 속의 여러 가지 낱말을 활용하여 예상한 이야기로 짧은 동화 짓기를 하였다. 자신의 이야기와 친구의 이야기를 비교해 보며 자신이 예측한 이야기와 내용이 같을지 생각해 보았다. 나만의 그림책 표지에 자신을 그려 넣으며 다음 수업을 기대하였다.

낱말로 이야기 예측하기 『얼음 땡!』 표지 읽기 나만의 책 표지 바꾸기

- [3차시]: 그림책 『얼음 땡!』 만나기

▶ 학생들은 스스로 읽는 것보다 선생님이나 부모님이 실감나게 읽어 주는 것을 더 좋아한다. 학생들을 교실 앞쪽으로 둘러앉히고 그림책을 실감나게 들려주었다. 중요한 장면에서는 질문도 하고 인물들의 마음이 어떨지 교감하며 책을 읽다 보면 학생들은 이야기에 빨려들어 갈듯 몰입을 한다. 그럴 때면 교사도 더 신이 나서 이야기를 재미있게 읽어 내려간다. 하지만 이번 차시에서 책을 다 읽어 주지 않는다. '얼음 땡!' 놀이가 본격적으로 시작되기 전까지만 읽어 주고 본 차시 활동을 시작하였다. 매 차시 활동에 필요한 부분만 읽어 주는 것은 다음 수업에 읽게 될 책의 내용과 활동에 기대감을 갖게 하는 큰 동기가 된다.

▶ 주요 장면을 살펴 이야기 차례대로 말하기

이 단원의 [2국01-02]의 성취기준에 도달하기 위한 차시이다. 주요 장면을 섞어서 나열한 다음 모둠별로 일이 일어난 순서를 바르게 하고 장면의 이야기를 말로 표현하도록 수업을 구성하였다. 더불어 그림책에서 시간을 나타내는 말을 더 찾아보고 시간을 나타내는 말을 넣어서 장면을 설명하고 집중해서 듣도록 하였다. 모둠별로 돌아가며 주요 장면의 이야기를 순서대로 말할 수 있는지 평가하였다.

▶ 주요 등장인물을 내 주변 인물로 바꾸기

나만의 그림책을 만들기 위해서 등장인물의 특징을 살펴본 다음, 그 특징을 고려하여 내 주변의 인물로 바꾸어 보도록 하였다. 먼저 책에 나오는 인물의 특징을 파악하고 내 주변의 친구들을 떠올려 어떻게 바꿀지 이야기를 나누었다. 이야기를 나눈 다음 나의 주변 인물로 바꾸었다. 수업이 진행되면서 『얼음 땡! 2탄』이라는 나만의 그림책이 포트폴리오 형식으로 만들어지게 되었다.

주요장면 이야기 차례대로 말하기 / 내 주변 인물로 바꾸기

- [4~5차시]: 그림책 속 놀이 하기

▶ **그림책 속 놀이 하기**

읽기에 대한 흥미를 갖고 자신의 이야기를 글로 표현하기 위해서는 그림책 속 인물이 되어 놀이를 해 보며 어떤 마음이 들었는지 경험해 보는 것이 필요했다. 학생들은 그림책 속 놀이 방법을 조사하고 놀이 방법을 친구들과 서로 설명하며 익힌 다음, 교실의 각 놀이 영역에서 실제로 놀이를 해 볼 수 있는 시간을 가졌다. 학생들은 책 속 주인공이 되어 놀이에 몰입하며 적극적으로 참여했다.

전통 놀이-구슬치기

전통 놀이-딱지치기

전통 놀이-비석치기

아이들은 실제로 딱지치기, 구슬치기, 공기놀이, 비석치기를 하면서 현재의 자신과 책 속 예전 아이들의 방과 후 놀이 모습을 비교하며 책 속 아이들을 부러워하기도 하고 요즘의 좋은 점에 대해서도 생각해 보았다. 단원 학습을 마치며 아이들의 소감문에서 놀이를 통해서 배우는 즐거움이 컸다는 것도 알 수 있었다.

전통 놀이 하는 내 모습 그리기

전통 놀이 후 소감문 쓰기

▶ **'얼음 땡!' 놀이 하며 인물의 마음 알기**

『얼음 땡!』 이야기의 핵심 장면은 '얼음 땡!' 놀이를 하다 주인공이 술래에게 쫓겨 막다른 골목에서 '얼음!'이라고 외친 순간이다. 주인공 아이가 '얼음!' 하고 외친 순간, 술래는 다른 아이를 잡으러 가고 그때부터 주인공 아이는 움직일 수 없게 된다. 여기서부터 『얼음 땡!』 이야기의 뒷이야기 쓰기가 시작된다. 주인공 아이의 마음을 알아보기 위해 '얼음 땡!' 역할 놀이를 하였다. 친구들과 함께 등장인물이 되어 역할 놀이를 하며 막다른 골목에서 아무도 도와주지 않을 때 주인공의 마음이 어떠했을지 생각해 보게 했다.

'얼음 땡!' 역할 놀이 해보기

인물의 마음 알아보기

인물에게 위로의 말 전하기

"혼자 있어서 두려웠다", "아무도 오지 않으면 어떻게 하나 무서웠다", "이럴 때 우리는 어떤 위로의 말을 전해 줄까?" 위로의 말을 적어 인물에게 붙여 주었다.

- [6차시]: 주요 인물 바꾸어 뒷이야기 생각하기

다음 차시에 뒷이야기를 바꾸어 쓰기 전에 나와 관련된 주요 인물을 정해 보는 차시이다. 글쓰기에 대한 흥미를 느끼고 뒷이야기를 상상하여 나의 이야기로 표현하기 위해서는 실제 경험을 하게 하면 학생들이 더욱 쉽게 접근할 수 있다. 학생들은 무턱대고 주제에 대해 쓰는 것을 힘들어한다. 이전 차시에 대한 배움을 떠올려 '얼음 땡!' 놀이를 하다 막다른 골목에서 얼음이 되어 버린 상황에서 '누가 나를 도와주러 올 것인가' 생각해 보도록 했다.

▶ 인물 떠올려 보기

학생들은 얼음이 된 상황에서 누군가 '땡!' 해 주러 오게 된다. '누가 도와주러 올 것인가'에 대해 친구들과 생각을 나누고 뒷이야기를 상상해 보도록 하였다. "엄마가 나를 찾아올 것 같아요", "얼음 땡 놀이를 하던 친구가 나를 잊지 않고 올 것 같아요", "지나가는 경찰이나 이웃 아주머니가 올 것 같아요", "친구들이 도움을 요청해서 선생님이 올 것 같아요"처럼 다양한 인물들이 등장했다. 누가 구하러 올지 떠올린 다음, 교실 산책을 하며 주변 친구들과 의견도 공유하고 사고를 확장시킬 수 있었다.

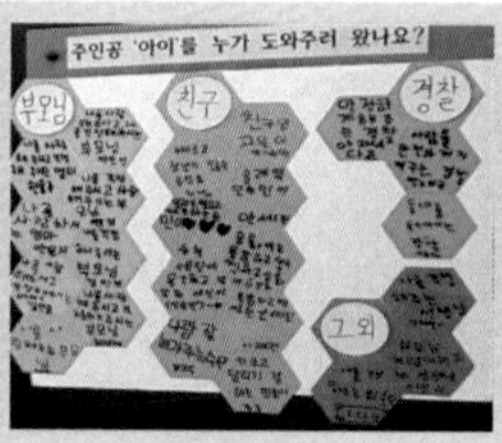

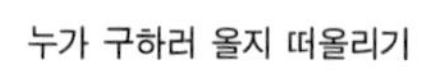

누가 구하러 올지 떠올리기 친구의 생각 공유하기 나만의 책에 정리하기

▶ **누가 구하러 올지 주요 인물 선택하기**

주인공인 내가 얼음이 되었을 때 누가 구하러 올 것인지 여러 인물을 떠올려 보았다. 이제 '나는 누가 구하러 와서 이야기가 어떻게 될 것 같다'를 생각해 보도록 했다. 학생들은 아직 뒷이야기를 모른다. 그렇기 때문에 더욱 자신의 이야기가 흥미진진하다. 그렇게 글쓰기를 지루해 하던 아이들도 입말로 글쓰기에 더없이 적극적이다. "나는 누가 와서 어떻게 되었을 것 같아"라고 하면서 자기들끼리 이야기를 만들기에 분주하다. 그리고 하나의 인물을 선택하며 누가 왔을지 자신의 책을 진지하게 만들어 갔다.

인물 외에 사건이나 배경을 바꾸어 다양한 변인을 두었다면, 좀 더 다양한 이야기 전개가 되지 않을까 하는 욕심을 내어 보았다. 하지만 1, 2학년군의 문학 영역에서는 작품 속 **'인물의 상상하기'**까지가 교육과정 내용 체계표에 제시되어 있었다. 내가 욕심낸 인물, 사건, 배경의 관계는 3, 4학년이 되어서야 가능하였다. 따라서 이번 차시는 어떤 인물이 등장하여 주인공 아이에게 도움을 줄지에 대한 뒷이야기를 생각해 보는 것으로만 수업을 구성하였다.

- [7차시]: 뒷이야기 상상하여 바꾸어 쓰기

이번 차시는 수행 과제를 완성하기 위한 가장 중요한 차시이다. 지금까지의 책 속 경험을 바탕으로 뒷이야기를 상상하여 **『얼음 땡! 2탄』** 이라는 자신만의 그림책을 완성하는 것이다.

▶ 정지 영상 놀이를 하며 뒷이야기 상상하기

지난 시간에 자신이 바꾼 주요 인물을 떠올리며 선생님의 상황 해설에 따라 몸짓으로 표현해 보고 어떻게 되었을지 상상해 보는 정지 영상 놀이를 하였다. 선생님이 상황을 해설하듯 읽어 주면, 아이들은 선생님의 해설을 듣고 무언극처럼 행동으로 표현한다. 상황에 대한 해설이 끝날 무렵 선생님이 '얼음' 하고 외치면 정지 상태의 아이들은 선생님의 상황 질문에 대한 답을 생각한 후, 몇몇 아이들에게 이어질 이야기를 인터뷰하듯 질문하여 뒷이야기를 상상해 보았다.

- 도움을 주러 오는 '인물' 되어 보기 -

- 첫 번째 상황: 나는 지금 주인공 아이를 찾아 헤매고 있습니다. 해질 무렵 어두워지는 막다른 골목으로 걸어갑니다. 주인공이 저 멀리 얼음이 된 채 서 있습니다. 주인공을 향해 빠른 걸음으로 다가갑니다. 주인공에게 다가가…….

  얼음!

  상황 질문 1. 도움을 주러 온 건 누구입니까?

  상황 질문 2. 왜 오게 되었습니까?

- 주인공 '나' 되어 보기 -

- 두 번째 상황: 얼음인 상태로 서 있습니다. 해가 진 골목에 서 있는 나는 누군가 '땡!' 해 주기를 간절히 기다리고 있습니다. 저쪽 골목 끝에서 나에게 누군가 다가옵니다. 나는 누구인지 소리가 나는 쪽을 향해 바라봅니다. 두 사람이 마주보고 섭니다.

  얼음!

  상황 질문 1. 주인공 '아이'인 나는 도움을 주러 온 사람에게 무슨 말을 했을까요?

  상황 질문 2. 두 사람은 어떻게 되었을까요?

▶ 뒷이야기 바꾸어 쓰기

정지 영상 놀이에서 떠올린 생각들을 가지고 질문 놀이를 하면서 친구들의 생각을 들어 보고 나의 생각을 더해 입말로 표현하였다. 초등학교 저학년의 경우 논리적인 사고보다 직관적인 사고가 발달하여 논리적 글쓰기보다는 입말 쓰기를 더 잘한다. 따라서 자신의 생각을 글로 표현하기 전에 몸짓을 섞어 가며 입말로 표현하게 했더니 글쓰기를 쉽게 생각하게 되어 적극적으로 참여하였다.

몰입하여 활동에 집중하는 아이들은 서로 묻고 이야기하며 생각을 나누고 더 좋은 아이디어를 찾아 활용하였다. 뒷이야기를 쓰기 시작하는 순간, 정적이 흘렀고 한 명도 놀거나 딴짓하는 아이 없이 글을 써내려갔다.

정지 영상 놀이하기　　　　뒷이야기 쓰기

▶ **이야기 나누고 평가하기**

겪은 일을 바탕으로 뒷이야기를 상상하여 이야기를 쓴 다음, 한 사람씩 발표하기에는 시간이 많이 걸리고 집중력도 떨어진다. 그렇다고 몇 명만 발표하면 듣지 않고 노는 학생들이 생긴다. 그래서 학생들을 이야기 마당(교실의 중앙)으로 나오게 하여 3명의 친구들과 만나 섞이고 짝 나누며 서로의 글을 소개하고 상호평가를 하였다. 이야기 마당으로 모이기 전, 뒷이야기를 나눌 때 감상 기준을 미리 알려주었다. 섞이고 짝 나누기가 끝나면 감상 기준에 따라 뒷이야기를 상상하여 잘 쓴 글을 추천하여 발표하였다. 이미 모든 아이들이 자신의 이야기를 3명의 친구들에게 소개하고 평가도 했기 때문에 몇몇 친구들이 발표를 한다고 해서 딴짓을 하거나 불평하지 않았다.

〔2바04-02〕 자신의 생각이나 겪은 일을 시나 노래, 이야기 등으로 표현한다.
■ 수행평가 기준(서·논술형)
▶ 앞 이야**기**와 뒷이야**기**가 자연스럽게 이어지는가?(지식)
▶ **재**미나 감동이 있는 뒷야**기** 쓰**기**를 할 수 있는가?(기능)
▶ 겪은 일을 떠올려 뒷이야**기** 쓰**기**에 흥미를 가지고 참여하는가?(태도)

교사는 글자 쓰기를 어려워하는 학생들을 지원하고, 친구들과 함께 작품 나누기를 할 때 소외되는 학생이 없는지 살펴보며 짝을 지어 주는 역할을 했다. 수업 전에 수행 과제를 계획하고 준비하는 과정은 힘들었지만 실제 수업에서는 학생들이 학습을 할 수 있는 환경을 만들어 지원하는 역할을 해 주면 그만이었다.

- [8차시]: 그림책 전시회 열기

▶ 그림책 전시회 열기

완성된 그림책을 친구들과 나눌 수 있는 충분한 시간을 가졌다. 자신이 쓴 『얼음 땡! 2탄』 책을 책상 위에 전시하며 자신이 읽어 보고 싶은 그림책을 찾아 읽었다. 친구들의 책을 읽으며 감상 기준에 따라 잘된 그림책에 스티커를 붙여주고 칭찬할 점을 적어 주도록 하였다. 서로의 그림책을 읽고 "너의 그림책의 이야기는 앞 이야기와 자연스럽게 이어지는구나!", "너는 재미와 감동이 있구나!" 등과 같이 칭찬할 점을 구체적으로 적어 주도록 하였다.

나만의 그림책 전시회 열기 　　　　 칭찬 나누기

▶ 프로젝트 소감 나누기

마지막으로 8차시에 걸쳐 진행된 나만의 그림책 만들기를 하며 '어떤 생각과 느낌이 들었는지', '어떤 점이 좋았고 아쉬웠는지'에 대한 이야기를 나누며 한 단원을 마무리지었다. 기초·기본 교육에 충실하자는 교사 수준 교육과정의 교육 목표를 성취하기 위해 중점과제인 '그림책을 흥미를 가지고 읽고, 자신의 삶을 담은 글쓰기를 누리고 즐겨 문화 향유 역량'을 기르기 위한 단원 내 재구성을 해 보았다. 학생들은 이 단원을 배우며 책 속 놀이를 실제로 해 보는 것이 즐거웠고 글쓰기에 대해 자신이 생겼다는 소감을 발표하였다. 끝까지 읽어 주지 않았던 원작 『얼음 땡!』을 다음 날 교실 뒤편에 전시해 두었다. 아이들은 친구들과 함께 돌려 가며 한동안 읽고 또 읽었다.

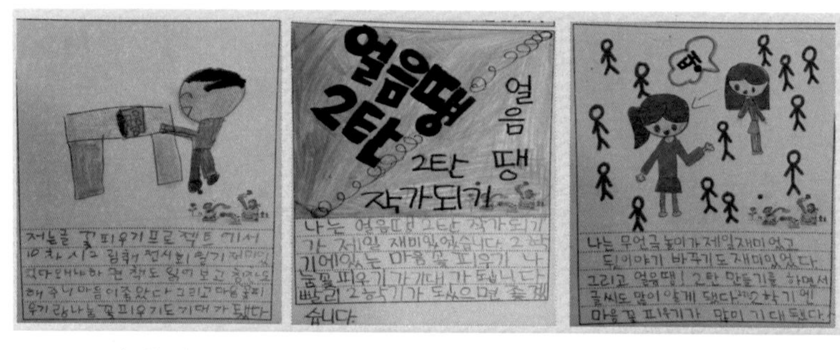

소감 나누기 1 소감 나누기 2 소감 나누기 3

□ 교과서 넘어 온작품으로 풀어 본 나만의 교사 수준 교육과정

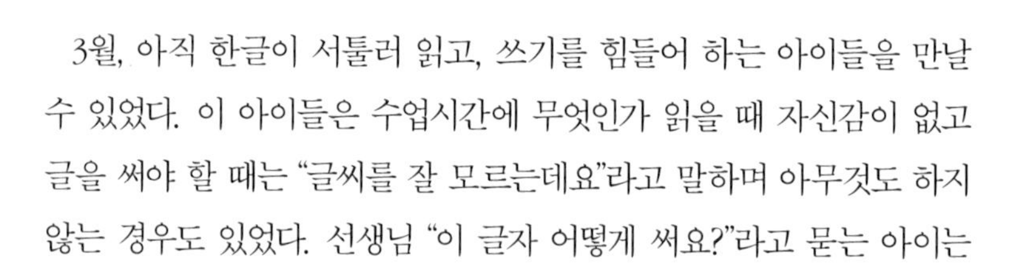

3월, 아직 한글이 서툴러 읽고, 쓰기를 힘들어 하는 아이들을 만날 수 있었다. 이 아이들은 수업시간에 무엇인가 읽을 때 자신감이 없고 글을 써야 할 때는 "글씨를 잘 모르는데요"라고 말하며 아무것도 하지 않는 경우도 있었다. 선생님 "이 글자 어떻게 써요?"라고 묻는 아이는 오히려 나은 편이었다.

1, 2학년에서 한글을 바르게 읽고 쓰지 못하는 아이는 3, 4학년이 되면 늘어난 교과에 읽고 써야 할 양이 많아지기 때문에 부진할 수밖

에 없다. 그러면 자연히 학습에 흥미를 잃게 되고 수업시간에 딴짓을 하기 마련이다. 글을 읽고 쓰는 문제는 아이들의 삶의 문제이다. 독서 인증제 통과를 위해 표지와 그림만 읽는 수박 겉핥기식의 아침 독서 활동 시간, 하루에 있었던 일을 나열하기 바쁜 의미 없는 반복적 일기 쓰기로는 읽고 쓰는 것이 아이들의 삶이 되었다고 말할 수 없다. **'어떻게 하면 읽고 쓰기에 흥미를 가지고 즐길 수 있을까?'**

작년에 이어 2학년을 연임하면서 느꼈던 아이들의 문제를 동학년 선생님들과 의논하여 교육과정에 반영하기로 했다. 기초·기본 교육에 충실하자! 읽기, 쓰기를 강화하고, 그림책이나 책놀이로 읽고 쓰는 즐거움을 느낄 수 있도록 교육 목표를 세웠다.

다음으로 어떤 방법으로 적용을 할지 동학년 선생님들과 고민하여 **'나만의 그림책 만들기'**를 계획하여 수업을 진행하였다. 자신이 작가가 되어 그림책을 따라가며 읽고 경험해 본 이야기를 쓴다면 아이들은 즐겁게 읽고 쓸 수 있을 것 같았다.

교과서를 넘어 온작품으로 아이들과 함께 수업을 하며 느꼈던 점은 교과서를 읽을 때 볼 수 없었던 몰입하는 아이들의 모습이었다. 그림책에 집중하여 듣는 아이들을 볼 수 있었고, 자신의 생각을 친구들에게 잘 말하려고 노력했다. 스스로 작가가 되어 그림책을 쓰기 위해 옛놀이와 역할 놀이에 몰입하여 활동했다. 자신이 경험했던 것을 떠올려 뒷이야기를 상상하며 그림책을 완성하는 순간, 아이들은 작가가 되어 더없이 뿌듯해했다. 물론 나도 마찬가지였다.

수업의 과정은 삶이다. 아이들과 나의 삶이 뒤섞인 수업에서 나는 지난 몇 주간 꿈을 꾸었다. 자신의 생각이나 겪은 일을 제대로 표현할 수 있는 아이들, 자신이 주인공이 되어 재미와 감동이 담긴 일기를 쓰는 아이들, 독서 감상문을 적으면서 자신의 삶을 생각하는 아이들을 꿈꾸면서 수업을 하였다. 지금 나는 꿈꾸던 아이들을 만나고 있다. 그리고 또 다른 꿈을 위해 나의 수업 이야기를 잠시 멈춘다.

03

교사 수준 교육과정 생성, 성찰하고 성장하는 교사의 기록

Episode 해마다 출간하는 우리 반 교육과정

청년교사: 교사에 의한 계획과 실천이 공존하는 교사 수준 교육과정은 '설계', '실행', '생성' 단계에 따라 다양한 모습으로 존재한다고 하셨죠?

에듀쿠스: 맞네. 설계 단계는 '계획된 교육과정', 실행 단계는 '실천된 교육과정', 생성 단계는 '실현된 교육과정'의 모습으로 존재하지.

청년교사: 학년 초 계획에 따라 학년 중에 지속적으로 실천하면, 학년 말에는 당연히 결과물로서 '실현된 교육과정'을 생성할 수 있겠군요.

에듀쿠스: 물론이지. 하지만 학기 초 계획된 교사 수준 교육과정이 실천되지 못하고 문서로만 존재하면, 그 교육과정은 사(死)교육과정이 된다네. 한 차시, 한 단원, 한 주제 단위의 다양한 교사 수준 교육과정으로 반드시 실천되어야 하지.

청년교사: 한 차시, 한 단원, 한 주제 단위의 교사 수준 교육과정을 실천하기 위해서는 무엇이 필요합니까?

에듀쿠스: 실천하는 설계자로서의 교사 전문성이 필요하겠지? 그래야만 교과서의 지식을 단순히 아이들에게 전달하는 수업을 극복하고 성취기준과 교육과정 구성 관점으로 해석과 번역의 작업을 거쳐 아이들의 삶을 담은 교육과정을 운영하는 것이 가능하니까.

청년교사: 계획과 실천이 중요하다는 선생님의 말씀에 공감합니다. 자연스러운 계획과 실천의 결과로 교사에게 주어진 결과물이 바로 생성 단계의 '실현된 교육과정'이 되겠군요.

에듀쿠스: 맞네. 실현된 교육과정은 다양한 결과물을 만들어 낼 수 있지. 예를 들어, 어떤 결과물들이 있을까?

청년교사: 깔끔하게 작성된 문서가 될 수도 있지만, 수업 준비를 위해 교과서나 교사용 지도서에 기록된 교사의 자유로운 메모, 수업에 대한 아이디어를 형상화한 이미지, 그리고 각종 멀티미디어 파일 등 교사가 수업과 평가 행위를 통해 만들어 낸 모든 것들이 교사 수준 교육과정의 결과물이 될 수 있다고 봅니다.

에듀쿠스: 정확하게 이야기했네. 교사가 계획에 따라 1년 동안 실천한 내용을 담고 있는 것이라면 모두가 결과물이 될 수 있다네.

청년교사: 하지만, 실천의 결과로 얻어진 자연스러운 것이 아니라, 결과물 생성 자체가 목적이 되어 버린다면, 오히려 교사에게 큰 부담으로 작용할 수 있을 것 같아요.

에듀쿠스: 만약 그렇게 된다면, 그건 본말이 전도된 어처구니없는 경우가 될 수 있지. 최근 주목받는 교육과정-수업-평가-기록 일체화도 실천적인 수업·평가 행위보다 기록에 강조를 두게 되면 예상 못한 부작용이 발생할 수도 있음을 잊지 말아야 하네.

청년교사: 결과물이나 기록과 같은 형식도 필요하지만, 내용 및 실천과의 균형 있는 조화가 얼마나 중요한지 새삼 느껴지네요.

에듀쿠스: 한 가지 더 명심해야 할 점이 있네. 계획과 실천의 결과로 교사에게 주어진 교육과정 결과물도 중요하지만, 무엇보다도 중요한 것은 **학생 개개인에게 실현되어 실제적인 학생의 성장으로 나타나는 것**이지. 이를 위해서는 교사의 실천과 학생에게의 실현이 동일할 수 있도록 과정 중심 평가를 통한 지속적인 피드백이 중요하다네.

국가·지역·학교 수준 교육과정을 바탕으로 설계된 교사 수준 교육과정은 교실에서 교사와 학생들의 상호작용으로 만들어가는 수업으로 실천된다. 이러한 과정에서 교사와 학생들은 함께 다양한 교육적 경험을 생성[80]하게 된다.

매년 생성되는 교육적 경험이지만 교사마다 각양각색의 모습을 가지고 있다. 교사의 철학이나 역량, 학생의 발달 단계나 수준, 지역적 특성이나 학교의 환경에 따라 다양한 모습으로 생성될 수 있기 때문이다.

교육과정의 주체이며 설계자로서 교사는 매년 생성되는 교육적 경험으로써의 교사 수준 교육과정을 설계에서부터 생성까지 일관성을 가지고 운영하며 교사와 학생이 얼마나 성장했는지 되돌아보는 과정이 필요하다.

왜냐하면 국가·지역·학교 수준 교육과정을 바탕으로 교사 수준 교육과정이 어떤 의미 있는 생성을 하였는지 반성하며 끊임없는 피드백으로 학생의 성장을 돕고 다음 교육과정 설계에 수정·보완해야 하기 때문이다.

:: 교사 수준 교육과정 실행에 대한 평가의 방향

국가·지역·학교 수준 교육과정을 바탕으로 설계되고 실행되는 교사 수준 교육과정은 교사의 철학이나 역량에 따라 다양한 모습으로 생성되어 학생들이 경험하게 된다. 경험하는 학생에 따라서 교사 수준 교육과정은 또 다른 색깔을 덧입게 된다. 왜냐하면 교사 수준 교육과정은 교사와 학생이 함께 만들어 가는 교육과정이기 때문이다. 그리고 그 교육과정은 문서, 사진, 파일 등의 결과물로서 자신의 실체를 드러내기도 하지만, 무엇보다도 성장한 교사[80]와 학생들의 모습으로 진정한 실체를 드러내게 되는 것이다.

그렇다면 설계 단계에서 계획한 대로 실행 단계에서 수업으로 실천하고 마지막으로 생성 단계에서 학생들에게 실현된 교사 수준 교육과정은 어떻게 평가하고 반성해야 할까?

교육과정 생성의 관점에서 교육과정 실행에 대한 평가는 다음과 같은 질문에 초점을 둔다. 이 관점에서 교육과정 실행의 성공은 교육과정에 참여하고 있는 교사와 학생 모두가 개인적으로 발달하고 성장해가고 있다고 느끼는가에 의해 판단된다.

〈교육과정 생성의 관점에서 교육과정 실행에 대한 평가〉

1) 초등학교 학년군 시간 배당 기준을 바탕으로 적정 시간을 운영하였는가?
2) 학습 촉진을 위해 평가가 실시되어 학생의 성장 중심으로 기록되었는가?
3) 교실에서 생성된 경험들은 무엇인가? 생성을 위한 교사와 학생들의 활동은 적절하였는가?
4) 국가 수준 교육과정은 교사 수준 교육과정의 생성에 어떤 영향을 주었는가?
5) 실제로 생성된 교육과정이 학생들에게 주는 영향은 적절하였는가?

---

79 소경희 저, 『교육과정의 이해』, 교육과학사, 2017년, p.340~314.

80 교사 수준 교육과정 운영으로 가장 많이 성장하는 주체는 교사일 것이다. 교사는 학생과 함께 배우고 성장하는 존재이기 때문이다.

:: 교사 수준 교육과정 구성 되돌아보기

교사 수준 교육과정의 실천과 생성을 위의 질문에 따라 되돌아보려 한다. 계획된 교육과정을 열심히 실천하다 보니 더 나은 내용이나 방법이 떠올라 수정하기도 하고, 설계한 대로 실행이 어려워 내용을 줄이거나 방법을 바꾸어 진행하기도 하였다. 교육과정을 마무리 지을 즈음엔 다음 교육과정을 생각하며 계획에 대한 실천을 스스로 평가해 보는 의미 있는 시간이 필요하다 생각되었다.

자기 평가의 과정은 교육과정의 개발자로서 교사 수준 교육과정 구성이 바르게 이루어졌는지, 학생과 교사가 성장해 가고 있는지를 반성하고 그 다음 교육과정 구성을 위해 수정·보완하기 위함이다.

1) 초등학교 학년군 시간 배당 기준을 바탕으로 적정 시간을 운영하였는가?

교사 수준 교육과정을 구성하는 데 기본이 되는 것은 국가 수준 교육과정에서 제시하는 학년군 편제를 편성하고 시간 배당 기준에 제시된 최소 수업 시수를 운영하는 것이다. 국가 수준 교육과정에서 제시하는 최소 수업 시수를 반영하되 학교 교육과정에서 제시하는 수업 일수에 따라 학년군 시간 배당 기준으로 적정하게 운영해야 한다. 또한 학교의 특성, 학생·교사·학부모의 요구 및 필요에 따라 교과(군)별 20% 범위 내에서 시수를 증감하여 편성·운영할 수도 있다.

올해 우리 반 학생들은 2017학년도부터 2018학년도까지 기초·기본 교육 강화를 위해 국어 교과(2시간)와 수학 교과(1시간)를 증배했고, 바른 생활과의 경우 성취기준에 의한 학습 내용 재구성으로 내용을 축소했으며, 즐거운 생활과의 경우 프로젝트 학습 운영을 위해 2시간 증배하여 운영하였다.

구분		국가 기준	본교 시수	시수 증감	1~2학년군		증감 운영 내용
					2017년 1학년	2018년 2학년	
교과(군)	국어	448	450	+2	212(+2)	238	• 기초·기본 교육 강화(증): 1학년
	수학	256	257	+1	121(+1)	136	• 기초·기본 교육 강화(증): 1학년
	바른생활	128	127	-1	60	67(-1)	• 성취기준에 의한 학습 내용 축소: 2학년
	슬기로운 생활	192	192		90	102	
	즐거운 생활	384	386	+2	182(+2)	204	• 프로젝트 학습 운영(증): 1학년
창의적 체험활동		272	272		170	102	
안전한 생활		64	64		30	34	
계		1,744	1,748	+4	865(+5)	883(-1)	

1, 2학년군 교육과정 편제 및 배당 시수

교사 수준 교육과정에서 시수 운영을 할 때는, 국가 수준 교육과정의 시간 배당 기준을 참고하고 교사의 의도에 따라 프로젝트 학습 등의 학습 내용을 재구성하여 20% 내에서 충분히 자율성을 발휘할 수 있다.

2) 학습 촉진을 위해 평가가 실시되어 학생의 성장 중심으로 기록되었는가?

평가는 수업의 과정 속에서 학습 촉진을 위해 실행되는 것이다. 교사는 평가 행위로 학생의 수준 및 특성을 파악하여 계속적인 피드백이 이루어질 수 있도록 해야 한다. 이를 통해 학생 성장을 지원하고 다음 수업의 개선을 위한 자료로 활용하여 교수·학습의 질이 개선될 수 있도록 한다. 이러한 시각으로 교사 수준 교육과정을 실행하며 성취기준에 도달했는지를 평가하고 학생의 성장 정도를 정확하게 기록으로 남기기 위해 노력하였다.

그래서 학생들이 제작한『얼음 땡! 2탄』을 서로 비교하여 수준의 높고 낮음에 의해 배움의 유무를 판단할 수 있을지에 대해 지속적으로 고민하였다. 원래의 출발점이 다르기에 계획한 대로 가르쳐도 학생들에게 경험되는 배움의 양이나 질이 같지 않을 거라 판단하였다. 평가의 결과는 달라도 각자의 수준에서 출발하여 향상되었다면 학생이 성장한 것으로 보고 기록을 남겼다. 학생 개개인의 출발점과 평가 결과를 비교하여 학생의 성장 정도를 정확하게 파악할 수 있었고 맞춤형 피드백으로 성장을 지원할 수 있었다.

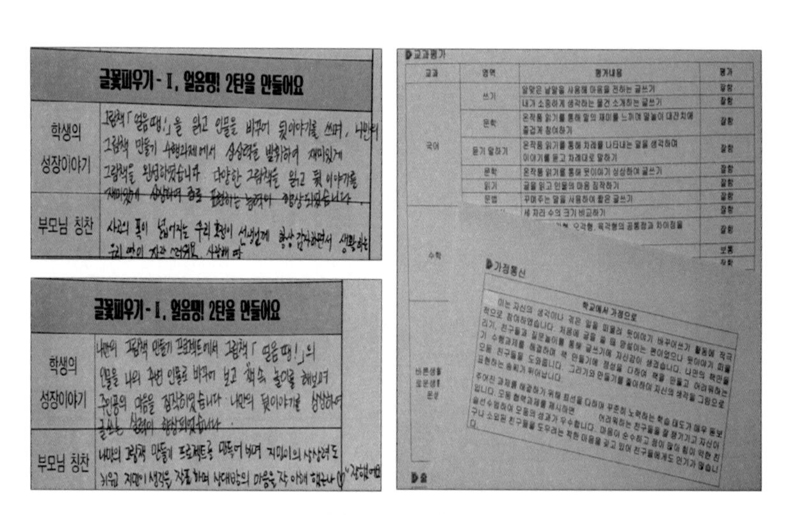

글꽃피우기 - Ⅰ. 얼음땡! 2탄을 만들어요	
학생의 성장이야기	그림책「얼음 땡!」을 읽고 인물을 바꾸어 뒷이야기를 쓰며, 나만의 그림책 만들기 수행과제에서 상상력을 발휘하여 재미있게 그림책을 완성하였습니다. 다양한 그림책을 읽고 뒷이야기를 재미있게 상상하여 글로 표현하는 능력이 향상되었습니다.
부모님 칭찬	사고의 폭이 넓어지는 우리 [illegible] 선생님께 항상 감사하면서 생활하는 우리 [illegible] 자랑스러워요. 사랑해 [illegible]

글꽃피우기 - Ⅰ. 얼음땡! 2탄을 만들어요	
학생의 성장이야기	나만의 그림책 만들기 프로젝트에서 그림책「얼음 땡!」의 인물을 나의 주변 인물로 바꾸어 보고 책 속 놀이를 해보며 주인공의 마음을 짐작하였습니다. 나만의 뒷이야기를 상상하여 글쓰는 실력이 향상되었습니다.
부모님 칭찬	나만의 그림책 만들기 프로젝트를 만들어 보며 [illegible]의 상상력도 키우고 [illegible] 생각을 자주 하며 상대방의 마음을 잘 이해 [illegible] "잘했어" [illegible]

▶교과평가

교과	영역	평가내용	평가
국어	쓰기	알맞은 낱말을 사용해 마음을 전하는 글쓰기	잘함
		내가 소중하게 생각하는 물건 소개하는 글쓰기	잘함
	문학	온작품 읽기를 통해 말의 재미를 느끼며 말놀이 대잔치에 즐겁게 참여하기	잘함
	듣기 말하기	온작품 읽기를 통해 차례를 나타내는 말을 생각하며 이야기를 듣고 차례대로 말하기	잘함
	문학	온작품 읽기를 통해 뒷이야기 상상하여 글쓰기	잘함
	읽기	글을 읽고 인물의 마음 짐작하기	잘함
	문법	꾸며주는 말을 사용하여 짧은 글쓰기	잘함
수학		세 자리 수의 크기 비교하기	잘함
		[illegible] 오각형, 육각형의 공통점과 차이점을 [illegible]	잘함
			보통
			잘함
바른생활 슬기로운생활 즐거운생활			

▶가정통신

학교에서 가정으로

[illegible]이는 자신의 생각이나 겪은 일을 떠올려 뒷이야기 바꾸어쓰기 활동에 적극적으로 참여하였습니다. [illegible] 나만의 책만들기 수행과제를 해결하며 책 만들기에 정성을 다하여 책을 만들고 어려워하는 친구들을 도와줍니다. [illegible] 주어진 과제를 해결하기 위해 최선을 다하며 꾸준히 노력하는 학습 태도가 매우 돋보입니다. [illegible] 어려워하는 친구들을 잘 챙기고 자신이 [illegible] 마음이 순수하고 정이 많아 착한 친구나 소외된 친구들을 도우려는 착한 마음을 갖고 있어 친구들에게도 인기가 많습니다.

▶숲

학생 성장 중심 기록

3) 교실에서 생성된 경험들이 무엇이며 생성을 위한 교사와 학생들의 활동은 적절하였는가?

읽기에 대한 흥미, 글쓰기에 대한 즐거움을 키우기 위해 온작품 읽기 활동으로 단원을 재구성하여 '나만의 그림책 만들기' 수행 과제로 수업을 진행하였다. 학생들은 차시가 진행됨에 따라 자신만의 『얼음땡! 2탄』 책을 완성하였고 매 차시 작가가 되기 위한 필요한 경험들을 통해 다양한 학습 결과물들을 만들어내었다. 또한 활동이 끝나고 소감문에 수행 과제를 해결하며 아쉬웠던 점과 알게 된 점을 적어서 서로 나누었고 자신의 성장을 되돌아보았다.

교사의 입장에서 학생들의 수업 활동을 관찰하여 사진으로 남기거나, 평가를 실시하여 학생들의 부족한 부분을 피드백했고, 다음 차시에서 보완하고 수정해야 할 부분을 찾고자 노력하여 수업일지의 기록으로 남겼다.

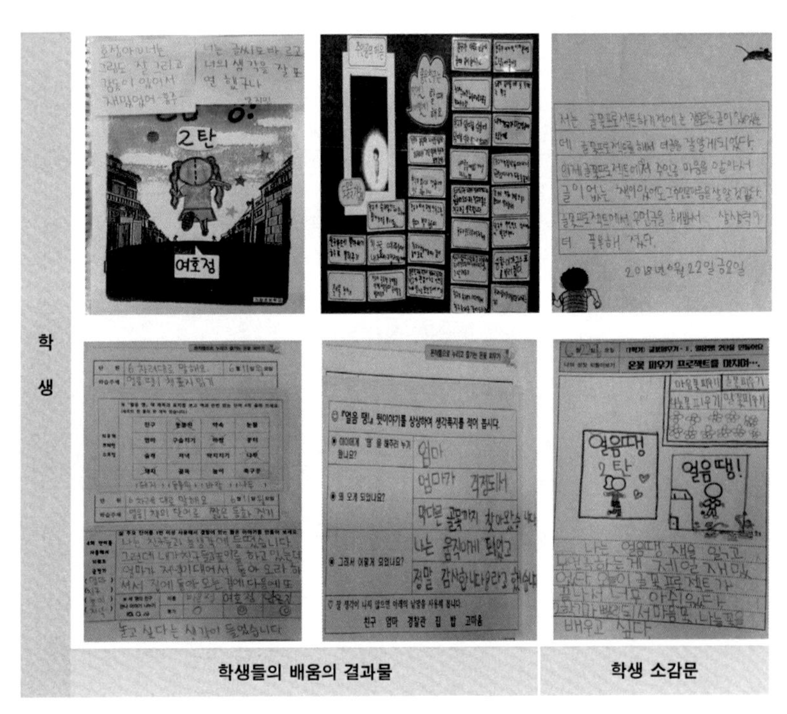

교실에서 교사와 학생, 학생 간의 상호작용으로 생성된 경험

이 모든 결과물들은 교사와 학생 및 학생 간의 상호작용을 통해 만들어 내었다. 혼자가 아닌 협력하여 결과물을 만드는 과정에서 함께 사고하고 문제를 해결하는 활발한 관계 형성을 통해 서로 성장함을 볼 수 있었다.

아쉬운 점은 아직 몇몇 학생이 말로 표현하거나 글쓰기에 부족한 점이 있었다는 점이다. 학생마다 개인적으로는 조금씩 성장하고 있으나 교사의 입장에서 그 성장을 촉진하기 위해 좀 더 세세하게 피드백하고 그 다음 학습에 반영하여 학습 활동을 계획했더라면 하는 아쉬움이 남는다.

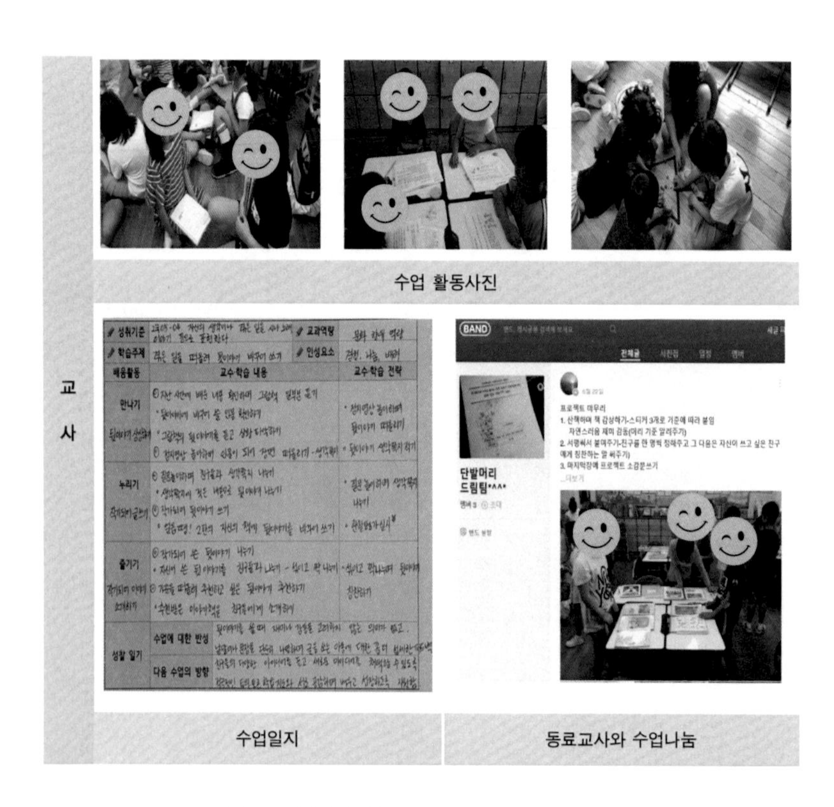

교실에서 교사와 학생, 학생 간의 상호작용으로 생성된 경험

4) 국가 수준 교육과정은 교사 수준 교육과정의 생성에 어떤 영향을 주었는가?

교사 수준 교육과정 구성에서 교사는 수업의 설계자이면서 실행자가 되어 교육과정 운영의 주체라고 생각한다. 따라서 '나만의 책 만들기' 수행 과제를 계획할 때 국가 수준 교육과정은 교사 수준 교육과정 구성의 기준으로써, 즉 내용을 구성하고 방법을 적용하는 데 활용하였다.

교사 수준 교육과정에서 목표로 삼았던 2학년 학생들의 기초·기본 교육을 실현하기 위해 관련 성취기준을 찾고 성취기준에 따라 내용과 방법을 계획하여 수업을 실행하였다. 학생들이 수업에서 경험하게 되는 내용과 방법이 자신들의 삶을 살아나가는 데 필요한 앎이 될 것이라고 확신했다. 삶에 필요한 앎은 지식뿐 아니라, 기능과 태도까지 포함한 전인적인 것이어야 한다. 그렇게 될 때 학생들에게 온전한 배움이 일어나게 된다. 앎의 기본인 지식, 기능, 태도가 바로 국가 수준 교육과정에서 제시하는 성취기준이기에 국가 수준 교육과정은 교사 수준 교육과정 구성과 실천에 실로 지대한 영향을 준다고 말할 수 있다.

5) 실제로 생성된 교육과정이 학생들에게 주는 영향은 적절하였는가?

교사와 학생의 상호작용을 통해 만들어 가는 교사 수준 교육과정은 학생들의 앎과 삶이 하나가 될 수 있도록 도와준다. 교육과정에서 학생들의 앎과 삶이 하나 되기 위해서는 계획된 문서로서의 교육과정이 실천되어서 그 결과가 학생들에게 실현되어야 한다. 이렇게 실현된 교육과정은 살아가며 일상생활 속에서 겪는 여러 가지 문제 상황의 해결을 위해 필요할 때 하나씩 꺼내어 쓸 수 있는 삶의 힘이 될 것이다. 이처럼 생성된 교육과정은 학생들에게 실현되어 삶의 문제가 되는 것이다.

'나만의 책 만들기' 수행 과제를 통해 읽기와 쓰기는 학생들에게 삶의 문제가 되었다. 매일 무언가를 읽고 써야 하는 학생들에게 '나만의 책 만들기' 수행 과제는 학생들이 읽고 쓰는 문제를 좀 더 흥미롭고 즐겁게 받아들이고 배우며 성장하기를 바라는 마음으로 계획된 것이다. 학생들은 매 차시 수업에 몰입하고 그림책에 흥미를 가지며 읽고 들었으며, 처음에는 글쓰기를 어려워했으나 단원의 차시가 끝나 갈수록 쓰기 활동에 적극적으로 참여했다. 그 결과 대부분의 학생들이 그림책에 흥미를 가지고 즐겁게 읽었으며 글쓰기에 자신감이 생겨 글 쓰는 시간이 단축되었다. 총 8차시의 수업이었지만 아침 활동 및 창의적 체험 활동의 책놀이 활동과 연계하여 지속적인 읽고, 쓰기를 강화하였다. 이렇게 생성된 교육과정으로 말미암아, 앞으로 학생들의 삶에서 스스로 책을 찾아 읽고 자신의 생각과 느낌을 글로 표현하는 글쓰기 능력이 자유롭게 발휘될 것이라 기대한다.

:: 나만의 교사 수준 교육과정, 의미 있는 생성으로 남은 것

국가·지역·학교 수준의 교육과정을 바탕으로 교사 수준 교육과정의 설계에서 실행과 생성의 과정을 되돌아보며 의미 있게 남은 것은 무엇일까? 나만의 교육과정을 통해 교사에게 의미 있게 남은 것을 생각해 보니 세 가지로 정리가 되었다. 최소한 문서로 생성되어야 했던 것, 나에게 가장 의미 있는 생성, 눈에 보이지는 않지만 교사로서 성장한 변화들이다.

먼저, 계획으로서의 교사 수준 교육과정이다. 이것은 최소한의 문서로 생성되어야 한다. 학급 교육과정의 기본이 되는 연간 시수 운영 결과, 수정된 연간 교수·학습계획, 학생 평가 결과 및 학생생활기록부로도 충분하다.[81] 국가에서 제시하는 수업 시수에 맞게 운영했는지, 무엇을 가르쳤는지, 그 결과 학생들에게 어떤 변화가 일어났는지를 교사마다 다양한 형식으로 정리하면 될 일이다. 그 외의 문서들은 필요에 따라 자율적이고 창의적으로 만들 수 있도록 교사들에게 권한을 돌려주는 것이 필요하다고 본다.

다음은, 교사로서의 철학과 가치가 반영되어 학생들의 배움이 설계되어 산출된 각종 문서나 자유로운 메모의 기록, 학생들과 함께한 의미 있는 사진자료 등이다. 단원 내 구성 또는 주제 중심 교육과정 구성을 위한 자료, 실제 수업 실행을 위해 만든 교-수-평 일체화 자료, 교수·학습 지도안 등 일 년 동안 교사 수준 교육과정을 설계하고 실행을 위해 만들었던 각종 자료들이 교사로서 나를 성장하게 했다. 다음 해 이 자료들을 바탕으로 학생의 수준과 흥미, 학교의 여건 및 지역적인 특성, 교사의 철학과 역량을 바탕으로 수정·보완하며 교사는 매년 자신의 교육과정에 전문성을 더해 갈 수 있을 것이다.

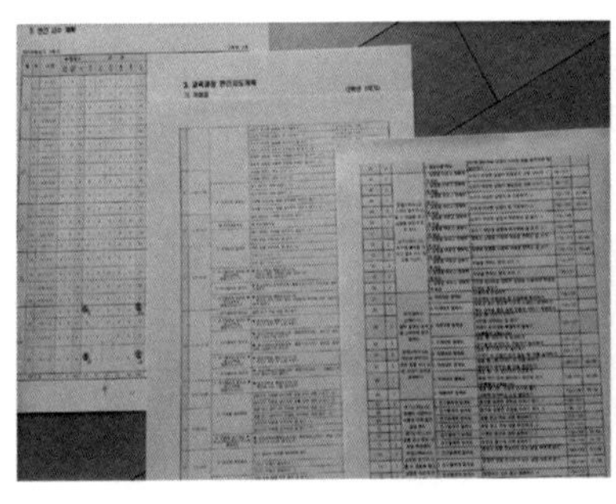

연간 시수 운영 및 수정된
교수·학습 지도 계획

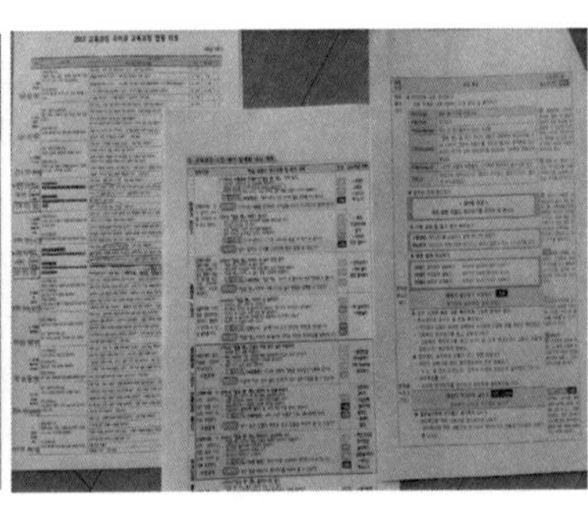

교육과정 구성을 위한 각종 문서들

81 경상남도에서는 2016년 교원 업무 경감 관련 사항 안내에 대한 공문으로 초등학교 학년 교육과정 결재사항으로는 연간 수업 진도표, 연간 시수표, 평가계획은 반드시 학교장 결재를 득하고 그 외 학년 교육과정에 포함되어 있는 다양한 문서들은 배움이 즐거운 교실이 실현될 수 있도록 교사가 자율적이고 창의적으로 작성하여 활용하도록 안내하고 있다[관련: 학교혁신과-7567(2016.4.11.)].

마지막으로, 눈에 보이지는 않지만 학생들을 보는 안목의 변화이다. 교사 수준 교육과정을 이해하기 전 학생들은 아직 성숙하지 못하기 때문에 상세한 설명과 시연을 통해 어른들이 생각하는 수준까지 성장시켜야 할 대상이었을 뿐이다. 하지만 지금은 학생들의 수준과 흥미를 고려한 수행 과제의 설계를 통해 배움중심수업으로 풀어내고 있다. 학생들은 문제 상황을 친구들과 협력하여 사고하는 과정을 통해 스스로 해결하는 모습으로 교사에게 보답하고 있다. 교사는 학생들의 삶의 문제를 수업으로 끌어들이고 학생들이 서로 문제 상황을 고민하고 해결할 수 있도록 여건을 조성해 주는 역할을 수행하면 되었다.

마지막으로 교사 수준 교육과정에 대해 연구하고 실천하면서 교육과정이 눈에 들어왔다. 교육목표와 중점과제 관련 성취기준을 찾아 한 단원을 밀도 있게 연결하고 다른 교과를 연결하여 교육과정을 구성하는 나만의 교사 수준 교육과정을 구성해 낼 수 있는 교사로서의 성장이 있었다.

교사 수준 교육과정은 새로운 정책이나 교육과정의 새로운 사조가 아니다. 급격한 사회변화에 이어 교육과정의 변화 속에서 의미를 찾기 어려웠던 교육과정에 대한 자신의 색깔을 찾고 교육의 본래적 의미를 부여하여 교사로서의 전문성, '○○○ 교사의 교육과정'을 실천하기를 바란다.

에듀쿠스의 생각

계획된 교사 수준 교육과정을 설계도 삼아 실천한 후, 생성된 자기 교육과정을 평가해 보는 것은 다음 학년도의 교육과정을 편성·운영하는 데 많은 도움이 될 것입니다. 다음의 평가표를 참고로 실행 및 생성 단계의 교사 수준 교육과정 평가를 제안해 봅니다.

▣ 교사 수준 교육과정 실행 및 생성 단계 평가하기 ▣

절차	평가 관점	자기 평가
교사 수준 교육과정 실행하기	① 교사 수준 교육과정 설계와 일관성을 가지고 운영되었는가?	
	② 교육과정 구성 관점을 반영하여 배움중심수업을 실행하였는가?	
	③ 학생의 성장을 도울 수 있는 과정 중심 평가로 실행되었는가?	
교사 수준 교육과정 생성하기	④ 초등학교 학년군 시간 배당 기준을 바탕으로 적정 시간을 운영하였는가?	
	⑤ 학습 촉진을 위해 평가가 실시되어 학생의 성장 중심으로 기록되었는가?	
	⑥ 교실에서 생성된 경험들이 무엇이었는가? 생성을 위한 교사와 학생들의 활동은 적절하였는가?	
	⑦ 국가 수준 교육과정은 교사 수준 교육과정의 생성에 적절한 영향을 주었는가?	
	⑧ 실제로 생성된 교육과정이 학생들에게 주는 영향은 적절하였는가?	
나만의 교사 수준 교육과정 의미 있는 생성으로 남은 결과물들은 무엇인가?		

에듀쿠스의 대화

— 교사 수준 교육과정 이야기, 교사를 성장하게 하다 —

교육에 대해 고민하는 한 청년교사가 있다. 그에게 교육은 누군가에 의해서 만들어진 교육과정을 단순히 전달하기만 하는 것은 아니다. 최근 강조되고 있는 여러 가지 교육 정책이나 활동들도 그에게는 큰 고민거리이다. 교육과정-수업-평가 일체화, 교육과정 재구성, 배움중심수업, 과정 중심 평가, 교사별 평가 등 지금까지 그가 해오던 교육과 무엇이 다른지 의문만 늘어나고 있다. 그에 대한 해답을 찾고 싶어서 그는 에듀쿠스를 찾아간다. 에듀쿠스와 나눈 청년교사의 진솔한 대화에 함께해 보자.

:: 철학과 가치 ::

청년교사: 선생님은 교육의 전문가라고 들었습니다. 교육에 대한 저의 고민을 해결하고 싶습니다.

에듀쿠스: 난 전문가가 아니네. 단지, 교육에 대해서 늘 생각하는 사람일 뿐이지. 하지만 자네의 고민은 한번 들어보고 싶네.

청년교사: 전 매일 아이들과 함께하지만, 늘 마음속 공허함을 느끼고 있습니다.

에듀쿠스: 마음속 공허함이라면?

청년교사: 하루 일과를 마치고 나면 힘이 쫙 빠진다고 할까요? 뭔가 보람 있고 즐거운 일을 한다는 느낌이 들지 않아요. 누군가가 시키는 일을 마지못해서 하는 기분이 듭니다.

에듀쿠스: 아이들과 함께하는 수업 시간이 즐겁지 않단 말인가?

청년교사: 즐겁기도 하지요. 하지만 솔직히 말씀 드려서 늘 그런 건 아니에요. 즐거움보다는 마지못해 한다는 말이 더 맞는 것 같아요.

에듀쿠스: 자네의 수업 이야기를 들어봐도 되겠는가?

청년교사: 부끄럽습니다. 크게 내어놓을 만한 게 없어요. 그렇지만 나름 열심히 준비해서 수업을 하긴 해요. 수업할 내용을 미리 준비하기도 하고요. 요즘 유행하는 수업 방법들을 가져와서 응용하기도 합니다. 그래서 아이들의 활동이 중심이 되는 수업을 위해서 고민을 많이 합니다. 물론 알아야 할 내용도 명확하게 정리해서 가르치고 있고요.

에듀쿠스: 그 정도면 잘하고 있는 것 아닌가?

청년교사: 그러다가도 무엇인가에 막혀서 한계를 느끼게 되면 한없이 추락하기도 해요.

에듀쿠스: 그 무엇이란?

청년교사: 아이들일 수도 있고…… 예를 들면 아이들 생활 지도, 학교 폭력 같은 거요. 혹은 학부모의 민원이 될 수도 있고, 아니에요. 저 자신이 더 큰 문제일 수도 있겠네요.

에듀쿠스: 그런 문제는 어떤 교사든 다 가지고 있는 것 아닌가?

청년교사: 그렇죠? 그럼 제 마음 속에 있는 이 공허함은 채워질 수 없는 것이군요. 다른 교사들처럼 늘 그렇게 가지고 가야 하는 것인가요?

에듀쿠스: 나름 수업 준비도 열심히 하고…… 학생 중심의 수업을 위한 새로운 시도들 앞에서도 머뭇거리지 않는다면, 문제는 무언가 다른 곳에 있지 않겠나? 혹시 보다 근본적인 것에 대한 물음을 가져 보진 않았나?

청년교사: 보다 근본적인 것이라 하시면…….

에듀쿠스: 교직에 임하는 선생님의 마음가짐이나, 혹은 **철학이나 가치** 같은 것들은 어떤가?

청년교사: 철학이나 가치라…… 교대에 진학하고 교사로 발령이 나서도 깊이 있게 생각해 보진 않았어요. 하지만 그게 제 마음의 공허함과 어떤 관계가 있을까요?

에듀쿠스: 철학이나 가치로 교육을 바라보는 나의 마음을 바로 잡지 않으면, 우리는 언제나 흔들릴 수 있다네. 지금 하고 있는 방법이나 활동들이 잘되면 그로 인해 힘이 나지만, 잘되지 않을 때는 여지없이 흔들리게 되지. 교육도 다른 일들과 마찬가지로 잘될 때도 있고 실패할 때도 있다네. 실패할 때마다 흔들려서는 곤란하지 않겠나?

청년교사: 그런 흔들림을 막아 주는 게 철학이나 가치라는 건가요?

에듀쿠스: 그렇다네. 선생님들이 늘 하는 수업으로 예를 들어 생각해 볼까? 자네는 수업에 대한 철학이나 가치를 가지고 있다고 생각하나?

청년교사: 무슨 말씀이신지? 전 수업 철학이나 가치에 대해선 깊이 생각해 보지 않았지만, 나름 열심히 준비해서 수업을 하고 있습니다.

에듀쿠스: 수업에 대한 자네의 열성을 탓하는 게 아니라네. 단지 열성으로만 수업을 했을 때는 어느 순간 흔들릴 수 있다는 것이지. 열성이라는 건 식게 마련이거든.

청년교사: 그렇다면 선생님께서는 열성이 중요하지 않다는 말씀이신가요?

에듀쿠스: 그런 뜻이 아니라, 더 중요한 것이 있다는 것이지. 자네는 자네 주변의 뛰어난 선생님들의 수업 모습을 보면서 자신의 수업과 비교하며 많은 생각을 하지 않는가?

청년교사: 물론입니다. 그분들의 능숙한 수업을 보면서 저도 잘하고 싶다는 생각을 많이 합니다.

에듀쿠스: 그렇겠지? 그리고 그분들의 능숙한 수업을 따라해 보기도 할 거고…….

청년교사: 네. 하지만 실패를 많이 합니다. 보기보다 쉽지 않더군요. 수업을 볼 때는 잘할 수 있을 것 같은데, 실제로 해 보면 어려움이 많아요. 전 왜 안 되는지……. 제 스스로가 한심하기도 해요. '더 열심히 하면 되겠지' 하며 스스로를 위로하지만…….

에듀쿠스: 그 선생님의 잘되는 수업이 자네 반에서도 잘된다는 보장은 없다네. 자네의 준비가 부족해서 그런 게 아니라, 그 반 아이들과 자네 반 아이들이 달라서 그렇다고 생각해 보진 않았나?

청년교사: 아이들이 서로 달라서 그렇다고요?

에듀쿠스: 그렇다네. 아무리 좋은 방법도 모든 교실에서 성공할 수는 없는 거야. 선생님들마다, 그리고 아이들마다에 맞는 수업이 설계되어야 한다네. 눈에 보이는 방법적인 면만 그대로 흉내 내서는 절대 좋은 수업이 될 수 없음을 명심하게.

청년교사: 아무리 그래도 잘되는 수업들은 뭔가 다른 노하우가 있지 않을까요?

에듀쿠스: 노하우가 있는지는 모르겠지만, 잘되는 수업들은 지향하는 철학이나 가치를 분명히 가지고 있을 거라 생각하네.

청년교사: 아까부터 철학이나 가치를 말씀하시는데, 도대체 수업과 철학이나 가치가 무슨 상관이 있다는 말씀입니까?

에듀쿠스: 나는 자네가 수업의 실패나 성공으로 인해 일희일비하지 않기 위해서 자네 수업에 대한 굳건한 철학이나 가치를 가져야 한다고 이야기하는 거라네. 요즘 강조하는 배움중심 수업도 일정한 형식이나 절차보다는 수업에 담겨 있는 철학이나 가치의 중요성을 강조하는 것 아닌가?

청년교사: 배움중심수업요? 철학이나 가치요? 수업에 어떻게 철학이나 가치를 담는다는 거지요? 갑자기 혼란스러워요.

에듀쿠스: 쉽게 생각해 보게. 자네가 보아온 수많은 좋은 수업에는 공통적인 가치들이 있다는 거야. 그 가치들을 보는 눈을 가지게 되면 자네의 수업도 훨씬 좋아질 수 있어. 적어도 수업의 성공 유무에 따라 일희일비하지는 않을 것이라네.

청년교사: 그래요. 좋은 수업에는 공통적인 가치들이 있다고 쳐요. 어떤 가치들인지 알려 주실 수 있나요?

에듀쿠스: 내가 일방적으로 자네에게 일러 주어서는 가치의 참 모습을 깨닫는 게 불가능하다네. 자네가 스스로 생각해 보게나.

청년교사: 제가 스스로 생각해야 한다고요?

에듀쿠스: 그렇다네. 자네 수업에서 학생들이 어떤 모습을 보였으면 하는지, 자네의 수업을 듣고 학생들이 어떻게 변하면 좋을지 생각해 보게.

청년교사: 저는 제 수업에서 아이들이 흥미를 보이고 스스로 생각하는 모습을 볼 수 있으면 좋겠어요. 그리고 혼자만 공부하기보다는 서로 협력하는 모습을 보고 싶어요.

에듀쿠스: 그 외 다른 것은 없는가?

청년교사: 많이 알기도 하지만 실천할 수 있는 학생, 무엇보다도 실력이 늘고 수업을 통해서 쑥쑥 자라는 모습이 보였으면 좋겠어요.

에듀쿠스: 좋은 이야기네. 방금 자네의 말에서 추구해야 할 철학이나 가치를 찾아볼 수 있지는 않을까?

청년교사: 예?

에듀쿠스: 자네는 조금 전에 분명히 자네의 수업과 관련하여 다음과 같이 이야기하였네. '흥미를 보이고', '스스로 생각하는', '협력하는 모습', '알기도 하지만 실천', '자라는 모습'. 어떤가? 다시 한 번 더 생각해 보지 않겠는가?

청년교사: 아! '흥미', 스스로 생각하는 '사고', '협력', 지식과 실천이 함께 하는 '통합', 자라는 '성장', 이런 것들을 말씀하시는 건가요? 이것이 제 수업의 철학과 가치가 될 수 있을까요?

에듀쿠스: 그렇다네. 철학이나 가치는 방법이나 절차가 아니라네. 단지 자네가 추구하는 방향일 뿐이야. 그런 측면에서 자네가 어떤 수업 방법을 사용해도 그 수업에는 흥미, 사고, 협력, 통합, 성장의 가치가 나타날 수 있는 것이라네. 아니, 그런 철학이나 가치가 드러나는 수업 방법을 고민하겠지.

청년교사: 철학이 담겨 있는 수업이라, 참 좋을 거 같아요. 나만의 철학이 담겨 있는 수업을 하고 싶습니다. 어떤 노력이 필요할까요?

에듀쿠스: 자네의 수업에 철학을 담고 싶은가? 그렇다면 교과서를 극복하게. 교과서의 지식을 단순히 전달만 하는 수업으로는 자네의 철학을 담을 수 없다네.

청년교사: 아, 또 그 소리군요. 교과서를 사용하지 않는 수업, 좋아요. 그런데 교과서를 사용하지 말라면 도대체 무엇을 가지고 수업을 하란 말인가요? 교과별 성취기준을 담은 교과서 활용 수업이 왜 문제가 되는 거죠?

에듀쿠스: 교과서를 활용하는 수업이 문제가 있는 것이 아니라, 누가 만든 교과서를 활용하는지 그것이 중요하겠지. 자네가 사용하는 교과서는 누가 만든 것인가?

청년교사: 당연히 교과서 집필진들이 성취기준을 바탕으로 만들었겠지요.

에듀쿠스: 맞네. 교과에 대한 전문성을 가진 역량 있는 집필진들을 구성하여 우리나라의 모든 초등학교에서 사용해도 될 정도의 표준적인 내용으로 만들었겠지. 그런데 수업은 내가 하는데 수업의 내용이 되는 교과서는 다른 사람이 만들었다는 게 이상하지 않나? 나는 이게 문제가 된다고 생각하네. 집필진들이 만든 교과서에 어떻게 나의 철학이나 가치가 담겨 있을 수 있겠는가?

청년교사: 역량 있는 집필진들이 만든 교과서라면 거기에도 어느 정도는 흥미라든지, 사고, 협력, 통합, 성장과 같은 가치들이 담겨 있지 않을까요?

에듀쿠스: 그럴 수도 있겠지. 하지만 설사 그런 가치들이 담겨 있다고 하더라도 그것들은 표준적인 가치밖에 될 수 없네. 어떻게 가치가 표준적일 수가 있겠는가? **가치라는 것에는 결국 그 사람의 삶이 반영**되어야 하는 것 아닐까?

청년교사: 선생님의 말씀에 따르면, 집필진들의 교과서에도 나름의 가치가 담길 수는 있겠지만, 근본적으로 그건 나의 가치가 아니라는 말씀이시군요.

에듀쿠스: 그렇다네. 그건 나의 가치가 아니지. 나의 삶도 아니고.

청년교사: 네, 그래서 다른 사람들이 만들어 준 교과서에는 결코 나의 철학이 담겨 있을 수 없는 것이네요.

에듀쿠스: 맞네. 자네의 수업에 사용되는 교과서에는 자네의 철학을 담아내는 노력이 필요하다네. 그래서 그 교과서가 선생님의 철학이 담긴 그 무엇으로 거듭나야 하지 않겠는가?

청년교사: 제 철학이 담긴 그 무엇으로 거듭난다는 말씀이시지요?

에듀쿠스: 그렇다네. 교과서가 아닌 자네의 철학이 담긴 그 무엇이 무엇일까?

청년교사: 선생님, 저 그게 뭔지 대략 알 것 같아요. 혹시 교육과정 아닌가요?

에듀쿠스: 맞아. 바로 자네의 교육과정이라네. 선생님의 교육과정인 셈이지. 선생님의 철학이 담긴 선생님만의 교육과정.

청년교사: 아, 무슨 말씀이신지는 대강 알겠어요. 내가 만들지 않아서 나의 철학이 담길 수 없는 교과서 대신에 나의 철학이 담긴 내 교육과정으로 수업을 하라는 말씀이지요?

에듀쿠스: 그래. 잘 이해하였네.

청년교사: 그런데 사실 지금 많이 혼란스럽습니다. 하지만 '교과서를 가지고' 수업을 할 것이 아니라 '교육과정을 가지고' 수업을 해야 한다는 말에는 공감이 갑니다. '교과서에 나의 철학과 가치를 더하여 나만의 교육과정을 만든다.' 생각만으로도 뭔가 뿌듯함이 있는 것 같아요.

에듀쿠스: 다행이네. 굳이 교과서에 자신의 철학을 더하여 내 교육과정을 만들 필요가 있느냐고 말하지 않고, 내 의견에 공감해 주니 말이야.

청년교사: 그런데 선생님, 내 교육과정의 필요성도 알겠고 수업 시간에 교과서 대신 교육과정을 사용해야 하는 것에도 동의하겠어요. 그런데 사실 나만의 교육과정을 어떻게 만드는지는 아직 잘 모르겠습니다.

:: 교육과정의 시작 ::

에듀쿠스: 교과서 중심 수업에서 교육과정 중심 수업으로 생각을 바꾼 자네가 너무 자랑스럽네. 자, 그러면 나만의 교육과정을 어떻게 만드는지에 대한 이야기를 나누어 볼까. 먼저, 자네에게 한 가지 묻겠네. 교육과정이 무엇이라고 생각하나?

청년교사: …… 어떻게 말씀을 드려야 할지.

에듀쿠스: 자네의 생각을 있는 그대로 이야기하면 된다네.

청년교사: 글쎄, 딱히 뭐라 말하기는……. 교육학에서 교육과정의 어원이 라틴어 '쿠레레'에서 유래했으며, 이 '쿠레레는 달리는 말의 코스를 의미한다' 등의 글을 본 적이 있습니다. 하지만 교육과정에 대해 깊이 있게 생각해 본 적은 있는지…….

에듀쿠스: 그렇겠지. 알긴 아는 것 같은데 꼭 집어서 말하기는 그런……. 자네뿐만 아니라 대부분의 교사들이 그럴 거야. 이번 기회에 우리 진지하게 다시 한 번 생각해 볼까? 교육과정의 시작부터?

청년교사: 네, 의욕이 솟는데요!

에듀쿠스: 교육과정의 시작을 알려면 교육의 시작부터 살펴봐야 하겠지? 난, 교육의 시작과 교육과정의 시작은 구분할 수 없다고 생각해. 왜냐하면 교육과정 없이는 교육도 어려운 일이거든. 자네 생각에 교육의 시작은 언제부터였겠나?

청년교사: 빈손으로 모든 것을 만들어 내야 했던 원시 시대부터 교육이 시작되었을 것 같습니다.

에듀쿠스: 그렇겠지? 그럼, 원시 시대의 교육과정은 어떤 내용으로 구성되었을까?

청년교사: 아무래도 그 시대는 자연환경과 사나운 짐승들로부터 보호하여 자신들의 삶을 안전하게 유지할 수 있는 내용이 가장 중요하지 않았을까요?

에듀쿠스: 맞아. 그 시대의 교육은 당연히 그 시대의 삶을 영위하는데 도움이 되는 내용으로 구성되었겠지? 처음 시작된 '교육'이라는 것이 자신들 삶의 유지를 위한 목적[82]으로 시작되었다면, 교육과정에 포함되는 내용 또한 자신들 삶에 대한 것이 되지 않았겠나?

청년교사: 삶을 위협하는 여러 가지 문제들을 해결하기 위한 내용 중심으로 구성되었다는 말씀이시군요.

---

82 본 담론에서 목적과 목표는 개념에 대한 구분 없이 적의하게 사용함.

에듀쿠스: 그렇지. 이렇게 개인, 가정, 마을 단위로 생활의 개선을 위해 필요한 몇몇 교육 내용 중심으로 이루어지던 초기의 교육은 문화의 발전 및 사회적 전통의 복잡성으로 인한 지식의 확대로 새로운 면모를 갖추게 된다네.

청년교사: …… 새로운 면모?

에듀쿠스: 확대된 지식을 보다 효율적으로 보존하고 전달하기 위해 문자의 필요성을 느끼게 되면서 이러한 기능을 전적으로 담당할 학교라는 특별한 기관을 선택하게 된다는 것이네.

청년교사: 개인, 가정이나 마을 단위의 비형식적인 교육에서 학교라는 형식적인 교육 기관이 나타나게 된 것이네요.

에듀쿠스: 학교라는 체계적인 교육 기관이 나타나면서 산발적인 교육 내용들이 교육과정이라는 이름으로 체계성을 가지게 되지.

청년교사: …… 체계성을 가진다는 것은?

에듀쿠스: 교육을 통해서 이루고자 하는 것이 무엇인지, 이를 위하여 어떤 내용을 어떤 방법으로 조직하고 평가는 어떻게 해야 되는지에 대한 체계적인 접근을 하게 됨을 의미하지. 그 체계적인 접근의 중심에 '교육과정'이 존재한다는 것이네.

:: 내용 중심 교육과정 개발 ::

청년교사: 교육 내용이 체계적으로 조직된 것이 교육과정이라고 하셨는데, 교육과정의 체계성에 대해서 좀 더 자세히 알고 싶습니다.

에듀쿠스: 체계적으로 조직되었다는 것은 **교육 내용을 중심으로 목적, 평가, 방법이 유기적인 연계**를 가지면서 운영된다는 것을 의미한다네.

청년교사: 유기적인 연계라 하시면…….

에듀쿠스: 삶의 맥락에 근거한 문제 상황에 직면하면 이의 해결을 위한 교육 내용이 선정된다네. 선정된 교육 내용의 학습을 위해 학습자의 다양한 수준에 맞추어 적절한 도달점을 표현한 것이 교육 목적이 되고 목적이 명확해지면, 학습의 방향과 학습해야 할 내용이 보다 구체화될 수 있는 이점이 있다네.

청년교사: 저는 교육과정을 개발할 때, 목적이 먼저 설정되고 이 목적 달성을 위한 교육 내용은 뒤에 조직되는 것으로 알고 있습니다. 그런데 목적보다 내용이 먼저 선정된다는 말씀이 낯설기만 합니다.

에듀쿠스: 그렇게 말하는 것도 무리는 아니지. 자네가 말한 교육과정 개발 방법은 1949년대 교육과정 분야의 한 패러다임을 구축하는 데 결정적인 역할을 한 랄프 타일러의 『교육과정과 수업의 기초원리』에서 유래한 것이라네. 이런 교육과정 개발 체제를 '목적 혹은 목표 중심적 교육과정 개발'이라고 부른다네. 현재까지 모든 선생님들에게 지극히 상식적인 교육과정 개발 방법으로 받아들여지고 있지.

청년교사: 그런데 굳이 내용 중심 교육과정 개발에 대해서 말씀을 하시는 이유를 잘 모르겠습니다.

에듀쿠스: 굳이 그렇게 하는 이유라? 자네, 교육의 과정이 공장에서 물건을 만들어 내는 과정과 동일한 원리에서 만들어졌다면 받아들일 수 있겠나?

청년교사: 공장에서 물건을 만들어 내듯이 사람을 교육할 수는 없는 노릇이지요.

에듀쿠스: 그렇지, 그렇겠지? 그렇기 때문에 타일러의 교육과정 개발 방법은 조립식 공장의 효율성에 의해 파생되었음을 잊지 말아야 한다네.

청년교사: 무슨 말씀이신지…….

에듀쿠스: 교육과정 분야의 창시자라고 일컫는 프랭클린 보비트에 의해서 도입된 과학주의 교육과정 개발 운동은 공장에서 물품을 생산하는 일이나 학교에서 교육과정과 수업을 운영하는 일이 목적 달성을 위한 효율성에 똑같이 강조점을 두고 있다고 볼 수 있다네. 안타깝게도 타일러의 교육과정 개발 방법은 보비트의 과학주의 교육과정 개발 운동에 뿌리를 두고 있다네.

청년교사: 논리적 비약이 너무 심한 억지 주장이 아닌가요?

에듀쿠스: …… 그렇게 생각하는가?

청년교사: 그리고 교육과정이 목적 달성을 위한 수단으로 사용되는 것이 그렇게 문제가 되나요?

에듀쿠스: 생각해 보게나. 교육이 국가나 지역, 학교 및 교사가 미리 일방적으로 정한 목적을 이루기 위한 수단으로 전락한다면, 어떻게 교육과정을 개인 삶의 유지를 위한 방편으로 생각할 수 있겠는가? 누군가의 삶이 외부에서 주어진 목적을 이루기 위한 수단으로 전락한다는데, 그걸 쉽게 받아들일 사람이 있겠는가?

청년교사: 교육과정이 외부로부터 주어지는 목적 달성을 위한 수단이 되어서는 안 된다는 말씀에는 공감이 됩니다.

에듀쿠스: 고맙네, 공감해 주어서…….

청년교사: 외부로부터 주어진 목적 달성을 위한 수단이 되지 않기 위해서는 스스로 목적을 수립하면 되지 않나요?

에듀쿠스: 그렇지. 학습자가 스스로 목적을 설정할 수 있도록 한다면, 적어도 외부로부터 주어진 목적의 수단으로 교육이 전락하지는 않을 것이네.

청년교사: 학습자가 스스로 목적을 설정할 수 있도록 하기 위해서 내용을 중심으로 교육과정을 개발해야 한다는 말씀이시군요.

에듀쿠스: 그렇다네. 지식이 적용되는 구체적인 경험 사태에 맥락을 둔 문제 상황을 해결할 수 있는 교육 내용을 먼저 선정하고 그 **내용을 다양한 수준으로 표현한 것이 목적과 평가**가 되고 교육 방법은 이미 내용에 포함되어 있음을 인지하여 문제 상황에서 내용, 그리고 목적, 평가, 방법이 동시적으로 도출되는 방식으로 교육과정을 구성하는 발상의 전환이 필요하다네.

청년교사: 타일러 이후, 교육과정 구성에 있어서 상식으로 되어 있는 목적으로부터 출발하여 내용, 방법, 평가로 이어지는 일련의 구성을 뒤엎는 혁명적인 제안이군요.

에듀쿠스: 그런가? 난 혁명적이라고 생각하지 않네만. 교육과정 개발 방법에 대한 우리의 고정 관념이 변하기 힘들다면 그렇게도 볼 수 있겠군.

청년교사: 교사들의 고정관념을 탓할 순 없다고 생각합니다. 목적 중심이든, 내용 중심이든 우린 나름 열심히 노력하고 있다고 생각합니다.

에듀쿠스: 탓하는 것으로 들렸다면 사과하겠네. 교육과정 개발에 있어서 유연한 사고를 강조하다 보니 그렇게 되었네. 적어도 학급에서 계획되고 실천되는 교사 수준 교육과정에서는 삶의 문제 상황 해결을 위한 교육 내용이 먼저 선정되고 교육 목적과 평가 및 교육 방법은 내용을 효율적으로 학습하기 위한 수단으로 조직될 수 있어야 된다고 생각하네.

:: 교사 수준 교육과정의 구성 요소: 내용 ::

청년교사: 교사 수준 교육과정도 내용, 목적, 평가, 방법으로 구성이 된다는 말씀이시죠?

에듀쿠스: 그렇다네.

청년교사: 교사 수준 교육과정의 구성 요소들에 대해 좀 더 자세히 알 수 있을까요?

에듀쿠스: 그렇게 하세나.

청년교사: 교사 수준 교육과정에서 교육 내용은 어떤 의미입니까?

에듀쿠스: 교육 내용은 학교 교육에서 '교과'라는 이름으로 주어지게 된다네.

청년교사: 교과라면 교과서를 말씀하시는 건가요?

에듀쿠스: 물론, 교과서도 교육 내용이 될 수는 있지만, '교과=교과서'라는 공식은 곤란하다네.

청년교사: 교과의 지식을 문서화한 것이 교과서라면 교과를 교과서로 보아도 되지 않을까요?

에듀쿠스: 그렇게도 볼 수 있겠지. 교과서는 분명 교과의 지식을 모아 놓은 게 맞으니까……. 내가 걱정하는 건 교과서가 단순 지식 전달 중심의 주입식 교육 도구로 사용된다면 예상치 못한 문제점이 발생할 수 있다는 거네.

청년교사: …… 예상치 못한 문제점이라니요?

에듀쿠스: 분명 교과 지식은 사람들이 살아가면서 만나게 되는 삶의 문제 상황을 해결하면서 축적되어 온 것으로 다양한 경험 사태와 관련을 가질 수밖에 없는 것은 확실하지. 하지만 그런 지식을 교과서에 문자로 담아 단순 전달 교육을 해서 지식이 존재하는 본래의 목적을 이룰 수 있을까?

청년교사: 물론, 모든 지식은 삶의 다양한 경험 사태와 관련을 가지지만, 일단 학교에서 학생들에게 많은 지식을 가르치기만 하면 문제 상황에서의 지식 사용 능력은 자연스럽게 획득되지 않을까요?

에듀쿠스: …… 언제 획득된다는 말인가?

청년교사: 그 지식이 필요한 문제 상황에서요.

에듀쿠스: 그게…… 가능할까? 교사로서 너무 무책임한 말은 아닐까? **"나는 가르치기만 하면 돼. 적용은 너희들 몫이니까"** 라는 것 말일세.

청년교사: 선생님의 말씀을 듣고 보니 조금 무책임한 것 같기도 하지만, 저도 학창 시절에 그런 식으로 교육을 받아 왔기에 신중하게 생각하지 않고 드린 말씀이었습니다. 죄송합니다.

에듀쿠스: 아니야, 자네가 내게 죄송할 이유는 없지. 아무 의심 없이 늘 하던 대로 생각해 온 우리들의 고정관념이 문제라면 문제일 수 있겠지.

청년교사: 선생님, 그럼 어떻게 하면 교과서의 지식을 삶의 다양한 경험 사태와 관련하여 가르칠 수 있을까요?

에듀쿠스: 음…… 발상의 전환을 해 보면 어떨까? 학생이 스스로 지식을 찾아서 공부할 수밖에 없는 환경을 만들어 주는 거지. 교사는 지식이 필요한 문제 상황을 제시하고 학생은 그 문제 상황을 해결할 수 있는 지식을 탐구할 수밖에 없는 환경을 조성해 보는 거네.

청년교사: 일방적인 지식 전달이 아니라, 지식이 필요한 문제 상황을 수업 시간에 제시해 보자는 말씀이시네요.

에듀쿠스: 그렇다네. 스스로의 필요에 의해서 지식을 공부할 수 있도록 해 보자는 것이지.

청년교사: 문제 상황이 제시되면 해결을 위해 필요한 지식을 공부할 수밖에 없을 거라는 논리이시군요.

에듀쿠스: 그렇지. 삶의 문제 상황들을 해결하며 만들어진 지식들을 모아 영역별로 분류한 것이 교과가 되었듯, **지식을 배우는 방법도 삶의 문제 상황에 뿌리를 두어야 한다는 것**이네. 지식의 최전선에서 새로운 지식을 만들어 내기 위해서 학자들이 하던 그런 활동과 근본적으로 동일한 활동을 해야 하는 거지. 비록 지적 수준의 차이는 있겠지만…….

청년교사: 그렇다면 교과 지식을 삶의 문제 상황과 관련지어 학습할 수 있도록 재구성하는 노력이 필요하겠군요.

에듀쿠스: 그래서 재구성되지 않은 교과서를 학교 교육 내용으로 바로 선정하는 것이 곤란하다는 것이라네.

청년교사: 그럼 교과 지식의 재구성을 위해서 어떤 노력들이 필요한가요?

에듀쿠스: 그래, 이제부터는 현실적인 문제들에 대해서 고민해 보아야 하겠지? 자네 혹시, 우리나라의 교과서는 어떤 기준에 따라서 만들어졌는지 알고 있는가?

청년교사: 성취기준을 말씀하시는지요?

에듀쿠스: 맞네. 성취기준은 자네도 알다시피, '학생들이 교과를 통해 배워야 할 내용과 이를 통해 수업 후, 할 수 있거나 할 수 있기를 기대하는 능력을 결합하여 나타낸 수업 활동의 기준'이라네. 간단하게 요약하면 교과를 통해 배워야 할 지식, 기능, 태도에 대해 기술해 놓은 것이라고 할 수 있지.

청년교사: 그렇다면 사실 학교에서 가르쳐야 할 교과 지식은 성취기준이라고 말해도 크기 무리는 없을 거 같습니다.

에듀쿠스: 바로 그거야. 국가에서 필요한 교과 지식을 성취기준으로 체계화 해 놓은 거지. 그래서 이 성취기준이 수업과 평가의 기준이 될 수 있는 거라네.

청년교사: 이제 좀 알 것 같습니다. 집필 위원들이 성취기준을 해석과 번역하여 만든 교과서를 그대로 맹신해서는 안 된다는 말씀이시죠?

에듀쿠스: 그렇다네. 교과서를 맹신할 것이 아니라, 성취기준을 바탕으로 해석과 번역의 작업을 하여 자신만의 교과서를 만들어 내는 노력이 필요한 거지.

청년교사: 성취기준에 따른 해석과 번역이라…….

에듀쿠스: 그렇다네. 교사 수준 교육과정에서 강조하는 교육 내용은 결국 성취기준에 따라 교사 개개인이 해석과 번역의 작업으로 만들어 낸 자기만의 교과 지식이 되는 것이지. 하지만 여기서 선생님들이 오해하지 말아야 할 중요한 사실이 하나 있네.

청년교사: …… 무엇인지요?

에듀쿠스: 지식에 대한 우리들의 고정관념을 내려놓는 것이라네.

청년교사: 지식에 대한 고정관념이라고요?

에듀쿠스: 그렇다네. 교과 지식이라고 하면 사람들은 교과서에 기록된 텍스트로 오해하는 경우가 대부분이지.

청년교사: 그럼 다른 지식이라도 있다는 말씀이신가요?

에듀쿠스: 다른 지식이 있는 게 아니라 사람들은 기능이나 태도를 지식의 범주에 넣지 않는다는 것이지.

청년교사: 기능이나 태도가 지식이 된다는 것은 조금 이해하기가 어렵습니다.

에듀쿠스: 무리도 아니지. 기능이나 태도가 지식이라니……. 하지만 지식과 기능, 태도를 구분하는 이런 이분법적인 사고로 인해 지식은 교과서에서만, 기능이나 태도는 체험 활동에서만 배울 수 있다는 잘못된 고정관념이 만들어지게 된 것이지.

청년교사: 지식과 활동을 분리하는 이분법적 사고가 지식에 대한 우리들의 잘못된 이해 때문이라니!

에듀쿠스: 지식에 대한 올바른 이해가 그만큼 중요한 것이라네. 지식은 정적인 것, 기능과 태도는 동적인 것이라는 고정관념을 극복해야 한다네. 우리가 **교과목에서 다루는 지식의 개념 안에는 기능과 태도가 반드시 포함**이 된다는 사실을 잊지 말게나.

청년교사: 기능과 태도도 지식이 된다면, 우리가 이미 알고 있는 지식과 어떻게 구분이 되는지요?

에듀쿠스: 그래 자네의 궁금증을 한 번 해소해 보지. 우리는 지식을 두 가지 형태로 분류할 수 있다네. 이론적 지식과 실천적 지식이지.

청년교사: 이론적 지식과 실천적 지식이요?

에듀쿠스: 문제 상황을 중심으로 두 지식을 구분해 보겠네. 이론적 지식은 문제 상황을 인식하는 지식, 실천적 지식은 문제 상황을 해결하는 지식이라네. 어떤 학자는 이론적 지식을 보는 지식, 실천적 지식을 하는 지식으로 구분하기도 한다네.[83]

청년교사: 이론적 지식은 문제 상황을 제대로 볼 수 있도록 도와주는 지식이고, 실천적 지식은 문제 상황을 제대로 해결하는 데 도움을 주는 지식으로 이해해도 될까요?

에듀쿠스: 정확하게 보았네! 이론적 지식은 결과가 보이지 않는 데 반하여 실천적 지식의 결과는 우리 눈에 보일 수 있게 표현이 된다네.

청년교사: 그렇다면 혹시 성취기준의 기능과 태도는 문제 상황을 해결하는 데 사용되는 실천적 지식에 해당될 수 있겠군요.

에듀쿠스: 완전하게 그렇다고는 할 수 없지만, 지식의 성격상 그렇게 이해할 수 있다네. 어떤가? 교육과정 구성 요소 중의 하나인 교육 내용에 대해 충분히 이해가 되었는가?

---

83 이홍우, 『교육의 목적과 난점』, 교육과학사, 1998년, p.132.
퓨즈 갈아 끼우는 것에 해당하는 교육 내용은 실제적 지식, 또는 실제(Practice)라는 말의 어원적 의미를 살려서 '하는 지식(Praxis)'이라 부르고, 여기에 비하여 빛의 직진에 해당하는 교육 내용은 이론적 지식 또는 다시 이론(Theory)이라는 말의 어원적 의미(Theoria)를 살려서 '보는 지식'이라고 부르는 것이 적절하다.

청년교사: …… 교육 내용은 교과 지식을 말하고, 우리나라에서는 성취기준으로 주어졌으며, 이론적 지식과 실천적 지식(기능, 태도)으로 나눌 수 있다고 이해해도 될까요?

에듀쿠스: 충분하네.

청년교사: 그렇다면, 교사 수준 교육과정을 구성하기 위해서는 반드시 성취기준을 이해하고 있어야 하겠군요.

에듀쿠스: 반드시! 성취기준을 이해하지 않고서 교사 수준 교육과정을 구성한다는 것은 불가능한 일이지. 그래서 교사들에게 반드시 필요한 능력이 '교육과정 문해력'이라네.

청년교사: …… 교육과정 문해력?

에듀쿠스: '교사가 교육과정 문서를 읽고 해석하여 교사 수준 교육과정 구성과 수업, 평가에 일관되게 적용할 수 있는 교육과정 상용능력'으로 정의될 수 있다네.

청년교사: 교육과정 문해력'을 갖추어야 교사 수준 교육과정 구성을 위한 성취기준 문해가 가능하겠군요.

에듀쿠스: 그렇다네. 실제 교육과정 수립 단계에서 교과목별 성취기준을 바탕으로 교과 내용을 해석·번역하여 학기 단위(학기별 진도표) 교육 내용 재구성은 물론, 주제 및 단원, 차시 단위의 다양한 교육 내용 재구성 노력이 필요하겠지.

:: 교사 수준 교육과정의 구성 요소: 목적 ::

청년교사: 삶의 문제 상황과 관련하여 선정되는 교육 내용이 교사 수준 교육과정 구성의 시작이라면, 다음 단계는 목적 설정이지 않나요?

에듀쿠스: 그렇다네. 교사 수준 교육과정에서 교육 목적은 어떤 역할을 할 수 있을까?

청년교사: 목적이라는 것은 우리가 교육을 통해 이루고자 하는 방향이나 구체적인 대상이지 않을까요?

에듀쿠스: 잘 이야기해 주었네. 피터스도 교육 목적은 내용이나 방법을 더욱 일사분란하게 구조화하고 정확하게 구체화하는 역할을 한다고 하였지.

청년교사: 그렇다면 목적이라는 건, 결국 교육 내용이 학습자에게 제대로 이해될 수 있도록 돕는 역할을 하는 것이군요.

에듀쿠스: 그렇다네. 교육 내용에 대한 효과적인 학습을 위해 목적이 수단으로 존재하는 것이지.

청년교사: 목적 달성을 위해 내용이 수단이 되는 것과는 완전히 다른 관점이군요.

에듀쿠스: 표면적으로는 내용과 목적이 관점에 따라 수단의 역할을 서로 주고받는 것처럼 보이지만, 사실 내용과 목적은 같은 것이라네.

청년교사: …… 같은 것이라고요?

에듀쿠스: 목적은 내용을 다양한 수준에 따라 기술해 놓았을 뿐이라는 거지.

청년교사: 다양한 수준이라면?

에듀쿠스: 학습자의 능력과 수준, 학습 시간, 교사의 관점 등 다양한 요인들이 될 수 있다네.

청년교사: 학습자 개개인마다 다른 목적 설정이 가능하다는 말씀이신가요?

에듀쿠스: 당연하지. 모든 학생에게 동일한 학습 목적으로 학습이 이루어진다는 게 이상하지 않은가?

청년교사: 이상하긴 하지만, 지금까지 아무 의심 없이 그렇게 알고 있는 사실이어서…….

에듀쿠스: 학습에 있어서 목적 설정의 중요성을 생각한다면, 의심 없이 그렇게 알고 있다고 대강 넘어갈 수 있는 문제는 아니지 않을까?

청년교사: 하지만 교육과정에는 이미 목적이 주어져 있어서 교사나 학생이 스스로 목적을 설정하는 것이 가능할지…….

에듀쿠스: 어렵겠지! 그렇다고 하더라도 외부에서 주어진 목적으로 인한 문제점을 알면서도 그대로 둘 수는 없지 않겠는가?

청년교사: …… 그렇긴 하지만.

에듀쿠스: 어려운 일이기는 하나 전혀 해결의 방법이 없는 건 아니네.

청년교사: 어떤 방법이 있을까요?

에듀쿠스: 방법을 찾기 전에 목적과 결과의 차이점에 대한 듀이의 견해를 먼저 살펴보는 게 좋을 거 같네. 자네는 목적과 결과의 차이가 무엇이라고 생각하는가?

청년교사: 의도성이 있고 없고의 차이가 아닐까요? 목적이 있든 없든 어떤 일의 결과는 시간이 흐르면 반드시 나타날 수밖에 없으니까요.

에듀쿠스: 정확하게 이야기하였네. 듀이는 "활동이 목적에 의해서 방향지어진다. 목적을 가진다는 것은 자동 기계처럼 행동하는 것이 아니라 의미를 가지고 행동한다는 뜻이다"라고 이야기하였지. 그러면서 목적과 결과의 가장 큰 차이는 의미의 있고 없음임을 강조하였어.

청년교사: 목적은 의미를 가지고 행동한다?

에듀쿠스: 그래서 듀이는 목적을 '예견된 결과(Ends in view)'라고 정의하였지. 결과에 교사나 학습자가 어떤 의미를 부여하여 학습 활동의 방향을 지시한다고 믿었던 거지.

청년교사: 그렇다면 결국 목적이라는 것은 시간적 흐름에 따라 기계적으로 이루어지는 것이 아니라, '의미를 가지고 학습'하는 활동을 말하는 것이군요.

에듀쿠스: 그렇다네. **목적을 가진다는 것은 의미를 가지고 학습하는 것**을 말한다네. 당연히 의미 없이 하는 학습보다 훨씬 잘 이루어지겠지.

청년교사: 네, 목적과 결과, 그리고 의미의 있고 없음, 뭔가 알 듯한데……. 학습에서 의미가 왜 중요한지 좀 더 자세한 설명을 부탁드려도 될까요?

에듀쿠스: '의미를 가지고 학습한다는 것'은 학습의 과정에서 학습자가 주체적으로 사고한다는 것이네.

청년교사: 사고하는 학습이라면?

에듀쿠스: 그렇지. 학습의 결과가 어떠하리라는 것을 내다볼 수 있게끔 상황을 조정한다든지(문제 인식), 학습자가 가지고 있는 경험을 조사하여 그들을 다룰 잠정적인 계획을 세운 뒤에(가설 설정), 그 계획을 끊임없이 염두에 두고 새로운 조건이 발생함에 따라 수정해 나가는 것(가설 검증 및 수정)을 의미한다네.

청년교사: 그건 반성적 사고 과정이지 않습니까?

에듀쿠스: 그렇지. 제대로 보았네.

청년교사: 결국 목적을 부여한다는 것은 반성적 사고가 가능하도록 만든다는 것이군요.

에듀쿠스: 바로 그거지. 이것이 바로 피터스가 말하는 '교육 활동을 보다 정확하게 구체화한다'는 것이고 이홍우 교수가 말하는 '교육 내용을 가르치는 것의 의미를 다양한 수준에서 표현하는 것'이며, 듀이가 말하는 '예견된 결과로서의 목적은 활동의 방향을 지시한다'는 맥락에서 목적이 가지는 의미인 거지.

청년교사: 학습에 의미성을 부여하는 목적을 외부에서 부과된 것으로 한다는 것은 말이 되지를 않겠군요.

에듀쿠스: 그래서 교사든, 학생이든 스스로 자신의 목적을 설정해야 한다는 것이네.

청년교사: 스스로 자신의 목적을 설정한다……. 스스로 자신의 목적을 설정하기 위해서 필요한 것은 무엇일까요?

에듀쿠스: 먼저, 교사는 교육에 대한 자신만의 철학과 가치를 가져야 한다네. 그런 철학과 가치의 바탕 위에서 추구하고자 하는 목적이 설정되는 것이지.

청년교사: 국가·지역·학교 수준의 교육과정에서 제시하는 교육 목적의 바탕 위에 자신만의 철학과 가치를 반영해야 한다는 말씀이시죠?

에듀쿠스: 옳은 말이네. 그렇게 되어야 교사의 교육 활동이 목적을 통해 활동의 방향을 안내받으며 의미 있게 이루어질 수 있는 것이라네.

청년교사: 결국에는 '자기 교육과정의 구성'이 핵심이겠군요.

에듀쿠스: 그렇게 생각했는가?

청년교사: 자신의 교육 목적을 가진다는 것은 자기의 철학과 가치가 담긴 자기 교육과정을 가져야 한다는 것으로 이해되었습니다.

에듀쿠스: 그래. 자네와 나의 대화가 전혀 소득이 없지는 않았네. 처음 나를 찾아 왔을 때의 자네 모습이 생각나는군. 뭔가 공허한 듯, 무기력한 모습에 마음이 아팠었는데…….

청년교사: 그랬던가요? 하지만, 지금은 제가 무엇을 해야 할지 조금은 알 듯해요. 이 모든 게 선생님 덕분이죠. 그렇다고 모든 게 해결된 건 아닙니다.

에듀쿠스: 그렇겠지. 어쩌면 우리의 대화는 이제부터가 본격적인 시작일 수 있으니까.

청년교사: 교사는 자신만의 철학과 가치가 담긴 교사 수준 교육과정 구성으로 목적 설정이 가능하다면, 학생의 목적 설정은 어떤 방법으로 가능한가요?

에듀쿠스: 교사 수준 교육과정 수립 단계에서 학생들의 의견을 반영해 목적을 설정함으로써 교육 목적 수립에 학생이 함께하는 효과를 나타낼 수는 있어. 하지만 중요한 건 그게 아니야.

청년교사: …… 그보다 중요한 것은 무엇이죠?

에듀쿠스: 보다 근본적으로는 수업 시간에 학생이 자신이 설정한 목표에 따라 학습을 할 수 있어야 한다는 거네. 그렇게 되기 위해서는 수업 시간의 학습 목표 설정에 학생이 반드시 참여해야 한다는 거네.

청년교사: 그게 가능한가요? 교사가 매 시간 수업을 설계할 때마다, 학생이 함께한다는 것은 불가능하지 않나요?

에듀쿠스: 자네 생각처럼 수업을 준비하는 단계에서 늘 학생들과 의논해서 목표를 설정하는 것은 불가능하겠지. 그래서 대부분의 수업에서는 교과에서 이미 제시된 학습 목표를 교사 수준에서 적의하게 재구성하여 학생들에게 제시하는 게 일반적이지.

청년교사: 교과에서 제시된 목표를 교사가 재구성하여 제시한다고 하지만 그것도 결국에는 교사에 의해서 주어지는 목표가 아닌가요?

에듀쿠스: 자네 말이 맞아. 학생이 스스로 설정한 목표라고 할 수 없겠지.

청년교사: 매 수업 시간 전에 불가능하다면, 수업 중에 자신의 목표 설정이 이루어져야 한다는 건데…….

에듀쿠스: …… 그렇겠지? 수업 중에 이루어져야 한다면, 수업에 대해 우리가 가지고 있던 고정관념을 근본적으로 바꾸려는 노력이 선행되어야 하지 않을까?

청년교사: 수업에 대한 우리의 고정관념이라면?

에듀쿠스: 목적에서 출발하여 내용을 선정하고 평가를 하는 목적 중심 수업 방식을 말하는 것이라네.

청년교사: 목적에서 출발한다면 이미 정해진 목적이 주어져 있다는 것.

에듀쿠스: 어떤가? 목적 중심 수업, 목적 중심 교육과정, 뭔가 비슷한 느낌을 주지 않는가?

청년교사: 목적 중심 교육과정 개발 패러다임에 젖어 있는 우리이기에 수업도 자연스럽게 목적 중심의 패러다임을 좇을 수밖에 없다는 말씀이시군요.

에듀쿠스: 바로 그거네! 새 술은 새 부대에 담아야지. 목적 중심의 패러다임에서는 교육과정 개발도, 수업도 근본적으로 학생이 자기 목적 설정을 직접 한다는 것은 불가능하다네.

청년교사: 그래서 내용 중심 교육과정 개발 패러다임으로의 인식 전환이 필요하다는 말씀이시군요.

에듀쿠스: 그렇다네. 목적을 중심에 두고서는 늘 한계에 부딪히게 된다네.

청년교사: 선생님 말씀은 교육과정 개발이나 수업에 있어서 목적 대신 내용을 중심에 두게 되면 교사나 학생의 자기 목적 설정이 가능하다는 것이죠?

에듀쿠스: 난 그렇다고 확신하네.

청년교사: 선생님, 사실 전 아직도 교육과정이나 수업에서 왜 내용이 중심이 되면 자기 목적 설정이 가능한지 이해가 잘 안 됩니다.

에듀쿠스: 무리도 아니지. 자, 우리 처음부터 다시 시작해 볼까? 먼저, 교육과정 개발에 있어서 내용이 중심이 되면 교사의 자기 목적 설정이 어떻게 가능한지 살펴보세.

청년교사: 고맙습니다!

에듀쿠스: 난 교육과정이란 기본적으로 삶을 위해서 필요한 '교육 내용'을 어떤 '교육 방법'으로 가르치느냐의 문제라고 보네. 생각해 보게나. 어떤 완벽한 교육자가 "우리의 교육 목적은 이것이니 모두들 여기에 맞추어서 내용과 방법을 선정해 주시오"라고 말할 수 있겠는가? 언제든 우리에게는 '교육 내용'이 먼저 주어져 있었지.

청년교사: 그런 거 같아요, 국가 수준 교육과정에서 성취기준으로 이미 교육 내용이 주어져 있으니까요. 저도 실제 교육과정을 개발할 때, 목적보다는 내용을 더 많이 생각하는 편이에요.

에듀쿠스: 그렇지. 교육과정 개발이란 '어떤 내용을, 어떤 목적을 위하여, 어떤 방법으로 가르쳐야 하는가?'의 문제라고 봐야지.

청년교사: 주어진 교육 내용이 중심이 되고 그 교육과정을 잘 가르치기 위해서 목적이 수단이 된다는 말씀이시죠?

에듀쿠스: 그렇지. 그러니 교육 내용을 잘 가르치기 위한 수단으로 교사가 자기 목적을 설정해야 하지 않겠나? 수업도 마찬가지 아닐까? **삶의 문제 상황을 해결하는 데 필요한 교육 내용이 제시되면, 그 교육 내용을 학습하기 위해 학생이 자기 목적을 수단으로 설정**할 수 있지 않겠나?

청년교사: 내용이 중심이 되면 수단으로서 자기 목적이 설정될 수밖에 없다는 말씀이시죠?

에듀쿠스: 그렇다네.

청년교사: 그런데 내용이 제시된다고 모든 학생이 자기 목적을 설정한다는 게 가능할까요?

에듀쿠스: 물론 아니지. 한 가지 선결 조건이 더 있네. 교육 내용이 학생들의 흥미를 끌 수 있어야 한다는 것!

청년교사: 흥미를 끄는 교육 내용?

에듀쿠스: 그렇네. 교육 내용이 학생들의 흥미를 끌기 위해서는 학생들의 삶과 관련하여 문제나 문제 상황으로 제시하는 것이 필요하다네. 아이들은 교육 내용이 자신들의 삶과 관련되어 제시될 때, 자신의 문제로 인식해 자기 목적을 설정할 수 있는 것이라네.

청년교사: 자신의 문제가 되면 그 문제 해결을 위한 목적도 자신의 것이 될 수 있다는 논리군요.

에듀쿠스: 당연하지 않은가? 자신의 문제도 아닌데, 어떤 사람이 그 문제를 해결하기 위한 자기 목적을 설정하겠는가?

청년교사: **교육 내용을 자신의 문제로 제시하면 자기 목적이 만들어진다**는 말씀이 아주 새롭게 다가옵니다!

에듀쿠스: 그렇다네. 교육 내용을 문제나 문제 상황으로 재구성하여 학생들에게 제시하면 학생들은 그 문제를 해결하기 위해 어떤 지식, 기능, 태도를 어느 정도 수준까지 학습해야 할지 스스로 생각하게 된다네. 자신의 수준에 따라 교육 내용을 새롭게 기술하는 것이 바로 자기 목적이 되는 것이라네.

청년교사: 선생님의 말씀대로라면 수업 시간에 학생의 수준에 따라 다양한 학습 목적 설정이 가능하겠군요?

에듀쿠스: 맞네, 대신 각자의 학습 목적 도출을 도울 수 있도록 교사의 다음과 같은 적절한 질문이 필요하겠지? '여러분 이 문제를 해결하기 위해서 우리가 공부해야 할 내용은 무엇일까요?', '각자 한번 생각해 볼까요?"

청년교사: 아……, 이런 수업이 가능하려면 반드시 사전에 준비하는 단계가 필요할 것 같아요.

에듀쿠스: 그렇다네. 수업 중, 교사와 학생이 자기 목적을 가지고 학습할 수 있는 환경을 만들기 위해서 고민하는 것이 바로 교사 수준 교육과정을 설계하는 과정이라네.

청년교사: 아, 교과서 중심 수업으로는 불가능하겠군요!

에듀쿠스: 맞네. 교과서 중심 수업에서 탈피하여 성취기준과 교육과정 구성 관점을 바탕으로 교과 내용을 학생들의 삶과 연계한 문제 상황으로 재구성하는 노력이 반드시 필요하다네.

청년교사: 모든 지식은 그 지식이 적용되는 구체적인 경험 사태와 반드시 관련되어 학습되어야 한다는 듀이의 말이 새삼 떠오르네요.

:: 교사 수준 교육과정의 구성 요소: 평가 ::

에듀쿠스: 내용에 대한 학습 활동을 촉진하기 위한 수단으로 목적이 설정되어야 하듯, 평가를 바라보는 우리들의 인식도 새롭게 바뀌어야 한다네.

청년교사: 저는 평가를 통해 우리가 원하는 목적 달성이 되었는지, 교육 내용과 방법의 선정 및 운영은 적절하였는지를 판단할 수 있다고 생각합니다.

에듀쿠스: 자네의 평가관은 전형적인 목적 중심 평가관이라네. 목적이라는 결과를 중심으로 평가를 생각하는 것이지. 선발적 평가관이라고도 하지. 하지만 최근에는 학생의 잠재성과 가능성을 최대한 성장시키는 것을 강조하는 발달적 평가관으로 전환되고 있다네.

청년교사: 발달적 평가관에서는 목적 달성이나 이를 위한 교육 내용과 방법의 선정 및 운영은 크게 중요하게 생각하지 않는다는 말씀이신가요?

에듀쿠스: 목적 달성이나 교육 내용과 방법의 선정 및 운영을 중요하게 생각하지 않는다는 것이 아니라 그 자체가 '목적'이 되지 않는다는 의미라네.

청년교사: 목적 달성이 '목적'이 되지 않는다니요?

에듀쿠스: 목적 달성이 '목적'이 되어 버리면 과정은 수단이 될 수밖에 없다네. 목적 도달도를 파악하는 것이 평가의 역할이 되어 버리면 평가는 수업 후에 이루어질 수밖에 없네. 그럼 수업과 평가는 분리되는 것이 당연하지 않은가?

청년교사: 평가의 역할을 목적 도달도 파악에만 둔다면 그럴 거 같습니다.

에듀쿠스: 선발적 평가관의 한계지.

청년교사: 선발적 평가관에서는 평가 결과가 수업 개선을 위한 피드백 자료가 되긴 어렵겠네요.

에듀쿠스: 반면에 발달적 평가관에서는 학습의 과정을 중시하지. 평가가 수업과 통합적으로 연계되어 학생의 학습을 지원하는 것을 강조한다네.

청년교사: 수업과 통합적으로 연계되어 학생의 학습을 지원하는 평가는 어떤 것인지요?

에듀쿠스: 수행평가라네. 수행평가는 학습의 과정과 결과를 동시에 평가하는 방법으로 목적에 대한 성취도뿐만 아니라, 학습의 과정에서 지적·정의적·기능적인 영역에 대한 즉각적인 피드백으로 학습을 지원하는 긍정적인 효과를 높일 수 있지.

청년교사: 2015 개정 교육과정에서도 수행평가를 강조하지 않나요?

에듀쿠스: 맞네. 2015 개정 교육과정에서도 '실제 교수·학습 상황에서 평가할 수 있는 상황을 설정하여 수업과 평가를 동시에 하며, 평가를 학습 촉진의 계기로 활용한다'라고 되어 있지.

청년교사: 그 구절의 의미에 대해 좀 더 알고 싶습니다.

에듀쿠스: 수행평가는 '실제 교수·학습 상황'에서 '평가할 수 있는 상황을 설정'하기 때문에, 수업 후에 별도의 평가 장면을 만들 필요가 없네. 단, 수업 중 평가 상황에서 학습자의 반응을 면밀하게 관찰하면서 피드백 정보를 수집하는 것이 중요하지. 평가 대상도 지적인 영역만으로 한정할 것이 아니라, 기능과 태도에 대한 것도 같이 이루어져야 한다네. 무엇보다도 수업과 동시에 이루어지는 평가를 통해 즉각적인 피드백을 유도하여 평가가 학습을 돕는 촉진제의 역할을 할 수 있도록 한다는 의미네.

청년교사: 최근 교육청에서 강조하는 과정 중심 평가가 이러한 변화들을 반영한 것이라고 할 수 있겠군요.

에듀쿠스: 자네 말이 맞네. 과정 중심 평가라는 것이 결국은 수업의 과정 중에 평가가 자연스럽게 이루어지는 것을 의미하는 것 아니겠나?

청년교사: 결국, 평가도 목적과 마찬가지로 학습을 위한 수단이다!

:: 교사 수준 교육과정의 구성 요소: 방법 ::

에듀쿠스: 목적이든, 평가든 결국에는 학습 촉진을 위한 수단이지. 교육 방법도 마찬가지라네.

청년교사: 이제 저희들의 대화가 교사 수준 교육과정 구성 요소의 마지막인 교육 방법에까지 이르렀군요.

에듀쿠스: 그런가? 교육 방법은 내용과 결코 분리될 수 없네. 방법이 내용으로부터 분리되면 획일적이고 고정된 절차, 기계적으로 처방된 방법을 따를 수밖에 없지. 듀이는 '방법이 내용으로부터 분리되어 획일적이고 고정된 절차, 다시 말하면 기계적으로 처방된 방법을 따르게 될 때, 학습은 흥미 없는 것이 된다'고 경계하고 있다네.

청년교사: 내용과 방법이 분리된다는 것은 이해하기가 어렵군요. 어떤 의미인지 좀 더 자세히 알고 싶습니다.

에듀쿠스: 브루너의 『교육의 과정』에 따르면, '지식의 최전선에서 새로운 지식을 만들어 내는 학자들이 하는 것이거나 초등학교 3학년 학생이 하는 것이거나를 막론하고 모든 지적 활동은 근본적으로 동일하다'고 기술되어 있다네.

청년교사: 내용과 방법의 분리와 브루너의 말이 어떤 관련이 있는지요?

에듀쿠스: **지식을 만들어 내는 '지적 활동'은 지식의 내용에 따라 고유한 활동이 있을 수밖에 없지. 그래서 지식(내용)과 그 지식을 생성하는 지적 활동(방법)은 결코 분리될 수가 없다네.** 비록 수준의 차이는 있을지언정, 학생들이나 학자가 하는 일이 근본적으로 동일하다는 말이지.

청년교사: 그러면 학교에서 이루어지는 교육은 이런 지적 활동을 하지 않는다는 말씀인가요?

에듀쿠스: 그렇다네. 종래의 학교 교육에서는 지적 활동을 한 것이 아니라, '다른 무엇'을 해 온 것이지.

청년교사: '다른 무엇'이라면…….

에듀쿠스: 다른 무엇'이란 곧, 예컨대 물리학의 경우라면, 물리학의 탐구 결과로 얻은 여러 가지 결론에 관하여 '교실에서 논의하거나 교과서를 읽는 것'을 말한다네. 브루너의 표현에 따르면 '중간언어'를 단순히 학생들에게 전달하는 교육을 한다는 것이지. 방법을 내용에서 분리하여 '중간언어'를 전달하는 획일적이고 고정된 절차의 학습이 교실에서 이루어지고 있는 것이 문제가 된다는 것이네.

청년교사: 선생님의 말씀은 모든 지식(교육 내용)에는 그 지식을 만들어 내던 학자들이 하는 지적 활동(방법)이 있었는데, 학교에서는 그 방법을 따르지 않고 지식의 결과인 중간언어를 전달하는 획일적이고 고정된 절차만을 따른다는 것인가요?

에듀쿠스: 그렇지. 지식은 지식이 처음 만들어질 때의 문제 상황이 반드시 존재하기 마련이라네. 그 문제 상황에서 지식을 만든 학자가 하던 활동과 관련 있는 방법을 찾아내는 것이 필요한 것이지.

청년교사: 아, 그렇군요. '교과서의 내용을 무조건적으로 학생들에게 전달하는 수업보다는 교과 내용을 학습자 삶의 맥락에 바탕을 둔 문제해결학습으로 재구성하여 운영하는 노력이 필요하다'라는 말씀이시죠.

에듀쿠스: 최근 강조되는 배움중심수업은 교육 방법에 있어서 교사의 가르침보다는 학습자의 실질적인 배움을 더 중요시하려는 관점의 변화를 반영한 것이라고 볼 수 있다네.

청년교사: 지식의 '중간언어'를 단순히 아이들에게 전달하기 위해서는 교사의 설명과 같은 획일적이고 고정적인 절차로도 수업이 가능하지만, **학생의 실질적인 배움을 지원하기 위해서는 '지식의 최전선에서 새로운 지식을 만들어 내는 학자들이 하는 일'과 같은 방법이 교실에서 이루어져야겠네요.**

에듀쿠스: 그렇다네. 교육 내용을 중심에 두고 목적, 평가, 방법은 수단이 되어서 학자들이 하는 일과 동일한 것으로서의 지적 활동이 이루어질 수 있기 위해서는 교사 수준 교육과정의 구성과 운영이 반드시 필요하지 않겠나?

:: 교육과정의 수준에 따른 구분 ::

청년교사: 알겠습니다. 결국, 교사 수준 교육과정을 구성하는 이유는 교실에서 교사에 의해 수업으로 실천하기 위한 것이군요?

에듀쿠스: 그렇다네. 학자들이 하는 일과 동일한 것으로서의 지적 활동이 수업으로 실천되기 위해서 교사 수준 교육과정이 반드시 필요한 거지.

청년교사: 교사 수준 교육과정은 한마디로 계획과 실천이 공존하는 교육과정이라 말할 수 있겠군요.

에듀쿠스: 그렇다네. 유일하게 계획과 실천이 공존하는 교육과정이지. 반면에, 국가·지역·학교 수준의 교육과정은 직접적인 실천의 의미보다는 교사 수준 교육과정을 지원하는 성격의 교육과정이라고 할 수 있다네.

청년교사: 국가·지역·학교 수준의 교육과정이라시면…….

에듀쿠스: 교실에서의 교사 수준 교육과정을 지원하기 위해 교육부, 시·도 교육청, 학교 수준에서 운영하는 교육과정이라네.

청년교사: 그렇다면 교사 수준 교육과정은 '교육부→시·도 교육청→학교→교실'의 획일적, 지시적, 일방적 통로의 종착점이라고 볼 수 있습니까?

에듀쿠스: 종착점이 아니고 오히려 근원지이며 시발점이라고 볼 수 있다네. 그래서 **'교실⇔학교⇔시·도교육청⇔교육부'의 흐름이 각자의 수준에서 올바른 교육과정 운영을 위한 바른 상호 관계** 구조라고 할 수 있네.

청년교사: 국가, 지역, 학교, 교실에서 이루어지는 교육과정이 유기적으로 연계되어 교육이 이루어지는 전 과정과 관련하여 총체적이고 효율적인 역할 분담이 필요하겠군요.

에듀쿠스: 그래서 교육과정 결정 주체와 역할 분담에 따라 국가 수준 교육과정, 지역 수준 교육과정, 학교 수준 교육과정, 교사 수준 교육과정으로 나누는 거지.

청년교사: 유독 교사 수준 교육과정만 계획과 실천이 공존하는 이유는 무엇인가요?

에듀쿠스: 교육의 최전선인 교실에서 교사와 학생과의 만남에 의해서 실천되는 교육과정이 교사 수준 교육과정이라네. 나머지 국가·지역·학교 수준 교육과정은 교사 수준 교육과정의 구성과 운영을 지원하는 역할을 하지.

청년교사: 교사 수준 교육과정의 구성과 운영에 다른 수준의 교육과정은 어떤 역할을 하는지요?

에듀쿠스: 국가 수준 교육과정은 교육부 장관이 결정, 고시하는 교육 내용에 관한 전국 공통의 일반적 기준을 제시하지. 이 기준에는 초·중등학교에서 편성·운영하여야 할 학교 교육과정의 교육 목적과 내용, 방법과 운영, 평가 등에 관한 국가 수준의 기준 및 지침이 담겨 있다네.

청년교사: 국가 수준 교육과정은 전국의 모든 학교에서 편성·운영하여야 할 교육 내용의 공통적, 일반적인 기준이므로 각 지역의 특수성과 각 학교의 다양한 요구와 필요를 모두 반영하기는 한계가 있을 것 같습니다.

에듀쿠스: 그렇다네. 그래서 지역 수준의 교육과정은 국가 수준 교육과정에서 획일적으로 제시하기 어렵거나 세밀하게 규제하는 것이 바람직하지 않은 사항에 대해서 그 지역의 특수성과 학교의 실정, 학생의 실태, 학부모 및 지역 사회의 요구, 그리고 해당 지역과 학교의 교육 여건 등에 따라 알맞게 정해져야 하지.

청년교사: 아, 그래서 매년 연말이면 시·도 교육청에서 지역의 교육 중점 등을 설정하여 관내의 각급 학교가 교육과정을 편성·운영할 때, 준거로 활용할 수 있는 교육과정 편성·운영 지침을 보내 주는군요.

에듀쿠스: 그렇지. 지역 수준의 교육과정 편성·운영 지침은 국가 기준과 학교 교육과정을 자연스럽게 이어 주는 교량적 역할을 하게 되며, 장학자료, 교수·학습 자료 및 지역 교재 개발의 기본 지침이 된다네.

청년교사: 그렇다면 학교 수준의 교육과정은 어떤가요?

에듀쿠스: 학교의 여건과 실태에 대한 구체적인 인식에 기초하여 학생들에게 실천 가능한 교육 설계도를 마련하고, 그러한 설계도에 담긴 특색을 구현할 수 있는 운영 계획 및 세부 실천 계획을 담고 있다네.

:: 교사 수준 교육과정의 개념 ::

청년교사: 국가·지역·학교 수준 교육과정을 바탕으로 만들어지는 교사 수준 교육과정은 어떻게 정의할 수 있나요?

에듀쿠스: 교사 수준 교육과정은 국가·지역 수준 교육과정의 기준 및 지침에 바탕을 두고, 학교 수준 교육과정에서 제시하는 요구 및 환경 등을 반영하여 단위 학급(학년)별로 편성·운영되는 실천 중심 교육과정이라고 할 수 있다네.

청년교사: 말씀하신 대로 **교사 수준 교육과정은 교실에서 교사의 수업으로 실천되며, 교사의 철학이 반영된 해석과 번역을 통해 교사 개개인에 따라 다양한 모습**으로 나타날 수 있겠군요.

에듀쿠스: 당연하지. 교사와 학생이 함께 다양한 모습의 교육과정을 만들어갈 수 있지. 한 가지 유의할 점은 교사 수준 교육과정은 설계, 실행, 생성 중 어느 단계에서 개념화하고 이해하느냐에 따라서 그 실체가 달라질 수 있다는 것이네.

청년교사: 설계, 실행, 생성 단계에서 교사 수준 교육과정의 실체에 대해 자세히 알고 싶습니다.

에듀쿠스: 교사 수준 교육과정은 계획과 실천이 공존하는 교육과정이라고 했던 것을 기억하는가?

청년교사: 물론 기억하고 있습니다. 사실, 계획과 실천이 공존하는 교육과정이라는 것이 구체적으로 어떤 모습일지 많이 궁금하였습니다.

에듀쿠스: 시간의 흐름이라는 관점에서 살펴보면, 계획은 정적인 성격인 데 반해, 실천은 동적이라네. 정적이라는 말은 일시적인 결과물로서의 존재를 의미한다면, 동적이라는 말은 과정상의 수행이라는 의미가 강하겠지?

청년교사: **계획과 실천이 공존하는 교육과정이라는 의미는 시간상의 흐름에서 교사 수준 교육과정의 모습이 계속 변화되어 가는 것을 표현**한 말인가요?

에듀쿠스: 완전히 그렇다고 할 수는 없지만. 크게 설계 단계(학기 초), 실행 단계(학년 중), 생성 단계(학년 말)로 구분할 수 있지.

청년교사: 학기 초 설계 단계에서는 한 학년 교육과정 운영을 위해 문서로서 계획된 교육과정이 만들어지겠군요.

에듀쿠스: 그렇지. 교육과정 운영을 위해 필요한 시수 확보 및 연간 진도표, 평가계획 등이 수립되게 된다네. 물론, 실천의 과정에서는 수시 수정이 가능하다는 것을 반드시 명심하게.

청년교사: 학기 초 문서로서 계획된 교육과정이 실행 단계인 학기 중에 학급에서 실제로 전개되어 '실천된 교육과정'이 된다는 말씀이시지요?

에듀쿠스: 그렇다네. 그리고 계획된 교육과정을 설계도 삼아 실천해 가면서 필요하면 다양한 형태의 교육 내용 재구성이 언제든지 이루어질 수 있다는 것도 마음속에 새겨두면 좋겠네.

청년교사: …… 성취기준과 교육과정 구성 관점 등을 바탕으로 한 해석과 번역 작업을 통한 단원 내 재구성, 단원 간 재구성, 주제 중심 재구성 등의 방법을 말씀하시는 것이지요?

에듀쿠스: 그렇지. 무엇보다도 실천된 교육과정은 실제 교실 현장에서 실천하며 학생들과 함께 만들어 가는 교육과정으로서의 의미가 크다고 하겠네.

청년교사: '만들어 가는 교육과정'이라는 말이 참 좋은 것 같습니다.

에듀쿠스: 문서상의 계획도 중요하지만, 더불어 교실에서의 실천을 강조한다는 의미지.

청년교사: 1년 동안의 실천으로 발생한 결과물이 있을 텐데, 생성 단계의 실현된 교육과정이죠?

에듀쿠스: 이젠 너무 잘 알고 있군. 교육과정이 실천되는 교실에서의 수업이 역동적인 상호작용의 과정이기에, 교육과정에 대한 해석과 실행이 수시로 이루어질 수밖에 없지. 그래서 생성 단계의 결과물은 설계 단계의 문서화된 계획을 바탕으로 다양하게 만들어질 수 있다네.

청년교사: 그렇다면 결과물의 형태는 깔끔하게 작성된 문서뿐만 아니라, 교사용 지도서나 교과서에 되어 있는 자유로운 메모, 이미지, 멀티미디어 파일 등 다양하게 나타날 수 있겠군요.

에듀쿠스: 교사가 계획에 따라 1년 동안 실천한 내용을 담고 있는 것이라면 모두가 대상이 될 수 있다네. 단, 한 가지 주의할 것은 실천에 따른 자연스러운 결과물이어야지, 보여주기식의 억지스러운 결과물이어서는 곤란하다는 사실이네.

:: 교사 전문성 ::

청년교사: 설계, 실천, 생성 단계의 교사 수준 교육과정 운영을 위해서는 자신의 교육과정을 직접 설계하고 실천하는 교사의 역량이 무엇보다도 중요할 거 같습니다.

에듀쿠스: 아주 중요한 사실을 잘 이야기해 주었네. 국가 수준에서 교육과정의 모든 것을 결정하는 수동적 교육과정 패러다임에서 교사의 역할은 위로부터 주어지는 교육과정을 실행하는 것으로 제한될 수밖에 없다네. 하지만 새롭게 등장한 '만들어 가는 교육과정'의 능동적 패러다임에서는 교사의 역할이 교육과정 실행자로서만 한정되지 않고 교육과정 결정자로 확대되고 있다네.

청년교사: 그렇다면 교사들도 교육과정 사용자로서의 전문성뿐만 아니라, 결정자로서의 전문성도 겸비해야 하겠군요?

에듀쿠스: 그렇지. 교사 수준 교육과정은 교사가 구성한 교육과정을 기반으로 배움 중심의 철학과 가치가 반영된 학생 중심 수업과 과정 중심 평가를 통해 학생의 전인적 성장을 돕기 위해서 반드시 필요하다네. 교육과정 구성이라는 계획과 수업 및 평가를 통한 실천이 공존하는 교육과정이기에 교육과정 결정자와 사용자로서의 전문성은 당연한 것 아니겠는가?

청년교사: 계획과 실천이 조화와 균형을 이루는 교사 수준 교육과정 운영을 위한 교육과정 결정자와 사용자로서의 교사 전문성에 대한 중요성이 새삼 느껴집니다.

에듀쿠스: 어떤가? 계획 단계에서의 문서 수준의 교육과정이 교사에 의해 해석되고 그의 수업 행위를 통해 실천되면서 교사마다 각양각색의 교육과정 편성·운영이 이루어지는 모습이 상상되지 않는가?

청년교사: 외부에서 만들어 준 교과서의 내용을 고정된 절차나 획일적인 방법으로 전달하는 교사가 아니라, 자기만의 교사 수준 교육과정을 계획하고 실천하는 전문성을 가진 교사가 된다는 것은 생각만 해도 감회가 새롭습니다.

:: 학생 수준 교육과정 ::

에듀쿠스: 우리들의 대화도 거의 마지막에 다다랐네. 이제는 지금까지 논의한 교육과정과는 전혀 다른 차원의 교육과정에 대한 이야기를 할까 하네. 어쩌면 우리들의 모든 대화는 지금을 위한 준비라고 해도 과언이 아닐 거라 생각하네.

청년교사: 선생님, 지금까지 우리가 이야기한 교육과정 말고 다른 교육과정이 존재한다는 말씀이신가요?

에듀쿠스: 그 질문의 대답은 잠깐 보류해 두고 내가 하나 묻고 싶은 게 있네. 계획된 교사 수준 교육과정을 똑같은 시간에 똑같이 가르쳤다면, 학생 개개인에 실현된 교육의 성과가 같다고 할 수 있을까?

청년교사: 당연히 같지는 않을 것입니다. 학생마다의 발달 단계가 다를 것이고 개개인의 수준과 능력 및 흥미도 다 천차만별일 테니까요.

에듀쿠스: 그렇겠지. 교사 수준 교육과정을 아무리 잘 계획하고 실천한다 하더라도 학생 개개인에게 교사의 의도가 다 실현된다고 볼 수는 없을 거야. 이게 좀 전에 한 자네의 질문에 대한 답이네.

청년교사: 네?

에듀쿠스: 미안하네. 내가 자네에게 농을 한 것 같군. 다른 차원의 교육과정이란 학생 수준 교육과정을 말한다네. 교사의 계획과 실천에 의한 결과로 학생에게 실현된 교육과정이라고 할 수 있지.

청년교사: 조금은 낯선 느낌이었지만, 무슨 의미인지 충분히 이해됩니다.

에듀쿠스: 사실, 학생 수준 교육과정이라는 개념은 제5차 교육과정 해설서(1987)에 이미 언급되어 있다네. '전개되고 있는 교육과정은 교사 수준 교육과정이라 할 수 있으며, 실현된 교육과정은 학생 수준 교육과정이라고 하겠다'라고…….

청년교사: 아, 그렇군요!

에듀쿠스: 사실, 학생 수준 교육과정은 현장 교사가 실제 수업 활동을 포함한 모든 교육 활동을 통해 지도하고 그 성과로서 나타난 교육과정이라네. 즉, 실천된 교사 수준 교육과정의 결과로서 학생들에게 실현된 교육과정인 셈이지.

청년교사: 학생에게 실현된 교육과정의 존재 모습은 성장한 학생들 그 자체가 아닐까요?

에듀쿠스: 바로 그렇지. 국가·지역·학교 수준 교육과정이 문서상의 계획으로만, 교사 수준 교육과정이 문서상의 계획과 실천으로 존재하는 것이라면, **학생 수준 교육과정은 교육의 결과로 성장한 학생들의 모습으로 존재**하는 것이라네.

청년교사: 학생 수준 교육과정은 실천의 결과로 성장한 학생의 모습으로 존재한다는 말씀이 아주 의미심장합니다.

에듀쿠스: '교사 수준 교육과정'이 아무리 잘 계획되고 실천되더라도 의도한 결과가 학생 수준에서 완벽하게 실현되기는 매우 어려운 일이지 않겠나? 똑같은 병이라도 환자의 체질이나 나타나는 병의 양상에 따라서 다양한 처방이 내려지듯이, 교육과정도 학생의 능력과 수준에 따라서 다르게 운영되고 성과로서 학생에게 실현되는 정도도 다를 수밖에 없다네.

청년교사: 그렇겠지요? 제 생각에도 교사 수준 교육과정과 학생 수준 교육과정이 일치하는 것은 근본적으로 불가능할 거 같아요.

에듀쿠스: '교육과정'이라는 용어를 처음 사용한 프랭클린 보비트도 자신의 책에서 "어떤 학생의 교육과정은 길 수 있고, 어떤 학생의 교육과정은 짧을 수 있다"고 하였다네.

청년교사: 개개인 학생마다 다양한 교육과정이 있을 수 있다는 의미인거죠?

에듀쿠스: 그렇다네. 정형화된 하나의 교육과정만을 생각할 수 없다는 것이지. 교사가 의도한 교육과정대로 모든 학생에게 실현된다는 것은 어렵겠지만, 교사가 의도하는 교육적 성과가 학생에게 최대한 실현되어 완전한 성장이 이루어질 수 있도록 치밀한 계획과 실천이 필요하겠지?

청년교사: 교사가 의도한 교육적 성과가 학생 수준에서 완벽하게 이루어질 때, '교사 수준 교육과정 = 학생 수준 교육과정'이 될 수 있겠군요.

에듀쿠스: 생성 단계의 교사 수준 교육과정이 실현된 교육과정으로 존재한다는 이전 대화를 기억하는가?

청년교사: 네?

에듀쿠스: 실현된 교육과정은 '계획과 실천의 결과로 교사에게 주어진 결과물'이었지. 거기에 더하여 또 하나의 실현된 교육과정이 바로 '실천의 결과로 학생들에게 실현된 교육과정', 즉 학생 수준 교육과정이라네.

청년교사: 결국에는 학생 수준 교육과정도 교사 수준 교육과정의 생성 단계에 포함되는 개념이군요.

에듀쿠스: 그렇지, 교사 수준 교육과정과 분리되는 별도의 교육과정이 아니라네.

청년교사: 그렇다면 굳이 교사 수준 교육과정에서 학생 수준 교육과정이라는 개념을 분리하여 말씀하시는 특별한 이유가 있을까요?

에듀쿠스: 아주 중요한 질문을 하였네. 우리가 지향해야 할 철학과 가치의 문제로 다시 돌아가는 것이지. 단순히 교사가 계획한 교육과정을 실천으로 끝내는 것이 아니라, 학생들에게 실현되어 실제적인 삶의 성장으로 이어질 수 있도록 해야 한다는 것이라네.

청년교사: 아, 그렇군요.

에듀쿠스: 이를 위해서는 과정 중심 평가를 통해 교사 수준과 학생 수준의 간극을 줄여나가는 노력이 반드시 필요하다네.

청년교사: 점수화, 서열화 중심의 결과 중심 평가보다는, 학습자의 배움을 지원하고 돕는 과정 중심 평가가 반드시 이루어져야 한다는 말씀이시군요.

에듀쿠스: 그렇지. 과정 중심 평가가 이루어져야 교실 수업에서 학습자가 배움의 주체가 되어 개개인의 차이가 존중되고 개별화된 배움의 기회가 보장될 수 있다네.

청년교사: 수업에 있어서도 가르침 중심에서 배움 중심으로의 패러다임 전환이 필요하겠군요.

에듀쿠스: 과거의 수업이 교사의 입장에서 교과서를 중심으로 지식 전달 위주였다면, 이제는 학습자에게 의미 있는 배움이 일어날 수 있도록 각자의 능력에 맞는 사고와 활동의 기회가 제공되어야 한다네.

청년교사: 교실 수업에 있어서 학습자가 중심이 되고 교사는 학습자의 배움을 지원할 수 있는 역할로의 전환도 필요하겠고요.

:: 아이들의 삶을 담아내는 교육과정 ::

에듀쿠스: 이런 수업이 가능하기 위해서 우리는 교육과정에 학생들의 삶을 담아내야 한다네. 대부분 교사들은 학생들이 미성숙한 존재이고 교육의 의무는 이러한 미성숙한 학생들을 어른들이 생각하는 수준까지 성장시키는 것이라고 생각하지. 그래서 교육과정은 어른들이 생각하는 삶의 기준들을 중심으로 구성이 되고 학생들의 삶을 제대로 반영하지 못하게 된다네. 하지만 학생은 절대 어른의 축소판이 아니라네. 학생에게는 학생의 삶이 있을 뿐이지.

청년교사: 어른들 삶의 기준을 학생들에게 강요해서는 안 된다는 말씀이 참 인상적입니다.

에듀쿠스: 우리가 대화를 시작하던 처음에 내가 자네에게 해 준 말이 기억나는가?

청년교사: 어떤 말씀이신지…….

에듀쿠스: 선생님의 철학이나 가치에 대해서…….

청년교사: 아, 생각납니다.

에듀쿠스: 아이들 삶이 담긴 교사 수준 교육과정을 운영한다는 것은 선생님의 철학이나 가치를 가진다는 것이라네. 나는 처음부터 이 말을 자네에게 해 주고 싶었네.

청년교사: 아이들 삶이 담긴 교사 수준 교육과정과 나의 철학이나 가치가 어떤 관련이 있다는 말씀이신가요?

에듀쿠스: 자네가 어떤 철학이나 가치를 가지고 있는가에 따라서 운영하는 교육과정이 지향하는 방향이 결정되지 않겠나?

청년교사: 그렇겠지요?

에듀쿠스: 반면에 철학이나 가치가 없는 교사가 자신의 교육과정에 누군가의 삶을 담는 것이 가능할까?

청년교사: 불가능할 것 같습니다.

에듀쿠스: 철학이나 가치가 없다는 것은 자신의 목적을 가지지 못하였다는 것이네. 자신의 목적이 없는 교사가 어떻게 자신만의 교사 수준 교육과정을 가질 수 있겠는가?

청년교사: **자신의 교육과정이 없는 교사에게 아이들 삶을 담아내는 교육과정을 기대한다는 것은 어불성설**이겠군요.

에듀쿠스: 당연하지. 교사는 반드시 자신만의 철학이나 가치를 가져야 하고 그 가치를 자기 교육과정에 담아내어야 하지. 그렇게 되어야만 의미 있는 교육이 이루어질 수 있다네.

청년교사: 자신의 교육과정에 담아내는 자신만의 철학이나 가치가 결국은 아이들의 삶이어야 한다는 것이군요.

에듀쿠스: 그 아이들의 삶은 또 교사의 삶이 되지 않겠나?

청년교사: 철학이나 가치로 시작한 선생님과의 대화가 우리들의 삶으로 끝을 맺는군요.

에듀쿠스: 제대로 된 철학이나 가치를 가져야 교육을 제대로 바라볼 수 있는 안목이 형성되는 것이네. 교사가 교육을 제대로 바라보는 안목이 없다면, 아무리 좋은 교육 내용을 가져온다고 해도 교사 수준 교육과정의 열매를 기대하기는 어려울 수밖에 없어.

청년교사: 교육을 제대로 바라볼 수 있는 교사의 안목이 중요하다는 말씀 명심하겠습니다.

에듀쿠스: 학생 수준 교육과정은 실체가 없는 교육과정이라네. 계획으로도 실천으로도 존재하지 않는 오직 학생의 성장으로만 존재하는 교육과정이지. 그 성장의 내면을 볼 수 있는 교사의 안목이 그래서 중요한 것이라네. 그 성장의 내면에 결국 무엇이 있겠나?

청년교사: 아이들의 삶이겠죠. 그리고 나의 삶도…….

에듀쿠스: 그렇다네. 여기까지가 우리들 이야기의 끝이네. 행복했네.

에듀쿠스의 집을 나서는 그의 머릿속에는 끝없는 생각의 연결고리들이 복잡하게 얽혀 있었지만, 그는 애정을 가질 수 있는 무언가가 가슴속에 피어오르고 있음을 느꼈다.

바깥세상과 격리된 이곳, 이 문에서 한 발짝만 나가도 혼돈이 기다리고 있다. 잡음이, 압력이, 끊임없이 반복되는 일상이 기다리고 있다. "세계는 단순하고 인생 또한 그러하다", "하지만 계속 단순하기란 어려운 일이고, 그러한 곳에서는 하루하루가 시련이 된다" 진정 맞는 말이다. 그래도 나는 다시 이 혼돈에 몸을 던지리라. 내 친구는, 우리 학생들은 엄청난 혼돈 속에서 살아가고 있으니까. 내가 살아갈 곳은 거기니까. …… 청년교사는 크게 숨을 들이마신 후 마음을 단단히 먹고 현실의 문을 열었다.[84]

84 기시미 이치로·고가 후미타케 지음, 전경아 역, 『미움 받을 용기 2』, 인플루엔셜, 2016년, p.305.

에듀쿠스(Educus[85]) 선생님들의 이야기

플라톤이 정의하기를, 노예는 그 행동을 통제하는 목적을 다른 사람으로부터 받아들이는 사람이라고 했습니다. 교사가 교육을 하면서 자기 교육과정을 가지지 못하고 외부에서 주어지는 교육과정으로 수업을 할 때, 언제나 그런 상태에 놓이게 되는 것입니다. 교사가 자기 교육과정을 설계하고 수업을 실천하며 평가를 고민하는 것이 아니라 교과 지식을 전달하는 것만으로 자신의 역할을 한정한다면, 우리가 어찌 그를 주인으로서의 교사라고 부를 수 있겠습니까?

주인으로서의 교사는 자기 교육과정을 통해 앎과 삶을 풀어내는 사람들입니다. 아이들도 그들로부터 배움을 통해 자신의 앎과 삶을 형성해 갑니다. 그렇게 교육을 생각하는 교사들을 우리는 '에듀쿠스'라고 부릅니다. 자신만의 교육과정을 설계하고 수업으로 실천하는 그들의 이야기를 소개합니다.

85 Educus는 Education의 Edu와 '~하는 사람'이란 뜻의 cus의 합성어로 교육에 대해 생각하는 사람이란 뜻이다. 본 책에서는 교사 수준 교육과정을 운영하는 교사들을 의미한다.

<교사 수준 교육과정과 함께 하는 나의 수업 이야기>

나는 수업하는 교감이다. 고작 일주일에 두 시간밖에 되지 않는 적은 시간이지만 내겐 스무 시간 이상의 부담으로 다가왔다. 교감으로서 해야 할 일들이 많았고 자리가 주는 책임감의 무게가 만만하지 않은 탓이었다. 사람들의 수군거림도 부담스러웠다. "다른 교감이나 교사들에게 미칠 영향을 생각해서 좀 더 신중해야 하지 않을까?"라는 걱정스런 충고와 "교감 선생님 멋져요. 힘내세요!"와 같은 불편한 응원들은 내가 괜한 짓을 하는 건 아닌가 하는 잠깐의 후회도 불러왔다.

그럼에도 불구하고 계속해서 수업을 할 용기를 내었던 것은 선생님들과 현실성 있는 수업 이야기를 해 보고 싶어서였다. 교사로서의 내 수업 시간표는 이미 7년 전에 멈추어 섰기에 적어도 수업에 있어서 나의 삶은 과거의 한 순간이었다. 과거를 살았던 내가 현재를 살고 있는 선생님들께 나의 옛날 수업 이야기를 나누기는 싫었다. 아무리 이론이 뛰어난들, 그 이론으로 말미암은 실천이 뒤따르지 않는다면, 생명력 있는 이론이 될 수 없지 않을까?

지난 한 학기 동안 주당 2시간의 도덕 수업이었지만, 살아 있는 내 수업 이야기를 써 나가면서 선생님들의 수업도 다시 볼 수 있게 되었다. 교감인 나도 수업에 있어서 선생님들과 현재의 이야기를 나눌 수 있게 되었다. 그게 교감으로서 누릴 수 있는 작은 행복이었고 교육자로서의 나의 철학과 가치였다. 그 행복을 나는 교사 수준 교육과정으로 다시 찾을 수 있게 되었다. 2학기에는 또 어떤 나의 수업 이야기를 써 내려갈지 벌써부터 기대가 된다.

- 창원한들초 교감 강정

〈꿈꾸는 수업으로 함께 성장하는 우리〉

인간이 필요에 의해 만들었던 많은 도구와 건축물들은 모두 누군가의 상상에 의해 시작되었으며, 우리의 삶 또한 보다 나은 삶을 위한 새로운 '꿈'에서 시작하는 것이다.

'선생님이 꿈꾸는 수업은 어떤 수업인가요?'라는 질문을 자주 한다. 선생님들의 수업 철학이나 방법에 대한 답보다 훨씬 생생한 그림이 그려지기 때문이다. 나 또한 수업을 설계하면서 내용과 목표를 바탕으로 '이런저런 방법을 적용해야지'라고 생각하며 준비하지만 마음 깊은 곳에선 아이들의 표정과 활동 모습, 교실의 전체적인 분위기는 이러했으면 하는 마음으로 새로운 수업을 기대한다.

그렇지만 내가 꿈꾸는 수업은 막연한 상상과 생각만으로 만들 수는 없다. 단단한 '그 무엇'이 필요하다. 아이들과 함께하면서 선생님들과 수업에 대해 토론하고 고민하면서 그 무엇을 찾기 위해 노력했고, 이제 내게 보이기 시작했다. 바로 교사 수준 교육과정, 나만의 교육과정이다.

교사 수준 교육과정, 전혀 새로운 것은 아니다. 하지만 내가 꿈꾸는 수업을 실현하게 해 주는 단단한 시작이며 수업으로 성장하는 아이들과 나를 있게 하는 의미 있는 '그 무엇'이다.

- 창원 회원초 수석교사 김미정

〈빛깔이 있는 나의 교육과정을 꿈꾸며〉

그동안 교직생활에서 나의 교육과정이 없었는지 되물어 본다. 나름의 철학을 바탕으로 구체적인 계획을 세우고 실천하는 노력은 물론, 우리 반만의 특색 교육도 있었고, 아이들의 기억 속에 남을 만한 의미 있는 활동도 해왔었다. 무엇보다 학생들에게 좋은 선생님으로 기억되는 만족감에 감사하기도 했다. 하지만 교과 진도는 늘 빠듯했고, 아이들로부터 돌아오는 긍정적인 피드백 못지않게 피로감도 컸었던 거 같다. 무엇이 문제였을까?

교과서를 내려놓으니 답이 보였다. 교과서만 부여잡고 있던 나는 이제 실제 수업으로 실천할 나의 교육과정을 구성하고 있다. 성취기준 중심으로 아이들의 특성, 수준, 흥미를 반영하고 협력을 통해 모두가 성장하는 수업을 계획하였다. 아이들은 하고 싶은 것, 좋아하는 것으로 다양한 경험을 하게 되었고, 나에게는 아이들이 스스로 문제를 해결하도록 기다려 줄 수 있는 여유가 생겼다.

꾸준함이 비범함을 만든다고 한다. 아직은 특별할 것도, 내세울 것도 없는 나의 교육과정이지만 꾸준함으로 빛깔이 있는 나의 교육과정을 만들어 가고 싶다.

- 사천 사남초 수석교사 박은실

〈형식과 틀을 벗어난 의미 있는 교사 수준 교육과정을 위해〉

매년 학급 교육과정을 제출할 시기가 되면 왜 이렇게 불필요한 일을 하는지 불평을 내놓곤 했었다. 학년 또는 학급 교육과정을 구성하는 것을 학기 초의 업무 중 하나로 단순하게 여겼고, 이러한 업무들로 분주한 나는 3월 학생들과의 만남에도 집중할 수 없었다. 실질적인 교육과정 구성이 아닌, 불필요한 형식과 틀을 맞추어야 하는 문서상의 학급 교육과정을 만든다는 것은 시간 낭비일 뿐이라고 생각했다.

하지만, 교사 수준 교육과정에 대해 선생님들과 함께 공부하고 실천하면서 학급 교육과정 설계에 대한 방향과 의미를 찾을 수 있었다. 교사의 철학을 담아 교육 목표를 설정하고 수업과 평가 활동으로 실행하며 교사와 학생들이 함께 만들어 가는 교육과정, 나만의 개성과 특색이 있는 교육과정을 운영할 수 있는 것이 교사의 전문성이라는 믿음이 생겼다.

가끔 동학년 선생님들과 교육의 미래에 대해 이야기를 나누다 보면, 교육에 대한 불신과 교사에 대한 부정적인 인식의 변화에 대처하는 방법은 교사로서 전문성을 갖는 것밖에 없다는 이야기를 하곤 한다. 그래서 앞으로도 계속, 학생들 삶의 문제 상황을 친구들과 함께 고민하고 해결할 수 있도록 수업을 설계하고 실천하련다. 이를 위해 교사로서의 철학과 역량을 바탕으로 구성한 교사 수준 교육과정을 수정·보완해 가며 실천하고 성장하는 교사가 되어야겠다는 각오를 다진다.

- 진주 가람초 교사 이미영

〈생각을 실천으로 잇다, 교사 수준 교육과정〉

3월 동학년과 함께 거의 비슷한 학급 교육과정을 정해진 결재 기한 내에 제출하고, 7월 평가 결과와 형광펜 칠한 주안을 첨부한 학급 교육과정을 정해진 결재 기한 내에 제출한다. 우리 반 교육과정 운영에 대한 다른 생각도 있지만, 문서로서의 교육과정은 튀지 않게 동학년이 통일하는 게 편하다. 학기가 시작할 때마다 반복되는 모습이다.

하지만 보이지 않는, 실제 운영된 교육과정은 나만의 수업과 색깔로 채워져 있다. 우리 반 이야기를 제대로 담기 위하여 아이들의 삶과 경험을 배움의 소재로 이용하고, 손쉬운 단원 내 재구성을 활용한다. 매월 아이들이 기획하고 마무리하는 프로젝트 활동은 교사와 학생 모두에게 의미 있는 배움의 과정이다. 활동 과정이나 결과는 문서로 꼼꼼하게 기록하지 않지만 사진과 기록으로 학생, 학부모와 공유하여 피드백 자료로 활용한다.

교사 수준 교육과정은 내가 가진 생각과 고민이 우리 반을 위한 실천으로 이어지는 의미 있는 과정이다. 우리 반을 위하여 디자인한 교육과정과 우리 반 맞춤형 수업을 통하여 문서상 교육과정을 알차게 채워가는 나만의 교육과정 이야기, 생각을 실천으로 이어 주는 교사 수준 교육과정에서 시작한다.

- 진주 촉석초 교사 이은미

〈나만의 교육과정으로 수업이 생활과 연관되다〉

따뜻한 남쪽 바닷가에 사는 아이들에게 울릉도의 우데기를 설명한 적이 있다. 몇 년에 한 번씩 보슬보슬 진눈깨비가 오는 지역에 사는 아이들은 우데기라는 용어는 받아들일 수 있었지만, 그 필요성과 의미는 실감하지 못하였다. 그때였던 것 같다. 교과서와 교사용 지도서, 교육과정을 살펴보며 학생들이 무엇을 배워야 하고, 어떤 내용을 바꾸어 수업을 해도 되는지 찾아보기 시작하였고 학생들이 좋아하고 관심 있어 하는 내용들을 수업에 반영하였다. 우리가 직접 체험하고 경험할 수 있는 방법들을 중심으로 수업을 진행하였고 학생들이 직접 경험하고 습득한 내용들로 평가를 진행하였다.

이러한 과정을 통하여 수업은 교과서 속 지식 전달에서 벗어나 나만의 교육과정으로 생활과 조금씩 연관되기 시작하였다.

그리고 지금 다각형에 대한 개념이 실생활에 왜 필요한지를 궁리하며 내일의 수업을 준비한다.

- 거제 명사초 교사 이윤섭

〈수업과 평가는 동시에〉

6학년 1학기 국어 4단원(2009 개정 교육과정)은 '면담하기'이다. 누구를 면담하면 좋을까? 실과 1단원은 '일과 직업'이다. 두 교과의 단원을 연결해 보니 자연스럽게 '직업 인터뷰'라는 주제가 나왔다.

첫 번째 수행 과제로 '면담 계획서'를 쓰기로 했는데 몇 가지 조건을 주었다. 면담 목적이 분명해야 했고, 그에 따라 면담 대상자를 정해야 했다. 이어서 면담 시각, 준비물, 면담 참여자 역할 분담을 세세하게 정하고, 예상 질문 내용도 만들어 보았다. 이러한 과정이 순조롭게 진행되는 모둠도 있었고 그렇지 않은 모둠도 있었다.

두 번째 수행 과제는 실제 면담을 진행한 후에 '면담 보고서'를 만드는 일이었다. 그 과정에서 자기 평가도 해 보았다. 면담을 할 때 맡은 역할을 충실하게 했는지, 면담 활동에 친구를 배려하면서 활동했는지, 나는 이번 면담 활동에 만족하는지 등을 스스로 점검해 보도록 했다.

세 번째 수행 과제로 '면담 결과를 친구들 앞에서 발표'해 보는 시간을 가졌다. 미리 작성해 둔 면담 보고서와 사진 자료 등을 활용하여 모둠마다 멋진 프레젠테이션 자료를 만들어서 재미있게 발표해 보았다.

준비하고 실행하고 평가하는 데 2주일 정도의 시간이 걸렸다. 세 번의 수행 과제는 국어 4단원과 실과 1단원을 포괄하는 '평가'였지만 아이들은 특별한 부담감을 느끼지 않는 듯했다. '직업'이라는 삶의 요소를 수업에 가져오니 아이들은 어느덧 배움의 주인공이 되어 있었고, 나는 가끔 피드백 정도만 해 주는 진행요원의 역할만 하는 것으로도 충분했다.

교사 수준 교육과정 구성을 바탕으로 한 수업 설계의 매력은 끝이 없는 것 같다.

- 거창 창동초 교사 조지원

〈아무나 할 수 없는 일, 나만이 할 수 있는 일〉

"야, 선생님만큼 쉬운 일이 어딨노? 1 더하기 1은 아무나 가르칠 수 있는 거 아니가?" 처음 교단에 막 발을 디디던 그때, 교사가 아닌 친구의 농담 같은 한마디에 울컥했던 기억이 난다. 교사는 수업으로 말한다. 그런데 우리가 가르치는 일이 정말 아무나 할 수 있는 일일까? 어쩌면 그때는 지식을 전달하기에 급급해 가르치다 보니 아무나 할 수 있는 일처럼 보였던 것 같다. 그래서 그 친구의 말에 아무런 반박도 하지 못했다.

하지만 지금의 나는 어떤 철학으로 아이들을 만나고, 수업을 하려고 하는지, 올 한 해 우리 아이들과 어떤 내용을 가르치고 배워야 하는지를 제대로 알고 수업으로 다가가기 위해 노력하는 중이다. 나와 우리 아이들에게 꼭 맞는 교육과정의 옷을 만들어 입으면 수업이라는 무대 위에서 아이들과 함께 신나게 춤추며 노는 교사가 될 수 있으리라.

1년 동안 아이들과 함께 살아가며 만드는 진짜 배움 프로젝트, 나만의 교사 수준 교육과정을 펼치는 것. 이것이야말로 다른 사람들과는 다른 교사 '임현영'만의 전문성이지 않을까. '아무나 할 수 있는 일'로서의 가르침이 아니라 '나만이 할 수 있는 일'로서의 가르침으로 만들기 위해서 오늘도 한 걸음 내딛어 본다.

- 함안 호암초 교사 임현영

〈장마 속에서도 식물은 말라 죽을 수 있다〉

'홍당무(홍성주 선생님과 당신의 무대)'라는 그럴 듯한 학급 이름, 학생들을 감탄하게 만드는 교수·학습 자료, 유머와 진지함을 오가는 교수 화법, 활동 중심의 수업, 친한 친구처럼 소통하는 사제 관계. 이 정도의 노력과 정성이면 좋은 선생님이 되기에 충분한 줄 알았다. 실력 좋은 교육 전문가로 불리기에 손색없는 줄 알았다.

하지만 이것은 나의 착각이었다. 학생들의 기억에 아름답게 남는 선생님이 될 수는 있겠지만, 학생들이 머리와 마음에 배움의 씨앗을 심었을지는 의문이다. 혹자는 오래도록 제자에게 좋은 기억으로 남는 선생님이 훌륭한 스승이라고 하지만 이것이 참스승의 필요조건이 될 수는 없다. 배움의 관점에서 보았을 때 나의 노력과 정성 속에서도 제대로 배우지 못한 채 학교에서 시간만 보낸 제자들도 있으리라.

장마 속에서도 비를 맞지 못하고 고립된 식물은 말라 죽을 수 있다. 식물을 잘 키우려면 식물의 특성과 환경에 따라 대처 방법을 다르게 해야 한다. 대처 방법이 훌륭하면 아름다운 꽃을 기대할 수 있다. 들판의 수많은 식물처럼 교실에는 다양한 아이들이 있다. 흔들리며 필지라도 각자 훌륭한 꽃을 피우려면 교사의 교육과정 설계가 중요하다. 나는 그 답을 교사 수준 교육과정 구성에서 찾고 연구하는 중이다.

- 김해 관동초 교사 홍성주

"모든 출구는 어디론가 들어가는 입구다."

여기가 우리들 이야기의 끝이 아니고 여기서부터 새로운 이야기의 시작입니다.

[부록 1] 에듀쿠스 선생님의 교사 수준 교육과정 실제

목표 및 중점 과제

01 우리 반 어린이들에게 기대하는 모습

함께 배우고 나눔을 실천하는 행복한 어린이

02 우리 반 교육 목표

1. 기초·기본 교육으로 자기주도적 학습 태도를 지닌다.
2. 협력하여 배우고 배운 것을 나누는 바른 인성을 기른다.
3. 놀이 활동을 통해 소통하고 마음을 나눌 수 있다.
4. 다양한 독서활동으로 책을 읽는 기쁨을 느낄 수 있다.

03 중점과제

1-1. 귀 기울여 듣고 자신 있게 말하기
1-2. 읽기에 대한 흥미, 쓰기에 대한 자신감 기르기
1-3. 기초 연산 및 사고력 기르기
2-1. 협력하여 배우고 배운 것을 친구들과 나누기
3-1. 놀이를 통해 배우고 소통하기
4-1. 온작품 읽기로 깊이 있게 읽고 쓰기

04 우리 반 특색 활동

온작품 읽고 쓰며 즐겁게 책놀이 하기

국어 교수 - 학습 지도 계획(1학기)

출력순	학년	성취기준	단원	학습 내용	시수	쪽수	보조 쪽수
1	2	**듣기·말하기 [2국01-04]** 듣는 이를 바라보며 바른 자세로 자신 있게 말한다. 읽기[2국02-05] 읽기에 흥미를 가지고 즐겨 읽는 태도를 지닌다.	2. 자신 있게 말해요	단원 도입, 다른 사람 앞에서 말한 경험 떠올리기	1	26~31	
2	2		2. 자신 있게 말해요	다른 사람 앞에서 말한 경험 떠올리기, 단원 학습 계획하기	1	26~31	
3	2		2. 자신 있게 말해요	바른 자세로 자신 있게 말하는 방법 알아보기	1	32~35	12~13
4	2		2. 자신 있게 말해요	바른 자세로 자신 있게 자기소개하기	1	32~35	12~13
5	2		2. 자신 있게 말해요	여러 사람 앞에서 말해야 하는 상황 떠올리기	1	36~38	14~16
6	2		2. 자신 있게 말해요	한 가지 상황을 정해 친구들에게 발표하기	1	36~38	14~16
7	2		2. 자신 있게 말해요	글을 읽고 자신의 생각 정리하기	1	39~42	
8	2		2. 자신 있게 말해요	친구들 앞에서 바른 자세로 자신 있게 발표하기	1	39~42	
9	2		2. 자신 있게 말해요	좋아하는 음식을 친구에게 소개하는 글쓰기	1	43~45	
10	2		2. 자신 있게 말해요	좋아하는 음식을 친구에게 소개하기 **★평가1[2국01-04]**	1	43~45	
11	2	문학[2국05-02] 인물의 모습, 행동, 마음을 상상하며 그림책, 시나 노래, 이야기를 감상한다. 읽기[2국02-05] 읽기에 흥미를 가지고 즐겨 읽는 태도를 지닌다.	1. 시를 즐겨요	시를 여러 가지 방법으로 읽기	1	6~11	
12	2		1. 시를 즐겨요	여러 가지 방법으로 시 읽고 단원 학습 계획하기	1	6~11	
13	2		1. 시를 즐겨요	장면을 떠올리며 시 읽기	1	12~15	6
14	2		1. 시를 즐겨요	시를 읽고 떠오르는 장면 그리기	1	12~15	6
15	2		1. 시를 즐겨요	시의 표현, 장면, 자신의 경험을 떠올려 시 속 인물의 마음 상상하기	1	16~19	7~8
16	2		1. 시를 즐겨요	시 속 인물의 마음 상상하며 시 읽기	1	20~22	9~10
17	2		1. 시를 즐겨요	시 속 인물의 마음 상상하며 노래하기	1	20~22	9~10
18	2		1. 시를 즐겨요	시 낭송 준비하기	1	23~25	
19	2		1. 시를 즐겨요	친구들 앞에서 시 낭송하기	1	23~25	
20	2		1. 시를 즐겨요	1단원 정리학습-친구들과 좋아하는 시 소개하기	1	23~25	
21	2	듣기·말하기 [2국01-03] 자신의 감정을 표현하며 대화를 나눈다. 문학[2국05-02] 인물의 모습, 행동, 마음을 상상하며 그림책, 시나 노래, 이야기를 감상한다.	3. 마음을 나누어요	단원 도입, 마음을 나타내는 말 알기	1	46~51	
22	2		3. 마음을 나누어요	마음을 나타내는 말 알기, 단원 학습 계획하기	1	46~51	
23	2		3. 마음을 나누어요	마음을 나타내는 말을 사용해 마음 표현하기 -1-	1	52~57	18~19
24	2		3. 마음을 나누어요	마음을 나타내는 말을 사용해 마음 표현하기 -2-	1	52~57	18~19
25	2		3. 마음을 나누어요	글에서 인물의 마음을 나타내는 말을 찾고 인물의 마음 이해하기	1	58~63	20~31
26	2		3. 마음을 나누어요	인물과 비슷한 경험을 떠올려 보고 그때의 마음 말하기	1	58~63	20~31
27	2		3. 마음을 나누어요	인물의 마음을 이해하며 만화 영화 보기	1	64~67	32~34
28	2		3. 마음을 나누어요	만화 영화 속 인물을 초대해 이야기 나누기	1	64~67	32~34
29	2		3. 마음을 나누어요	마음을 나타내는 말을 사용해 역할놀이 하기 -1-	1	68~71	
30	2		3. 마음을 나누어요	마음을 나타내는 말을 사용해 역할놀이 하기 -2-	1	68~71	
31	2		3. 마음을 나누어요	3단원 정리학습 - 인물의 행동 살피며 다양한 책 읽기	1		
32	2	문학[2국05-03] 여러 가지 말놀이를 통해 말의 재미를 느낀다. **문법[2국04-04]** 글자, 낱말, 문장을 관심 있게 살펴보고 흥미를 가진다.	4. 말놀이를 해요	수행 과제 안내하기 프로젝트 수행 과제 계획 및 도달 목표 확인하기	1	72~77	
33	2		4. 말놀이를 해요	말놀이 대잔치를 위한 낱말 준비하기 [할머니 어디 가요?] 책 읽고 여러 가지 낱말 찾기 온작품의 여러 가지 낱말 나누기	1	72~77	
34	2		4. 말놀이를 해요	재미있는 말놀이 알기 끝말잇기/ 꽁지따기/주고 받는 말놀이 방법 알고 해 보기	1	78~83	36~38
35	2		4. 말놀이를 해요	여러 가지 낱말 찾아 병풍책 만들기 [할머니 어디 가요] 책에 나오는 여러 가지 낱말 찾기	1	78~83	36~38
36	2		4. 말놀이를 해요	말놀이 대잔치 연습하기 낱말 말하기 놀이 방법 알기 낱말 말하기 놀이 하기	1	84~87	
37	2		4. 말놀이를 해요	말놀이 대잔치 미션 해결하기 말놀이 대잔치 참가하기 말 덧붙이기 방법 알고 연습하기	1	84~87	
38	2		4. 말놀이를 해요	글자, 낱말, 문장 사용하여 말 덧붙이기 말놀이 겨루기 **★평가2[2국04-04]** 말 덧붙이기 말놀이 겨루기 시상하기	1	88~91	39~40
39	2		4. 말놀이를 해요	온작품 속 전통 놀이 대잔치 열기 전통 놀이 중에서 하고 싶은 놀이 정하기 전통 놀이 해 보기	1	88~91	39~40
40	2	**문법[2국04-02]** 소리와 표기가 다를 수 있음을 알고 낱말을 바르게 읽고 쓴다. 쓰기[2국03-05] 쓰기에 흥미를 가지고 즐겨 쓰는 태도를 지닌다.	5. 낱말을 바르고 정확하게 써요	단원 도입, 소리가 비슷한 낱말이 헷갈렸던 경험 나누기	1	96~101	
41	2		5. 낱말을 바르고 정확하게 써요	소리가 비슷한 낱말이 헷갈렸던 경험 나누기, 단원 학습 계획하기	1	96~101	
42	2		5. 낱말을 바르고 정확하게 써요	소리가 비슷한 낱말의 뜻 구분하기 -1-	1	102~105	42~44
43	2		5. 낱말을 바르고 정확하게 써요	소리가 비슷한 낱말의 뜻 구분하기 -2-	1	102~105	42~44
44	2		5. 낱말을 바르고 정확하게 써요	소리가 비슷한 낱말에 주의하며 글 읽기 -1-	1	106~109	
45	2		5. 낱말을 바르고 정확하게 써요	정확한 낱말을 넣어 문장 만들기**★평가3[2국04-02]**	1	106~109	
46	2		5. 낱말을 바르고 정확하게 써요	편지글의 내용과 형식 알아보기	1	110~113	45~46
47	2		5. 낱말을 바르고 정확하게 써요	알맞은 낱말을 사용해 마음을 전하는 글 쓰기	1	110~113	45~46
48	2		5. 낱말을 바르고 정확하게 써요	마음을 전하는 편지 쓰기 -1-	1	114~117	
49	2		5. 낱말을 바르고 정확하게 써요	마음을 전하는 편지 쓰기 -2-	1	114~117	
50	2		5. 낱말을 바르고 정확하게 써요	5단원 정리학습- 알맞은 낱말을 이용하여 마음을 전하는 글 발표하기	1		

출력순	학년	성취기준	단원	학습 내용	시수	쪽수	보조 쪽수
51	2	쓰기[2국03-03] 주변의 사람이나 사물에 대해 짧은 글을 쓴다. 읽기[2국02-03] 글을 읽고 주요 내용을 확인한다. 문법[2국04-02] 소리와 표기가 다를 수 있음을 알고 낱말을 바르게 읽고 쓴다.	7. 친구들에게 알려요	단원 도입, 물건을 설명하는 상황 확인하기	1	146~151	
52	2		7. 친구들에게 알려요	물건을 잘 설명해야 하는 까닭 알기	1	146~151	
53	2		7. 친구들에게 알려요	글을 읽고 설명하는 대상과 특징 찾기	1	152~155	
54	2		7. 친구들에게 알려요	글을 읽고 주요 내용을 확인하는 방법 알기	1	152~155	
55	2		7. 친구들에게 알려요	설명하고 싶은 물건의 특징 파악하기	1	156~159	54~56
56	2		7. 친구들에게 알려요	설명하고 싶은 물건을 설명하는 글 쓰기	1	156~159	54~56
57	2		7. 친구들에게 알려요	받침이 뒷말 첫소리가 되는 낱말 바르게 읽기 -1-	1	160~163	57~58
58	2		7. 친구들에게 알려요	받침이 뒷말 첫소리가 되는 낱말 바르게 읽기 -2-	1	160~163	57~58
59	2		7. 친구들에게 알려요	발명하고 싶은 물건 구상하기	1	164~167	
60	2		7. 친구들에게 알려요	발명하고 싶은 물건 설명하기	1	164~167	
61	2	**듣기·말하기 [2국01-02]** 일이 일어난 순서를 고려하며 듣고 말한다. **문학[2국05-04]** 자신의 생각이나 겪은 일을 시나 노래, 이야기 등으로 표현한다.	6. 차례대로 말해요	수행 과제 안내하기 프로젝트 수행 과제 및 도달 목표 확인하기	1	118~123	
62	2		6. 차례대로 말해요	제목과 표지 읽으며 지우개 브레인스토밍하기 책 속 단어로 짧은 동화 만들어 이야기 예측하기	1	118~123	
63	2		6. 차례대로 말해요	얼음 땡! 이야기 만나기 시간을 나타내는 말 찾기 이야기 순서대로 배열하기 말하기★평가4[2국01-02]	1	124~127	
64	2		6. 차례대로 말해요	얼음 땡! 이야기 속 놀이 하기 공기놀이, 비석치기, 구슬치기 놀이 하기	1	124~127	
65	2		6. 차례대로 말해요	얼음 땡! 이야기 속 놀이 하기 이야기 속 인물이 되어 얼음 땡! 역할 놀이 하기	1	124~127	48~49
66	2		6. 차례대로 말해요	얼음 땡! 2탄 이야기 속 인물 바꾸기 뒷이야기 바꾸어 쓸 인물 생각하기	1	128~131	48~49
67	2		6. 차례대로 말해요	얼음 땡! 2탄 뒷이야기 상상하기 동화 작가 되어 뒷이야기 바꾸어 쓰기★평가5[2국05-04]	1	128~131	50~52
68	2	읽기[2국02-04] 글을 읽고 인물의 처지와 마음을 짐작한다. 듣기·말하기 [2국01-02] 일이 일어난 순서를 고려하며 듣고 말한다.	8. 마음을 짐작해요	단원 도입, 글쓴이의 마음을 생각하며 글을 읽은 경험 나누기	1	168~173	
69	2		8. 마음을 짐작해요	글쓴이의 마음을 생각하며 글을 읽은 경험 나누기, 단원 학습 계획	1	168~173	
70	2		8. 마음을 짐작해요	글쓴이의 상황 파악하기	1	174~177	60~61
71	2		8. 마음을 짐작해요	글쓴이의 말과 행동, 마음을 타나내는 말을 파악하기	1	174~177	60~61
72	2		8. 마음을 짐작해요	글쓴이의 상황과 비슷한 경험 떠올리기	1	178~181	62~63
73	2		8. 마음을 짐작해요	글쓴이의 마음을 짐작하기	1	178~181	62~63
74	2		8. 마음을 짐작해요	이야기를 듣고 일이 일어난 차례대로 정리하기	1	182~185	64
75	2		8. 마음을 짐작해요	일이 일어난 차례에 맞게 말하기	1	182~185	64
76	2		8. 마음을 짐작해요	이야기 만들어 발표하기 -1-	1	186~189	
77	2		8. 마음을 짐작해요	이야기 만들어 발표하기 -2-	1	186~189	
78	2		8. 마음을 짐작해요	8단원 정리 학습-이야기 만들어 발표하고 듣고 감상하기	1	186~189	
79	2	**쓰기[2국03-02]** 자신의 생각을 문장으로 표현한다. **읽기[2국02-03]** 글을 읽고 주요 내용을 확인한다. 문법[2국04-04] 글자, 낱말, 문장을 관심 있게 살펴보고 흥미를 가진다.	9. 생각을 생생하게 나타내요	단원 도입, 꾸며 주는 말을 쓰면 좋은 점 알기	1	190~195	
80	2		9. 생각을 생생하게 나타내요	꾸며 주는 말을 쓰면 좋은 점 알기, 단원 학습 계획하기	1	190~195	
81	2		9. 생각을 생생하게 나타내요	꾸며 주는 말을 사용해 문장 쓰기	1	196~199	66~68
82	2		9. 생각을 생생하게 나타내요	꾸며 주는 말을 사용해 짧은 글 쓰기	1	196~199	66~68
83	2		9. 생각을 생생하게 나타내요	주요 내용을 확인하며 글 읽기	1	200~205	
84	2		9. 생각을 생생하게 나타내요	주요 내용을 확인하며 글 내용 파악하기	1	200~205	
85	2		9. 생각을 생생하게 나타내요	선생님, 바보 의사 선생님 읽고 내용 파악하기★평가6[2국02-03]	1	206~213	69~70
86	2		9. 생각을 생생하게 나타내요	꾸며주는 말을 넣어 편지 쓰기 ★평가7[2국03-02]	1	206~213	69~70
87	2		9. 생각을 생생하게 나타내요	꾸며주는 말을 넣어 문장 만들기 놀이 하기 -1-	1	214~215	
88	2		9. 생각을 생생하게 나타내요	꾸며주는 말을 넣어 문장 만들기 놀이 하기 -2-	1	214~215	
89	2	듣기·말하기 [2국01-03] 자신의 감정을 표현하며 대화를 나눈다. 쓰기[2국03-04] 인상 깊었던 일이나 겪은 일에 대한 생각이나 느낌을 쓴다.	10. 다른 사람을 생각해요	단원 도입, 듣는 사람의 기분을 생각하며 말하면 좋은 점 알기	1	216~221	
90	2		10. 다른 사람을 생각해요	듣는 사람의 기분을 생각하며 말하면 좋은 점 알기, 단원 학습 계획	1	216~221	
91	2		10. 다른 사람을 생각해요	듣는 사람의 기분을 생각하며 대화하기	1	222~225	72~73
92	2		10. 다른 사람을 생각해요	듣는 사람의 기분을 생각하며 말하는 방법 알기	1	222~225	72~73
93	2		10. 다른 사람을 생각해요	그림을 보고 듣는 사람의 마음을 생각해 대화하기	1	226~229	74~76
94	2		10. 다른 사람을 생각해요	그림을 보고 짝과 함께 역할놀이 해 보기	1	226~229	74~76
95	2		10. 다른 사람을 생각해요	일기를 읽고 다른 사람의 기분을 생각하기	1	230~235	
96	2		10. 다른 사람을 생각해요	다른 사람의 기분을 생각했던 일을 일기로 쓰기	1	230~235	
97	2		10. 다른 사람을 생각해요	고운 말 쓰기를 다짐하기 -1-	1	236~239	
98	2		10. 다른 사람을 생각해요	고운 말 쓰기를 다짐하기 -2-	1	236~239	
99	2	문학[2국05-02] 인물의 모습, 행동, 마음을 상상하며 그림책, 시나 노래, 이야기를 감상한다. 쓰기[2국03-05] 쓰기에 흥미를 가지고 즐겨 쓰는 태도를 지닌다.	11. 상상의 날개를 펴요	단원 도입, 인물의 모습과 행동 상상하기	1	240~245	
100	2		11. 상상의 날개를 펴요	인물의 모습과 행동 상상하기, 단원 학습 계획하기	1	240~245	
101	2		11. 상상의 날개를 펴요	이야기를 읽고 인물의 마음 짐작하기 -1-	1	246~253	78~94
102	2		11. 상상의 날개를 펴요	이야기를 읽고 인물의 마음 짐작하기 -2-	1	246~253	78~94
103	2		11. 상상의 날개를 펴요	인물의 마음에 어울리는 목소리로 이야기 읽기 -1-	1	254~265	
104	2		11. 상상의 날개를 펴요	인물의 마음에 어울리는 목소리로 이야기 읽기 -2-	1	254~265	
105	2		11. 상상의 날개를 펴요	이야기에 대한 생각과 느낌을 글로 쓰기 -1-	1	266~268	
106	2		11. 상상의 날개를 펴요	이야기에 대한 생각과 느낌을 글로 쓰기 -2-	1	266~268	
107	2		11. 상상의 날개를 펴요	인물 카드를 만들기 -1-	1	269~270	
108	2		11. 상상의 날개를 펴요	인물 카드를 만들기 -2-	1	269~270	
109	2		11. 상상의 날개를 펴요	인물의 마음을 생각하며 역할놀이 하기 -1-	1	271~273	
110	2		11. 상상의 날개를 펴요	인물의 마음을 생각하며 역할놀이 하기 -2-	1		

수학 교수 - 학습 지도 계획(1학기)

출력순	학년	성취기준	단원	학습 내용	시수	쪽수	보조 쪽수	준비물
1	2	[2수02-02] 쌓기나무를 이용하여 여러 가지 입체도형의 모양을 만들고, 그 모양에 대해 위치나 방향을 이용하여 말할 수 있다. [2수02-03] 교실 및 생활 주변에서 여러 가지 물건을 관찰하여 삼각형, 사각형, 원의 모양을 찾고, 그것들을 이용하여 여러 가지 모양을 꾸밀 수 있다. [2수02-04] 삼각형, 사각형, 원을 직관적으로 이해하고, 그 모양을 그릴 수 있다. [2수02-05] 삼각형, 사각형에서 각각의 공통점을 찾아 말하고, 이를 일반화하여 오각형, 육각형을 알고 구별할 수 있다.	2. 여러 가지 도형	단원 도입	1	28~29	20	
2	2			○을 알아볼까요	1	30~33	21~22	컵, 모양 자
3	2			△을 알아볼까요	1	34~37	23~24	도형 판, 고무줄, 자, 모양 자
4	2			□을 알아볼까요	1	38~41	25~26	도형 판, 고무줄, 자
5	2			칠교판으로 모양을 만들어 볼까요	1	42~45	27~30	칠교판, 자
6	2			오각형과 육각형을 알아볼까요	1	46~47	31~32	주름 빨대, 자
7	2			놀이 수학: 도형을 만들어 볼까요	1	48~49		긴 줄, 고리 던지기 세트
8	2			똑같은 모양으로 쌓아 볼까요	1	50~51	33~34	쌓기 나무
9	2			여러 가지 모양으로 쌓아 볼까요	1	52~53	35~36	쌓기 나무
10	2			[얼마나 알고 있나요]	1	54~55		자
11	2			[탐구 수학] 재미있는 모양을 만들어요 ★평가1[2수02-03], [2수02-04], [2수02-05]	1	56~57		색종이, 가위, 풀
12	2	[2수01-02] 일, 십, 백, 천의 자릿값과 위치적 기수법을 이해하고, 네 자리 이하의 수를 읽고 쓸 수 있다. [2수01-03] 네 자리 이하의 수의 범위에서 수의 계열을 이해하고, 수의 크기를 비교할 수 있다.	수학은 내 친구	수학은 내 친구	1	6~7		색종이(학생별 5장)
13	2		1. 세 자리 수	단원 도입	1	8~9	6	수 모형, 동전 모형
14	2			90보다 10 큰 수를 알아볼까요	1	10~11	7~8	수 모형
15	2			몇백을 알아볼까요	1	12~13	9~10	수 모형
16	2			세 자리 수를 알아볼까요	1	14~15	11~12	수 모형, 기타 물체
17	2			각 자리의 숫자는 얼마를 나타낼까요	1	16~17	13~14	수 모형
18	2			놀이 수학: 세 자리 수를 만들어 볼까요	1	18~19		바구니(상자), 공 주머니, 숫자 부채, 수 모형
19	2			뛰어서 세어 볼까요	1	20~21	15~16	동전 모형
20	2			두 수의 크기를 비교해 볼까요	1	22~23	17~18	수 모형
21	2			[얼마나 알고 있나요]	1	24~25		
22	2			[탐구 수학] 세 자리 수를 여러 가지 방법으로 나타내어 볼까요	1	26~27		수 모형, 동전 모형
23	2	[2수01-05] 덧셈과 뺄셈이 이루어지는 실생활 상황을 통하여 덧셈과 뺄셈의 의미를 이해한다. [2수01-06] 두 자리 수의 범위에서 덧셈과 뺄셈의 계산 원리를 이해하고 그 계산을 할 수 있다. [2수01-07] 덧셈과 뺄셈의 관계를 이해한다. **[2수01-08]** 두 자리 수의 범위에서 세 수의 덧셈과 뺄셈을 할 수 있다. [2수01-09] □가 사용된 덧셈식과 뺄셈식을 만들고, □의 값을 구할 수 있다.	3. 덧셈과 뺄셈	단원 도입	1	58~59	38	
24	2			덧셈을 해 볼까요 (1)	1	60~61	39~40	수 모형
25	2			덧셈을 해 볼까요 (2)	1	62~63	41~42	수 모형
26	2			덧셈을 해 볼까요 (3)	1	64~65	43~44	수 모형
27	2			여러 가지 방법으로 덧셈을 해 볼까요	1	66~67	45~46	
28	2			뺄셈을 해 볼까요 (1)	1	68~69	47~48	수 모형
29	2			뺄셈을 해 볼까요 (2)	1	70~71	49~50	수 모형
30	2			뺄셈을 해 볼까요 (3)	1	72~73	51~52	수 모형
31	2			여러 가지 방법으로 뺄셈을 해 볼까요	1	74~75	53~54	
32	2			[놀이 수학] 수 카드 뽑기 놀이를 해 볼까요	1	76~77		수 카드
33	2			덧셈과 뺄셈의 관계를 식으로 나타내어 볼까요	1	78~79	55~56	
34	2			□의 값을 어떻게 구할 수 있을까요	1	80~81	57~58	
35	2			세 수의 계산을 해 볼까요 ★평가2[2수01-08]	1	82~83	59~60	
36	2			[얼마나 알고 있나요]	1	84~85		
37	2			[탐구 수학] 알맞은 수를 찾아볼까요	1	86~87		

출력순	학년	성취기준	단원	학습 내용	시수	쪽수	보조 쪽수	준비물
38	2	[2수01-10] 곱셈이 이루어지는 실생활 상황을 통하여 곱셈의 의미를 이해한다.	6. 곱셈	단원 도입	1	142~143	84	여러 가지 물건
39	2			여러 가지 방법으로 세어 볼까요 -1-	1	144~145	85~86	자석 자료, 바둑돌, 모형
40	2			여러 가지 방법으로 세어 볼까요 -2-	1	144~145	85~86	자석 자료, 바둑돌, 모형
41	2			묶어 세어 볼까요 -1-	1	146~147	87~88	자석 자료, 바둑돌, 모형
42	2			묶어 세어 볼까요 -2-	1	146~147	87~88	자석 자료, 바둑돌, 모형
43	2			2의 몇 배를 알아볼까요 -1-	1	148~149	89~90	
44	2			2의 몇 배를 알아볼까요 -2-	1	148~149	89~90	
45	2			[놀이 수학] 곱셈 놀이를 해 볼까요 -1-	1	150~151		
46	2			곱셈식을 알아볼까요 -1-	1	152~153	91~92	
47	2			곱셈식을 알아볼까요 -2-	1	152~153	91~92	
48	2			곱셈식으로 나타내어 볼까요 -1-	1	154~155	93~94	
49	2			곱셈식으로 나타내어 볼까요 -2-	1	154~155	93~94	
50	2			[얼마나 알고 있나요]	1	156~157		
51	2			[탐구 수학] 곱셈 문제를 어떻게 해결할까요	1	158~159		
52	2	**[2수03-05]** 길이를 나타내는 표준 단위의 필요성을 인식하고, 1㎝와 1m의 단위를 알며, 상황에 따라 적절한 단위를 사용하여 길이를 측정할 수 있다. **[2수03-07]** 여러 가지 물건의 길이를 어림하여 보고, 길이에 대한 양감을 기른다. **[2수03-08]** 구체물의 길이를 재는 과정에서 자의 눈금과 일치하지 않는 길이의 측정값을 '약'으로 표현할 수 있다.	4. 길이 재기	단원 도입	1	88~89	62	털실
53	2			여러 가지 단위로 길이를 재어 볼까요	1	90~93	63~64	클립, 풀, 연필
54	2			1㎝를 알아볼까요	1	94~97	65~66	털실, 가위
55	2			자로 길이를 재어 볼까요 (1)	1	98~101	67~68	자
56	2			[놀이 수학] 자와 함께 놀아요	1	102~105		자
57	2			자로 길이를 재어 볼까요 (2)	1	106~107	69~70	자
58	2			길이를 어림해 볼까요	1	108~111	71~72	자, 클레이 점토, 필통
59	2			[얼마나 알고 있나요]	1	112~115		자
60	2			[탐구 수학] 몸으로 길이를 재요 **★평가3[2수03-05], [2수03-07], [2수03-08]**	1	116~119		자
61	2	**[2수05-01]** 교실 및 생활 주변에 있는 사물들을 정해진 기준 또는 자신이 정한 기준으로 분류하여 개수를 세어 보고, 기준에 따른 결과를 말할 수 있다.	5. 분류하기	단원 도입	1	120~121	74	4절 도화지, 풀
62	2			분류는 어떻게 할까요	1	122~123	75~76	1차시 활동 결과
63	2			기준에 따라 분류해 볼까요	1	124~127	77~78	블록(속성블록), 분류 판
64	2			[놀이 수학] 분류하여 찾아볼까요	1	128~129		블록(속성블록)
65	2			분류하여 세어 볼까요	1	130~133	79~80	동물 카드
66	2			분류한 결과를 말해 볼까요 **★평가4[2수05-01]**	1	134~137	81~82	
67	2			[얼마나 알고 있나요]	1	138~139		
68	2			[탐구 수학] 분류하여 만들어 볼까요 -1-	1	140~141		구슬, 종이컵, 우레탄 줄
69	2			[탐구 수학] 분류하여 만들어 볼까요 -2-	1	140~141		구슬, 종이컵, 우레탄 줄

통합교과 교수 - 학습 지도 계획(1학기)

출력순	학년	성취기준	단원	학습 내용	시수	쪽수	준비물
1	슬	[바01-02] 몸과 마음을 건강하게 유지한다. [슬01-03] 나의 몸을 살펴보고 몸의 여러 부분의 이름과 하는 일을 관련짓는다. **[즐01-03]** 나의 몸을 창의적으로 표현하고, 활발하게 움직일 수 있는 놀이를 한다. [슬01-04] 나의 과거와 현재 모습을 통해서 재능과 흥미를 찾고, 이에 근거하여 미래의 모습을 예상한다. [즐01-04] 나의 흥미와 재능 등을 표현하는 공연·전시 활동을 한다.	알쏭달쏭 나	알쏭달쏭 나 (나에 대한 이야기 나누며 공부할 것 살펴보기) -1-	1	봄 8~13	
2	즐			알쏭달쏭 나 (나에 대한 이야기 나누며 공부할 것 살펴보기) -2-	1	봄 8~13	
3	즐			알쏭달쏭 나 (나에 대한 이야기 나누며 공부할 것 살펴보기) -3-	1	봄 8~13	
4	슬			수업 만들기 (내 몸이 궁금해요)	1	봄 14~15	
5	슬			내 몸을 살펴봐 (나의 몸 살펴보고 몸 그리기) -1-	1	봄 16~19	
6	즐			내 몸을 살펴봐 (나의 몸 살펴보고 몸 그리기) -2-	1	봄 16~19	
7	슬			내 몸을 살펴봐 (나의 몸 살펴보고 몸 그리기) -3-	1	봄 16~19	
8	슬			우리 몸이 하는 일 (몸의 여러 부분이 하는 일 알아보기)	1	봄 20~21	
9	슬			오감 놀이 (감각을 이용한 놀이 하기) -1-	1	봄 22~23	
10	슬			오감 놀이 (감각을 이용한 놀이 하기) -2-	1	봄 22~23	
11	바			몸을 깨끗이 해요 (몸을 깨끗이 해야 하는 이유를 알고 실천하기) -1-	1	봄 24~27	
12	바			몸을 깨끗이 해요 (몸을 깨끗이 해야 하는 이유를 알고 실천하기) -2-	1	봄 24~27	
13	바			아프면 어떻게 하지 (아플 때 대처 방법 알아보기) -1-	1	봄 28~31	
14	바			아프면 어떻게 하지 (아플 때 대처 방법 알아보기) -2-	1	봄 28~31	
15	즐			꼬리를 잡아라 (꼬리잡기 놀이하기)	1	봄 32~33	
16	슬			수업 만들기 (몸과 마음이 자라요)	1	봄 34~35	
17	즐			앞니가 빠졌어요 ('앞니 빠진 중강새' 노래하고 놀이하기) -1-	1	봄 36~39	
18	즐			앞니가 빠졌어요 ('앞니 빠진 중강새' 노래하고 놀이하기) -2-	1	봄 36~39	
19	슬			이렇게 자랐어요 (몸과 마음이 자란 과정 생각하고 성장 흐름표 만들기) -1-	1	봄 40~43	
20	슬			이렇게 자랐어요 (몸과 마음이 자란 과정 생각하고 성장 흐름표 만들기) -2-	1	봄 40~43	
21	즐			어떤 표정일까요 (표정 만들고 감상하기) -1-	1	봄 44~45	
22	즐			어떤 표정일까요 (표정 만들고 감상하기) -2-	1	봄 44~45	
23	바			마음 신호등 ('멈추기, 생각하기, 표현하기' 단계 익히기) -1-	1	봄 46~47	
24	바			마음 신호등 ('멈추기, 생각하기, 표현하기' 단계 익히기) -2-	1	봄 46~47	
25	바			몸 쑥쑥 마음 쑥쑥 (실천 계획표 만들기)	1	봄 48~49	
26	즐			몸으로 표현해요 (여러 가지 리듬 악기 소리를 듣고 느낌을 표현하기) **★평가1[즐01-03]**	1	봄 50~51	
27	즐			수업 만들기 (나의 흥미와 재능)	1	봄 52~53	
28	슬			나를 소개합니다 (좋아하는 것, 잘하는 것, 꿈 등으로 자기 소개하기) -1-	1	봄 54~55	
29	슬			나를 소개합니다 (좋아하는 것, 잘하는 것, 꿈 등으로 자기 소개하기) -2-	1	봄 54~55	
30	즐			내가 자라면 (내 꿈 그리고 친구들에게 소개하기) -1-	1	봄 56~57	
31	즐			내가 자라면 (내 꿈 그리고 친구들에게 소개하기) -2-	1	봄 56~57	
32	즐			꿈을 띄워요 ('꿈 풍선'을 여러 가지 방법으로 띄우기)	1	봄 58~59	
33	즐			우리들의 꿈 (꿈 표현놀이 하고 '나의 꿈' 노래하기) -1-	1	봄 60~63	
34	즐			우리들의 꿈 (꿈 표현놀이 하고 '나의 꿈' 노래하기) -2-	1	봄 60~63	
35	즐			나를 보여줄게 (발표회 준비하고 발표회 하기) -1-	1	봄 64~67	
36	즐			나를 보여줄게 (발표회 준비하고 발표회 하기) -2-	1	봄 64~67	
37	즐			나를 보여줄게 (발표회 준비하고 발표회 하기) -3-	1	봄 64~67	
38	즐			나를 보여줄게 (발표회 준비하고 발표회 하기) -4-	1	봄 64~67	
39	바			'알쏭달쏭 나' 안녕! (단원학습 마무리) -1-	1	봄 68~69	
40	즐			'알쏭달쏭 나' 안녕! (단원학습 마무리) -2-	1	봄 68~69	
41	슬	**[바02-01]** 봄철 날씨 변화를 알고 건강 수칙을 스스로 지키는 습관을 기른다. **[슬02-01]** 봄 날씨의 특징과 주변의 생활 모습을 관련짓는다. [즐02-01] 봄의 모습과 느낌을 창의적으로 표현한다. [슬02-02] 봄철에 사용하는 생활 도구를 종류와 쓰임에 따라 구분한다. [즐02-02] 봄을 맞이하여 집을 아름답게 꾸민다.	봄이 오면	봄이 오면 (봄에 하는 일 떠올려 보며 공부할 것 살펴보기) -1-	1	봄 72~77	
42	즐			봄이 오면 (봄에 하는 일 떠올려 보며 공부할 것 살펴보기) -2-	1	봄 72~77	
43	즐			봄이 오면 (봄에 하는 일 떠올려 보며 공부할 것 살펴보기) -3-	1	봄 72~77	
44	슬			수업 만들기 (보미의 봄나들이) -1-	1	봄 78~81	
45	즐			봄을 찾아서 (학교 주변을 둘러보며 봄의 정취 느끼기) -1-	1	봄 82~83	
46	즐			봄을 찾아서 (학교 주변을 둘러보며 봄의 정취 느끼기) -2-	1	봄 82~83	
47	즐			봄아 어디까지 왔니 ('봄아 어디까지 왔니' 노래 부르며 소고 치기) -1-	1	봄 84~85	
48	즐			봄아 어디까지 왔니 ('봄아 어디까지 왔니' 노래 부르며 소고 치기) -2-	1	봄 84~85	
49	슬			봄이 오면 달라져요 (봄 날씨의 특징 알아보고 얼음 땡 놀이 하기) -1-	1	봄 86~89	
50	즐			봄이 오면 달라져요 (봄 날씨의 특징 알아보고 얼음 땡 놀이 하기) -2-	1	봄 86~89	
51	슬			봄 날씨는 변덕쟁이예요 (콩주머니 옮기기 놀이 하기) -1-	1	봄 90~93	
52	즐			봄 날씨는 변덕쟁이예요 (콩주머니 옮기기 놀이 하기) -2-	1	봄 90~93	
53	바			어떤 옷을 입을까요 (봄철 건강을 위한 옷차림 알아보고 인형놀이 하기) -1-	1	봄 94~97	
54	바			어떤 옷을 입을까요 (봄철 건강을 위한 옷차림 알아보고 인형놀이 하기) -2-	1	봄 94~97	
55	즐			봄 날씨를 알려요 (일기예보 놀이 하기) -1-	1	봄 98~99	
56	즐			봄 날씨를 알려요 (일기예보 놀이 하기) -2-	1	봄 98~99	
57	즐			봄 날씨를 알려요 (일기예보 놀이 하기) -3-	1	봄 98~99	
59	즐			수업 만들기 (보미의 봄나들이) -2-	1	봄 100~103	
60	슬			봄에는 무엇을 할까요 (봄 날씨의 특징과 관련지어 발표하기) -1-	1	봄 104~105	
61	슬			봄에는 무엇을 할까요 (봄 날씨의 특징과 관련지어 발표하기) -2- **★평가2[슬02-01]**	1	봄 104~105	
62	슬			무엇이 필요할까요 (여러 곳에서 살펴본 봄철 생활도구 무리 짓기) -1-	1	봄 106~109	
63	슬			무엇이 필요할까요 (여러 곳에서 살펴본 봄철 생활도구 무리 짓기) -2-	1	봄 106~109	
64	바			봄맞이 청소를 해요 (봄맞이 청소와 봄철 건강과의 관계 알아보기) -1-	1	봄 110~111	
65	바			봄맞이 청소를 해요 (봄맞이 청소와 봄철 건강과의 관계 알아보기) -2-	1	봄 110~111	
66	즐			봄을 노래해요 ('봄비' 부르고 봄의 느낌 신체표현하기) -1-	1	봄 112~113	
67	즐			봄을 노래해요 ('봄비' 부르고 봄의 느낌 신체표현하기) -2-	1	봄 112~113	
68	바			봄을 건강하게 지내요 (봄철 건강관리를 위해 할 수 있는 일 알아보기) -1-	1	봄 114~117	
69	바			봄을 건강하게 지내요 (봄철 건강관리를 위해 할 수 있는 일 알아보기) -2- **★평가3[바02-01]**	1	봄 114~117	
70	즐			봄바람을 가르며 (8자 놀이 하기)	1	봄 118~119	
71	즐			수업 만들기 (보미의 봄나들이) -3-	1	봄 120~121	
72	즐			우리 집에 봄을 담아요 (봄액자, 문패, 가랜드, 꽃화분 등을 만들기) -1-	1	봄 122~123	
73	즐			우리 집에 봄을 담아요 (봄액자, 문패, 가랜드, 꽃화분 등을 만들기) -2-	1	봄 122~123	
74	즐			우리 집에 봄을 담아요 (봄액자, 문패, 가랜드, 꽃화분 등을 만들기) -2-	1	봄 122~123	
75	즐			봄 색으로 물들여요 (여러 도구와 방법을 이용하여 봄 느낌 표현하기) -1-	1	봄 124~125	
76	즐			봄 색으로 물들여요 (여러 도구와 방법을 이용하여 봄 느낌 표현하기) -2-	1	봄 124~125	
77	슬			나의 봄은 어땠나요 (봄에 하고 싶은 일 관계망 그리기) -1-	1	봄 126~127	
78	슬			나의 봄은 어땠나요 (봄에 하고 싶은 일 관계망 그리기) -2-	1	봄 126~127	
79	슬			'봄이 오면' 안녕! (단원학습 마무리) -1-	1	봄 128~129	
80	즐			'봄이 오면' 안녕! (단원학습 마무리) -2-	1	봄 128~129	

출력순	학년	성취기준	단원	학습 내용	시수	쪽수	준비물
81	슬	[바03-02] 가족의 형태와 문화가 다양함을 알고 존중한다. [슬03-03] 주변에서 볼 수 있는 여러 형태의 가족을 살펴본다. [즐03-03] 집 안팎의 모습을 여러 가지 방법으로 표현한다. [슬03-04] 가족의 형태에 따른 구성원의 다양한 역할을 알아본다. [즐03-04] 가족 구성원이 하는 역할에 대해 놀이를 한다.	이런 집 저런 집	이런 집 저런 집 (다양한 가정 이야기 나누며 공부할 것 살펴보기) -1-	1	여름 8~13	
82	즐			이런 집 저런 집 (다양한 가정 이야기 나누며 공부할 것 살펴보기) -2-	1	여름 8~13	
83	즐			이런 집 저런 집 (다양한 가정 이야기 나누며 공부할 것 살펴보기) -3-	1	여름 8~13	
84	즐			수업 만들기 (고양이 까망이의 가족 찾기) -1-	1	여름 14~17	
85	즐			우리 집 ('우리 집' 악기 연주하며 노래 부르기)	1	여름 18~19	
86	즐			폴짝폴짝 집으로 (고무원판 이동 놀이)	1	여름 20~21	
87	슬			우리 집의 요모조모 (우리 가족 소개하기) -1-	1	여름 22~25	
88	슬			우리 집의 요모조모 (우리 가족 소개하기) -2-	1	여름 22~25	
89	즐			뚝딱뚝딱 우리 집 (다양한 형태의 집 만들기) -1-	1	여름 26~27	
90	즐			뚝딱뚝딱 우리 집 (다양한 형태의 집 만들기) -2-	1	여름 26~27	
91	즐			오순도순 우리 가족 (우리 가족의 특징 살려 만들기) -1-	1	여름 28~29	
92	즐			오순도순 우리 가족 (우리 가족의 특징 살려 만들기) -2-	1	여름 28~29	
93	슬			이런 일 저런 일 (우리 가족 구성원의 다양한 역할 조사하기) -1-	1	여름 30~31	
94	슬			이런 일 저런 일 (우리 가족 구성원의 다양한 역할 조사하기) -2-	1	여름 30~31	
95	바			나도 잘할 수 있어요 (집안일 스스로 돕기) -1-	1	여름 32~35	
96	바			나도 잘할 수 있어요 (집안일 스스로 돕기) -2-	1	여름 32~35	
97	슬			나도 잘할 수 있어요 (집안일 스스로 돕기) -3-	1	여름 32~35	
98	즐			알콩달콩 우리 가족 (가족 역할놀이) -1-	1	여름 36~37	
99	즐			알콩달콩 우리 가족 (가족 역할놀이) -2- ★평가4[슬03-04], [즐03-04]	1	여름 36~37	
100	슬			수업 만들기 (고양이 까망이의 가족 찾기) -2-	1	여름 38~41	
101	즐			대문 놀이 (대문놀이 하기) -1-	1	여름 42~45	
102	즐			대문 놀이 (대문놀이 하기) -2-	1	여름 42~45	
103	슬			다르니까 재미있어요 (우리 집 문화 살펴보고 친구와 비교하기) -1-	1	여름 46~49	
104	슬			다르니까 재미있어요 (우리 집 문화 살펴보고 친구와 비교하기) -2-	1	여름 46~49	
105	바			달라도 소중해요 (다양한 가족의 문화 존중하기)	1	여름 50~51	
106	바			수업 만들기 (고양이 까망이의 가족 찾기) -3-	1	여름 52~53	
107	즐			달팽이 놀이 ('달팽이 집' 노래 부르며 놀이하기) -1-	1	여름 54~57	
108	즐			달팽이 놀이 ('달팽이 집' 노래 부르며 놀이하기) -2-	1	여름 54~57	
109	즐			알록달록 달팽이 집 ('달팽이' 감상하고 색종이로 달팽이 집 표현하기) -1-	1	여름 58~59	
110	즐			알록달록 달팽이 집 ('달팽이' 감상하고 색종이로 달팽이 집 표현하기) -2-	1	여름 58~59	
111	슬			이런 가족 저런 가족 (우리 주변의 다양한 형태의 가족 알아보기) -1-	1	여름 60~63	
112	슬			이런 가족 저런 가족 (우리 주변의 다양한 형태의 가족 알아보기) -2-	1	여름 60~63	
113	즐			알록달록 집을 꾸며요 (상자로 집안 꾸미기) -1-	1	여름 64~65	
114	즐			알록달록 집을 꾸며요 (상자로 집안 꾸미기) -2-	1	여름 64~65	
115	바			함께라서 좋아요 (주변의 다양한 가족 존중하고 배려하기) -1-	1	여름 66~67	
116	바			함께라서 좋아요 (주변의 다양한 가족 존중하고 배려하기) -2- ★평가5[바03-02]	1	여름 66~67	
117	즐			가족을 만났어요 (가족을 만난 까망이 모습 상상하여 그리기) -1-	1	여름 68~69	
118	즐			가족을 만났어요 (가족을 만난 까망이 모습 상상하여 그리기) -2-	1	여름 68~69	
119	바			'이런 집 저런 집' 안녕! (단원학습 마무리) -1-	1	여름 70~71	
120	즐			'이런 집 저런 집' 안녕! (단원학습 마무리) -2-	1	여름 70~71	
121	슬	[바04-02] 여름 생활을 건강하고 안전하게 할 수 있도록 계획을 세워 실천한다. [슬04-03] 여름에 볼 수 있는 동식물을 살펴보고 그 특징을 탐구한다. [즐04-03] 여름에 볼 수 있는 동식물을 다양하게 표현하고 감상한다. [슬04-04] 여름방학 동안 하고 싶은 일과 해야 할 일을 계획한다. [즐04-04] 여름에 할 수 있는 여러 가지 놀이를 한다.	초록이의 여름 여행	초록이의 여름 여행 (여름에 경험한 것 나누며 공부할 것 살펴보기) -1-	1	여름 74~79	
122	즐			초록이의 여름 여행 (여름에 경험한 것 나누며 공부할 것 살펴보기) -2-	1	여름 74~79	
123	즐			초록이의 여름 여행 (여름에 경험한 것 나누며 공부할 것 살펴보기) -3-	1	여름 74~79	
124	바			수업 만들기 (여름 동산에서 만난 친구는?)	1	여름 80~85	
125	슬			여름 동산 친구들을 만나요 (여름에 볼 수 있는 동물 관찰하고 그리기) -1-	1	여름 86~87	
126	슬			여름 동산 친구들을 만나요 (여름에 볼 수 있는 동물 관찰하고 그리기) -2- ★평가6[슬04-03], [즐04-03]	1	여름 86~87	
127	즐			여름 동산 친구들과 놀아요 (거미놀이, 다람쥐 놀이 하기) -1-	1	여름 88~89	
128	즐			여름 동산 친구들과 놀아요 (거미놀이, 다람쥐 놀이 하기) -2-	1	여름 88~89	
129	즐			여름 동산 친구들을 만들어요 (여름에 볼 수 있는 동물 만들기) -1-	1	여름 90~91	
130	즐			여름 동산 친구들을 만들어요 (여름에 볼 수 있는 동물 만들기) -2-	1	여름 90~91	
131	즐			매미는 어떤 소리를 낼까요 (마라카스 만들기) -1-	1	여름 92~95	
132	즐			매미는 어떤 소리를 낼까요 (마라카스 만들기) -2-	1	여름 92~95	
133	슬			나뭇잎을 모았더니 (나뭇잎 관찰하고 탁본으로 나무 만들기) -1-	1	여름 96~99	
134	즐			나뭇잎을 모았더니 (나뭇잎 관찰하고 탁본으로 나무 만들기) -2-	1	여름 96~99	
135	바			조심해요 (여름철 조심할 동물들, 나들이에 필요한 것들 알아보기)	1	여름 100~101	
136	슬			수업 만들기 (물에서 무얼 할까?)	1	여름 102~103	
137	바			물놀이를 안전하게 하려면 (물놀이 안전 수칙 카드 만들기) -1-	1	여름 104~105	
138	바			물놀이를 안전하게 하려면 (물놀이 안전 수칙 카드 만들기) -2- ★평가7[바04-02]	1	여름 104~105	
139	슬			물가에 사는 친구를 만나요 (특징에 따라 무리 짓기) -1-	1	여름 106~109	
140	슬			물가에 사는 친구를 만나요 (특징에 따라 무리 짓기) -2-	1	여름 106~109	
141	즐			돌멩이는 내 친구 (돌멩이 놀이 하기, 색칠하기, 이름 붙이기) -1-	1	여름 110~113	
142	즐			돌멩이는 내 친구 (돌멩이 놀이 하기, 색칠하기, 이름 붙이기) -2-	1	여름 110~113	
143	즐			팔딱팔딱 개구리 됐네 ('올챙이와 개구리' 노래 부르고 진화 게임하기) -1-	1	여름 114~117	
144	즐			팔딱팔딱 개구리 됐네 ('올챙이와 개구리' 노래 부르고 진화 게임하기) -2-	1	여름 114~117	
145	바			물가 친구를 도와주고 싶어요 (우리가 할 수 있는 일 생각하기)	1	여름 118~119	
146	즐			수업 만들기 (바다에서 할 수 있는 놀이는?)	1	여름 120~121	
147	즐			모래는 요술쟁이 ('두껍집이 여물까' 노래 부르고 모래놀이 하기) -1-	1	여름 122~125	
148	즐			모래는 요술쟁이 ('두껍집이 여물까' 노래 부르고 모래놀이 하기) -2-	1	여름 122~125	
149	즐			바다가 좋아요 (바닷가 동식물, 풍경 그리기) -1-	1	여름 126~127	
150	즐			바다가 좋아요 (바닷가 동식물, 풍경 그리기) -2-	1	여름 126~127	
151	슬			반으로 잘랐더니 (과일 잘라 보고 단면 그리기, 수박화채 만들기) -1-	1	여름 128~131	
152	즐			반으로 잘랐더니 (과일 잘라 보고 단면 그리기, 수박화채 만들기) -2-	1	여름 128~131	
153	즐			반으로 잘랐더니 (과일 잘라 보고 단면 그리기, 수박화채 만들기) -3-	1	여름 128~131	
154	즐			수박 장수 ('수박장수' 노래 부르기, 음악 그림 그리기) -1-	1	여름 132~133	
155	즐			수박 장수 ('수박장수' 노래 부르기, 음악 그림 그리기) -2-	1	여름 132~133	
156	바			건강을 지켜요 (건강계획표 만들기)	1	여름 134~137	
157	슬			야호! 방학이다 (방학계획 세우고 방학계획표 만들기) -1-	1	여름 138~139	
158	즐			야호! 방학이다 (방학계획 세우고 방학계획표 만들기) -2-	1	여름 138~139	
159	슬			'초록이의 여름 여행' 안녕! (단원학습 마무리) -1-	1	여름 140~141	
160	즐			'초록이의 여름 여행' 안녕! (단원학습 마무리) -2-	1	여름 140~141	

국어 연간 평가 계획(1학기)

순	과목	단원	영역	성취기준	평가 내용	평가 유형	평가 시기
1	국어	2. 자신있게 말해요	듣기·말하기	[2국01-04] 듣는 이를 바라보며 바른 자세로 자신 있게 말한다.	좋아하는 음식을 친구에게 소개하기	수행(구술)	3월
2	국어	6. 차례대로 말해요	듣기·말하기	[2국01-02] 일이 일어난 순서를 고려하며 듣고 말한다.	시간을 나타내는 말을 사용하여 차례대로 말하기	수행(구술)	5월
3	국어	6. 차례대로 말해요	문학	[2국05-04] 자신의 생각이나 겪은 일을 시나 노래, 이야기 등으로 표현한다.	겪은 일을 떠올려 뒷이야기 바꾸어 쓰기	수행(서술)	5월
4	국어	9. 생각을 생생하게 나타내요	읽기	[2국02-03] 글을 읽고 주요 내용을 확인한다.	글을 읽고 주요 내용을 파악하기	수행(실기)	6월
5	국어	9. 생각을 생생하게 나타내요	쓰기	[2국03-02] 자신의 생각을 문장으로 표현한다.	문장 부호나 꾸며 주는 말을 사용하여 글 속 인물에게 편지쓰기	수행(실기)	6월

국어 평가 기준안 1

- 단원: 2. 자신있게 말해요
- 영역: 듣기·말하기
- 성취기준: [2국01-04] 듣는 이를 바라보며 바른 자세로 자신 있게 말한다.
- 평가 유형: 수행(구술)
- 평가 시기: 3월
- 평가 문항: 자신이 좋아하는 음식을 소개하는 글을 친구들에게 발표해 봅시다.
- 교과 역량: 의사소통 역량
- 정의적 영역: 자신감
- 채점 기준

상	자신이 좋아하는 음식을 바른 자세로 자신 있게 말한다.
중	자신이 좋아하는 음식을 바른 자세로 자신 있게 말한다.
하	자신이 좋아하는 음식을 바른 자세로 자신 있게 말하지 못한다.

국어 평가 기준안 2

- 단원: 6. 차례대로 말해요
- 영역:
- 성취기준: [2국01-02] 일이 일어난 순서를 고려하며 듣고 말한다.
- 평가 유형: 수행(구술)
- 평가 시기: 5월
- 평가 문항: 일이 일어난 차례대로 시간을 나타내는 말을 사용하여 말할 수 있는가?
- 교과 역량: 문화 향유 역량
- 정의적 영역: 학습 동기
- 채점 기준

상	시간을 나타내는 말을 사용하여 겪은 일을 차례대로 말할 수 있다.
중	겪은 일을 일어난 차례대로 말할 수 있다.
하	시간을 나타내는 말을 찾지 못하고 일이 일어난 차례대로 말하기를 어려워한다.

국어 평가 기준안 3

☞ 단원: 6. 차례대로 말해요
☞ 영역: 문학
☞ 성취기준: [2국05-04] 자신의 생각이나 겪은 일을 시나 노래, 이야기 등으로 표현한다.
☞ 평가 유형: 수행(서술)
☞ 평가 시기: 5월
☞ 평가 문항: 자신의 생각이나 겪은 일을 바탕으로 뒷이야기를 꾸며 쓸 수 있는가?
☞ 교과 역량: 문화 향유 역량
☞ 정의적 영역: 적극성, 흥미
☞ 채점 기준

상	앞 이야기와 자연스럽게 이어지고 재미와 감동이 있는 뒷이야기를 꾸며 쓴다.
중	앞 이야기와 자연스럽게 이어지거나 재미와 감동이 있는 뒷이야기를 꾸며 쓴다.
하	앞 이야기와 이어짐이 자연스럽지 못하고 뒷야기를 꾸며 쓰기를 어려워 한다.

국어 평가 기준안 4,5

☞ 단원: 9. 생각을 차례대로 말해요
☞ 영역: 읽기, 쓰기
☞ 성취기준: [2국02-03] 글을 읽고 주요 내용을 확인한다
[2국03-02] 자신의 생각을 문장으로 표현한다.
☞ 평가 유형: 수행(실기)
☞ 평가 시기: 6월
☞ 평가 문항: 글을 읽고 주요 내용을 소개하는 글을 쓸 수 있는가?
꾸며주는 말을 사용하여 글 속 인물에게 글을 쓸 수 있는가?
☞ 교과 역량: 자료·정보 활용 역량
☞ 정의적 영역: 유용성, 관심
☞ 채점 기준

상	글을 읽고 꾸며주는 말을 3개 이상 사용하여 글 속 인물에게 글을 쓸 수 있다.
중	글을 읽고 꾸며주는 말을 1~2개 넣어 글 속 인물에게 글을 쓸 수 있다.
하	글을 읽고 꾸며주는 말을 사용하여 글 속 인물에게 글을 쓰지 못한다.

수학 연간 평가 계획(1학기)

순	과목	단원	영역	성취기준	평가내용	평가유형	평가시기
1	수학	2. 여러 가지 도형	도형	[2수02-03] 교실 및 생활 주변에서 여러 가지 물건을 관찰하여 삼각형, 사각형, 원의 모양을 찾고, 그것들을 이용하여 여러 가지 모양을 꾸밀 수 있다. [2수02-04] 삼각형, 사각형, 원을 직관적으로 이해하고, 그 모양을 그릴 수 있다. [2수02-05] 삼각형, 사각형에서 각각의 공통점을 찾아 말하고, 이를 일반화하여 오각형, 육각형을알고 구별할 수 있다.	색종이를 잘라 여러 가지 도형을 만들고 자른 도형으로 재미있는 모양 만들기	수행 (구술)	3월
2	수학	3. 덧셈과 뺄셈	수와 연산	[2수01-08] 두 자리 수의 범위에서 세 수의 덧셈과 뺄셈을 할 수 있다.	세 수의 덧셈과 뺄셈의 계산하는 방법알고 계산하기	수행 (실기)	4월
3	수학	4. 길이재기	측정	[2수03-05] 길이를 나타내는 표준 단위의 필요성을 인식하고, 1 cm와 1 m의 단위를 알며, 상황에 따라 적절한 단위를 사용하여 길이를 측정할 수 있다. [2수03-07] 여러 가지 물건의 길이를 어림하여 보고, 길이에 대한 양감을 기른다. [2수03-08] 구체물의 길이를 재는 과정에서 자의 눈금과 일치하지 않는 길이의 측정값을 '약'으로 표현할 수 있다.	몸의 일부분으로 어림하여 길이를 재고 어림한 것과 실제의 길이 비교하기	수행 (실기, 구술)	5월
4	수학	5. 분류하기	자료와 가능성	[2수05-01] 교실 및 생활 주변에 있는 사물들을 정해진 기준 또는 자신이 정한 기준으로 분류하여 개수를 세어 보고, 기준에 따른 결과를 말할 수 있다.	사물들을 정해진 기준 또는 자신이 정한 기준으로 분류하여 개수를 세고 결과 말하기	수행 (실기,구술)	6월

수학 평가 기준안 1

☞ 단원: 2. 여러 가지 도형
☞ 영역: 도형
☞ 성취기준
[2수02-03] 교실 및 생활 주변에서 여러 가지 물건을 관찰하여 삼각형, 사각형, 원의 모양을 찾고, 그것들을 이용하여 여러 가지 모양을 꾸밀 수 있다.
[2수02-04] 삼각형, 사각형, 원을 직관적으로 이해하고, 그 모양을 그릴 수 있다.
[2수02-05] 삼각형, 사각형에서 각각의 공통점을 찾아 말하고, 이를 일반화하여 오각형, 육각형을알고 구별할 수 있다.
☞ 평가 유형: 수행(실기)
☞ 평가 시기: 3월
☞ 평가문항: 색종이를 잘라 여러가지 도형을 만들고 자른 도형으로 재미있는 모양을 만들어 설명할 수 있는가?
☞ 교과 역량: 자료·정보 활용 역량
☞ 정의적 영역: 의사소통, 적극성
☞ 채점 기준

상	색종이로 여러가지 도형을 만들고 자른 도형으로 재미있는 모양을 만들어 설명을 잘한다.
중	색종이로 여러가지 도형을 만들고 자른 도형으로 모양을 만들어 설명을 할 수 있다.
하	색종이로 여러가지 도형을 만들고 자른 도형으로 모양을 만들어 설명을 어려워 한다.

수학 평가 기준안 2

☞ 단원: 3. 덧셈과 뺄셈
☞ 영역: 수와 연산
☞ 성취기준: [2수01-08] 두 자리 수의 범위에서 세 수의 덧셈과 뺄셈을 할 수 있다.
☞ 평가유형: 수행(실기)
☞ 평가시기: 4월
☞ 평가문항: 문제 상황에 맞는 세 수의 덧셈과 뺄셈 식을 세우고 계산할 수 있는가?
☞ 교과역량: 문제 해결
☞ 정의적 영역: 적극성
☞ 채점기준

상	문제 상황에 맞는 세 수의 덧셈과 뺄셈 식을 세우고 능숙하게 계산할 수 있다.(두 자리수)
중	문제 상황에 맞는 세 수의 덧셈과 뺄셈 식을 세우고 계산을 할 수 있다.(두 자리수)
하	문제 상황에 맞는 세 수의 덧셈과 뺄셈 식을 세우고 간단한 계산을 할 수 있다. (한 자리수)

수학 평가 기준안 3

- ☞ 단원: 4. 길이재기
- ☞ 영역: 측정
- ☞ 성취기준: [2수03-05] 길이를 나타내는 표준 단위의 필요성을 인식하고, 1 cm와 1 m의 단위를 알며, 상황에 따라 적절한 단위를 사용하여 길이를 측정할 수 있다.
  [2수03-07] 여러 가지 물건의 길이를 어림하여 보고, 길이에 대한 양감을 기른다.
  [2수03-08] 구체물의 길이를 재는 과정에서 자의 눈금과 일치하지 않는 길이의 측정값을 '약'으로 표현할 수 있다.
- ☞ 평가유형: 수행(실기,구술)
- ☞ 평가시기: 5월
- ☞ 평가문항: 몸의 일부분으로 어림하여 길이를 재고 어림한 것과 실제의 길이를 설명할 수 있는가?
- ☞ 교과역량: 문제 해결, 추론, 의사소통, 태도 및 실천
- ☞ 정의적 영역: 적극성, 의사소통, 협동
- ☞ 채점 기준

상	물건의 길이를 몸으로 어림한 방법을 설명하고 실제의 길이와 비교하여 설명할 수 있다.
중	물건의 길이를 어림하여 실제의 길이와 비교하여 설명할 수 있다.
하	안내된 절차에 따라 길이를 어림하고 실제의 길이를 잴 수 있어 비교할 수 있다.

수학 평가 기준안 4

- ☞ 단원: 5. 분류하기
- ☞ 영역: 자료와 가능성
- ☞ 성취기준: [2수05-01] 교실 및 생활 주변에 있는 사물들을 정해진 기준 또는 자신이 정한 기준으로 분류하여 개수를 세어 보고, 기준에 따른 결과를 말할 수 있다.
- ☞ 평가유형: 수행(실기,구술)
- ☞ 평가시기: 6월
- ☞ 평가문항: 사물들을 정해진 기준 또는 자신이 정한 기준으로 분류하여 개수를 세고 결과를 말할 수 있는가?
- ☞ 교과역량: 문제 해결, 의사소통
- ☞ 정의적 영역: 적극성, 의사소통
- ☞ 채점 기준

상	사물들을 두 가지 이상의 기준으로 분류한 후, 분류한 결과가 기준에 따라 달라짐을 말할 수 있다.
중	사물들을 정해진 기준 또는 자신이 정한 기준으로 분류하고, 개수를 세어 분류한 결과를 말할 수 있다.
하	사물들을 정해진 기준으로 분류하고 개수를 셀수있으나 결과를 말하지 못한다.

통합교과 연간 평가 계획(1학기)

순	과목	단원	영역	성취기준	평가 내용	평가 유형	평가시기
1	즐거운 생활	1-1. 알쏭달쏭 나	학교	[즐01-03] 나의 몸을 창의적으로 표현하고, 활발하게 움직일 수 있는 놀이를 한다.	나의 몸을 창의적으로 표현하고, 활발하게 움직이는 놀이하기	수행 (관찰, 실기)	3월
2	슬기로운 생활	1-2. 봄이 오면	봄	[슬02-01] 봄 날씨의 특징과 주변의 생활 모습을 관련짓는다.	봄 날씨와 사람들의 생활 모습 관련 짓기	수행 (구술)	4월
3	바른 생활	1-2. 봄이 오면	봄	[바02-01] 봄철 날씨 변화를 알고 건강 수칙을 스스로 지키는 습관을 기른다.	봄철 날씨의 변화에 따른 건강 수칙알고 실천의지 다지기	수행 (관찰, 자기 평가)	4월
4	슬기로운 생활, 즐거운 생활	2-1. 이런 집 저런 집	가족	[슬03-04] 가족의 형태에 따른 구성원의 다양한 역할을 알아본다. [즐03-04] 가족 구성원이 하는 역할에 대해 놀이를 한다.	가족 구성원의 하는 역할을 알고 역할 놀이하기	수행 (관찰, 동료 평가)	5월
5	바른 생활	2-1. 이런 집 저런 집	가족	[바03-02] 가족의 형태와 문화가 다양함을 알고 존중한다.	가족의 형태와 문화가 다양함을 알고 존중해야 하는 이유를 말하기	수행 (구술)	5월
6	슬기로운 생활, 즐거운 생활	2-2. 초록이의 여름 여행	여름	[슬04-03] 여름에 볼 수 있는 동식물을 살펴보고 그 특징을 탐구한다. [즐04-03] 여름에 볼 수 있는 동식물을 다양하게 표현하고 감상한다.	여름에 볼 수 있는 동식물의 특징을 알고 다양하게 표현하고 감상하기	수행 (실기, 동료 평가)	6월
7	바른 생활	2-2. 초록이의 여름 여행	여름	[바04-02] 여름 생활을 건강하고 안전하게 할 수 있도록 계획을 세워 실천한다.	건강하고 안전한 여름 생활을 위해 지켜야 할 일을 알고 계획 세우기	수행 (자기평가)	6월

즐거운 생활 평가 기준 1

- 단원: 1-1. 알쏭달쏭 나
- 영역: 학교
- 성취기준: [즐01-03] 나의 몸을 창의적으로 표현하고, 활발하게 움직일 수 있는 놀이를 한다.
- 평가 유형: 수행(관찰, 실기)
- 평가시기: 3월
- 평가 문항: 나의 몸을 창의적으로 표현하고, 활발하게 움직이는 놀이 활동에 적극적으로 참여하는가?
- 교과 역량: 창의적 사고 역량
- 정의적 영역: 적극성, 창의성
- 채점 기준

상	나의 몸을 창의적으로 표현하고, 활발하게 움직이는 놀이 활동에 적극적으로 참여한다.
중	나의 몸을 표현하고, 활발하게 움직이는 놀이 활동에 적극적으로 참여한다.
하	나의 몸을 표현하고, 움직이는 놀이 활동에 참여한다

슬기로운 생활 평가 기준안 2

☞ 단원: 1-2. 봄이 오면
☞ 영역: 봄
☞ 성취기준: [슬02-01] 봄 날씨의 특징과 주변의 생활 모습을 관련짓는다.
☞ 평가 유형: 수행(구술)
☞ 평가 시기: 4월
☞ 평가 문항: 봄날씨와 사람들의 생활 모습의 관련성을 말할 수 있는가?
☞ 교과 역량: 창의적 사고 역량
☞ 정의적 영역: 의사소통
☞ 채점 기준

상	봄 날씨와 사람들의 생활 모습의 관련성을 3가지 이상 말할 수 있다.
중	봄 날씨와 사람들의 생활 모습의 관련성을 1~2가지 이상 말할 수 있다.
하	봄 날씨나 사람들의 생활 모습을 말할 수 있다.

바른 생활 평가 기준안 3

☞ 단원: 1-2. 봄이 오면
☞ 영역: 봄
☞ 성취기준: [바02-01] 봄철 날씨 변화를 알고 건강 수칙을 스스로 지키는 습관을 기른다.
☞ 평가 유형: 수행(관찰, 자기평가)
☞ 평가 시기: 4월
☞ 평가 문항: 봄철 날씨의 변화에 따른 건강 수칙을 알고 실천 다짐을 하는가?
☞ 교과 역량: 자기 관리 역량
☞ 정의적 영역: 자기 조절력
☞ 채점 기준

상	봄철 날씨의 변화에 따른 건강 수칙을 알고 실천 다짐을 할 수 있다.
중	봄철 날씨의 변화에 따른 건강 수칙을 알고 말할 수 있다.
하	봄철 날씨의 변화에 따른 건강 수칙을 따라 말할 수 있다.

슬기로운 생활, 즐거운 생활 평가 기준안 4

☞ 단원: 2-1. 이런 집 저런 집
☞ 영역: 가족
☞성취기준: [슬03-04] 가족의 형태에 따른 구성원의 다양한 역할을 알아본다.
[즐03-04] 가족 구성원이 하는 역할에 대해 놀이를 한다.
☞ 평가 유형: 수행(관찰, 동료평가)
☞ 평가 시기: 5월
☞ 평가 문항: 가족 구성원의 다양한 역할을 알아보고 역할에 대해 놀이를 할 수 있는가?
☞ 교과 역량: 공동체 역량
☞ 정의적 영역: 학습참여도, 의사소통
☞ 채점 기준

상	가족 구성원의 역할을 파악하고 특징을 살려 역할 놀이에 적극적으로 참여한다.
중	가족 구성원의 역할을 파악하고 특징을 살려 역할 놀이에 참여한다. .
하	가족 구성원이 하는 일에 대한 역할 놀이에 참여한다.

바른 생활 평가 기준안 5

☞ 단원: 2-1. 이런 집 저런 집
☞ 영역: 가족
☞ 성취기준: [바03-02] 가족의 형태와 문화가 다양함을 알고 존중한다.
☞ 평가 유형: 수행(구술)
☞ 평가 시기: 5월
☞ 평가 문항: 가족의 형태와 문화가 다양함을 알고 존중하는 마음을 표현하는가?
☞ 교과 역량: 공동체 역량
☞ 정의적 영역: 의사소통
☞ 채점 기준

상	가족의 형태와 문화가 다양함과 이를 존중해야 하는 이유를 알고, 존중하는 마음을 표현한다.
중	가족의 형태와 문화가 다양함을 알고, 이를 존중해야 하는 이유를 말할 수 있다.
하	가족의 형태와 문화가 다양함을 말할 수 있다.

슬기로운 생활, 즐거운 생활 평가 기준안 6

☞ 단원: 2-2. 초록이의 여름 여행
☞ 영역: 여름
☞성취기준: [슬04-03] 여름에 볼 수 있는 동식물을 살펴보고 그 특징을 탐구한다.
[즐04-03] 여름에 볼 수 있는 동식물을 다양하게 표현하고 감상한다.
☞ 평가 유형: 수행(실기, 동료평가)
☞ 평가 시기: 6월
☞ 평가 문항: 여름에 볼 수 있는 동식물의 특징을 알고 다양하게 표현하고 감상할 수 있는가?
☞ 교과 역량: 지식정보처리 역량, 심미적 감성 역량
☞ 정의적 영역: 학습참여도, 창의성
☞ 채점 기준

상	여름에 볼 수 있는 동식물의 특징을 알고 다양한 방법으로 표현하며 다른 사람의 작품을 존중하고 적극적인 태도로 감상한다.
중	여름에 볼 수 있는 동식물을 특징을 알고 다양하게 표현하며 적극적인 태도로 감상한다.
하	여름에 볼 수 있는 동식물의 특징을 알고 표현하며 감상활동에 참여한다.

바른 생활 평가 기준안 7

☞ 단원: 2-2. 초록이의 여름 여행
☞ 영역: 여름
☞ 성취기준: [바04-02] 여름 생활을 건강하고 안전하게 할 수 있도록 계획을 세워 실천한다.
☞ 평가 유형: 수행(자기평가)
☞ 평가 시기: 6월
☞ 평가 문항: 건강하고 안전한 여름 생활을 위해 지켜야 할 일을 알고 실천할 수 있는가?
☞ 교과 역량: 자기관리 역량
☞ 정의적 영역: 자기 조절력
☞ 채점 기준

상	건강하고 안전한 여름 생활을 위해 지켜야 할 일을 알고 스스로 계획을 세워 실천 다짐을 할 수 있다.
중	건강하고 안전한 여름 생활을 위해 계획을 세울 수 있다.
하	건강하고 안전한 여름 생활을 위해 지켜야 할 일을 말할 수 있다.

에듀쿠스(Educus)는

'교육'을 의미하는 영어 Education의 'Edu'와 '~을 하는 사람들'이라는 뜻의 라틴어 'cus'를 합성하여 만든 단어입니다. 교육에 대해 함께 고민하고 공부하는 경남 지역 초등학교 교사들의 모임입니다.

'교사 수준 교육과정' 분과는

교육과정의 의미와 중요성을 인식하고 국가·지역 수준의 교육과정을 기준과 지침으로 학생과 교육환경에 대한 이해를 바탕으로 교사의 철학을 담은 교사 수준 교육과정을 9명의 선생님들이 2017년 가을부터 집중해서 연구하고 실천하고 있으며 그 결과물들을 조금씩 다듬어 가고 있습니다.

인간의 인간다운 삶을 위해 인간에게 기여하는 것,

그중 가장 중요한 것은 교육이라 생각합니다. 이러한 교육을 중심에 두고 연구하는 선생님들의 열린 연구회가 에듀쿠스(Educus)입니다.

Educus_교육을
생각하는 사람들

에듀쿠스, 우리들의 활동 이야기

하나, '교육'에 대한 생각을 나누는 블로그 및 웹페이지 운영

늘 공부하는 에듀쿠스입니다. 책을 읽고 생각한 내용, 함께 공부한 내용을 많은 선생님들과 공유하고자 노력하고 있습니다. 블로그의 방문자들과 소통하면서 우리와 같은 고민을 하는 멋지고 좋은 선생님들이 많음을 알게 되어 행복합니다.

Educus 교육을 생각하는 사람들(blog.naver.com/edu-cus)

http://goo.gl/WqKx8h

둘, 새 학년을 시작하는 2월, 교사 수준 교육과정 편성을 돕기 위한 전자책 발간

2월, 교사들에게 아주 중요한 시기입니다. 새로이 시작하는 학년과 학급의 교육과정을 구성해야 하기 때문입니다. 무엇을 어떻게 해야 할지 고민이 앞서기도 합니다. 그러한 고민을 미리 해 보고 실천한 내용을 전자책으로 만들어 나누고자 했습니다.

2018년 2월, 「교사 수준 교육과정 구성」 전자책
전자책 출판 플랫폼 쿨북스 추천 도서

셋, 경상남도교육청 배움중심수업 도움 자료 시리즈 3권 개발에 참여

교사 개개인의 단순한 사례를 담은 도움 자료집이 아닙니다. 연구 주제를 중심에 두고 집필에 참여한 교사들이 고민과 해결 방법, 그 철학에 대해 충분히 논의하고 연구한 과정과 결과를 담았습니다. 한 번의 자료 개발로 끝나지 않았고 세 차례에 걸쳐 지속적으로 발간되었으며, 지금 현재도 계속되고 있습니다.

언제나 하나의 이야기를 마무리할 때면, 새로운 연구 주제가 탄생되는 즐거움을 느낍니다.

2016년 8월,
「평가연계 배움중심수업
도움 자료
10人 10色」

2017년 1월,
「통합의 교육학
교육과정-수업-평가
일체화」

2017년 8월,
「앎과 삶이
하나 되는
교육과정 이야기」

넷, 다양한 연수로 함께 나누는 활동

우리들의 연구 결과를 나누는 활동도 열심히 합니다. 경상남도교육청에서는 개발한 도움 자료로 연수를 실시하기에, 새로운 도움 자료집을 만들 때마다 경남 전역에서 500여 명의 선생님을 대상으로 연수를 실시하였습니다.

연구 결과 및 사례 나눔, 실습

다섯, 혼자가 아닌 여럿이 함께 갑니다!

'한 사람의 천 걸음보다 더불어 손잡고 함께 가는 우리 모두의 걸음이 더 소중하길…….'

희망하며 기대합니다.
그래서, 혼자가 아닌 여럿이 함께 가고 있습니다.

교사 수준 교육과정 연구 및 철학과 가치 공유

참고문헌

＊ 단행본

강현석·이지은, 『백워드 설계의 이론과 실천: 교실 혁명』, 학지사, 2016년.

그렌 램포드 저, 성기산 역, 『철학과 교육』, 교육출판사, 1984년.

기시미 이치로·고가 후미타케 저, 전경아 역, 『미움받을 용기 2』, 인플루엔셜, 2016년.

김대현, 『교육과정의 이해』(2판), 학지사, 2017년.

김동일 외, 『아동발달과 학습』, 교육출판사, 2003년.

김영천 편저, 『After Tyler: 교육과정 이론화 1970년-2000년』, 문음사, 2006년.

김용근, 『아이들이 살아있는 교육과정』, 물병자리, 2016년.

김재춘·배지현, 『들뢰즈와 교육』, 학이시습, 2016년.

김훈태, 『교사를 위한 인간학』, 교육공동체벗, 2016년.

미하이 칙센트미하이 저, 이희재 역, 『몰입의 즐거움』, 해냄, 2007년.

박도순 외 4명, 『교육평가: 이해와 적용』, 교육과학사, 2012년.

성태제, 『교육평가의 기초』, 학지사, 2014년.

소경희, 『교육과정의 이해』, 교육과학사, 2017년.

신명희 외 8인, 『발달심리학』, 학지사, 2017년.

신민섭·박선영, 『여덟살 심리학』, 원앤원북스, 2007년.

신영복, 『담론』, 돌베개, 2017년.

이규호, 『앎과 삶』, 좋은날, 1972년.

이부영, 『그림자』, 한길사, 2003년, p.36.

엘리어트 아이즈너 저, 이해명 역, 『교육적 상상력』, 단국대학교출판부, 2012년,

이홍우, 『지식의 구조와 교과』, 교육과학사, 2006년.

이홍우, 『교육의 목적과 난점』, 교육과학사, 1998년.

전국초등국어교과 대구모임 눈부시개, 『온작품읽기 아이들의 삶을 만나다』, 삶말, 2018년.

조용기·김현지, 『포괄적 문제해결학습』, 교우사, 2015년.

존 듀이 저, 송도선 역, 『학교와 사회』, 교육과학사, 2016년.

존 듀이 저, 이홍우 역, 『민주주의와 교육』, 교육과학사, 2007년.

존 듀이 저, 조용기 역, 『흥미와 노력 그 교육적 의의』, 교우사. 2015년.

존 홀트 저, 공양희·해성 역, 『아이들은 어떻게 배우는가』, 아침이슬, 2007년.

프랭클린 보비트 저, 정광순 외 5인 역, 『학교에서 무엇을 가르쳐야 하는가』, 학지사, 2017년.

J. Abner Peddiwell 저, 김복영·김유미 역, 『검치호랑이 교육과정』, 양서원, 2017년.

마이클 거리언 저, 이지현·서소연 역, 『공부방법이 전혀 다른 남자아이의 뇌 여자아이의 뇌』, 21세기북스, 2012년.

Paul Eggen 저, 신종호 외 6인 역, 『교육심리학: 교육 실제를 보는 창』, 학지사, 2016년.

R. S. Peters 저, 이홍우·조영태 역, 『윤리학과 교육』, 교육과학사, 2003년.

* 기사 및 자료

경상남도교육청, '배움중심수업 운영계획', 2017년.

경상남도교육청, '통합의 교육학 교육과정-수업-평가 일체화', 2016년.

경상남도교육청, '앎과 삶이 하나 되는 교육과정 이야기', 2017년.

교육부, 교육부 고시 제2015-80호[별책 2호], 2015년.

교육부, '2015 개정 교육과정 총론 해설', 2016년.

김덕년, '교육과정 일체화. 학종 준비의 첫 걸음', 에듀진, 2017년.

김성일, '교사의 수업자율성 확대방안 연구', 교육인적자원부, 2003년.

김영천, '미국의 수행평가 사례와 시사점', 교육개발, 2016년.

유정애, '과정중심 평가'로 창의인재 키우자', 세계일보, 2016년.

한국교육과정평가원, '초등학교 교사별 과정중심평가 이렇게 하세요', 2018년.

김영래, '헤르바르트의 교육적 수업이론에 대한 고찰: 지적 교수와 정의적-도덕적 교육의 통합가능성을 중심으로', 《한국교육학연구》 제8권 제2호, 2002. 10., pp.61-83.

임은영 외 13명, '학습과 성장을 돕는 과정중심평가', 전라남도교육청, 2016년.